आलोचना की छवियाँ

आलोचना की छवियाँ

ज्योतिष जोशी

वाणी प्रकाशन

वाणी प्रकाशन
4695, 21-ए, दरियागंज, नयी दिल्ली 110 002

शाखा
अशोक राजपथ, पटना 800 004

फ़ोन: +91 11 23273167 फ़ैक्स: +91 11 23275710

www.vaniprakashan.in
vaniprakashan@gmail.com

ALOCHANA KI CHHAVIYAN
by Jyotish Joshi

ISBN : 978-93-5229-300-1
Criticism

संस्करण 1996
आवृत्ति संस्करण 2013

मूल्य : ₹ 395

न्यू कृष्णा ऑफ़सेट, दिल्ली-110 093 में मुद्रित

वाणी प्रकाशन का लोगो मक़बूल फ़िदा हुसेन की कूची से

माई को

आभार

समकालीन कला, पश्यन्ती, आजकल, साखी, पल प्रतिपल, साहित्य वृत्त, अक्षरा, साक्षात्कार, नवभारत टाइम्स, संडे आब्ज़र्वर, इंडिया टुडे, समकालीन भारतीय साहित्य, इन्द्रप्रस्थ भारती, गगनांचल, सहचर, जनसत्ता और राष्ट्रीय सहारा के प्रति, जिनमें इस पुस्तक के आलेख प्रकाशित हुए और चर्चा में आए।

अनुक्रम

आरम्भिक

'आलोचना की छवियाँ' की योजना अचानक बनी, पर इसमें शामिल आलेख गत पाँच-छह वर्षों के लिखे हैं, कुछ एकदम नये हैं और कुछ विभिन्न अवसरों के लिए समय-समय पर लिखे गये हैं जो पत्र-पत्रिकाओं में प्रकाशित हैं। इस तरह पाठकों के लिए स्थूल रूप से इसमें व्यवस्थित पुस्तकीय योजना नहीं दिखेगी, पर ध्यान से देखने पर लगेगा कि संकलन की सामग्री किसी न किसी रूप में एक-दूसरे से न केवल प्रेरित-पोषित है बल्कि पूरक-संयोजित भी है। समकालीन साहित्यिक परिदृश्य पर व्याप्त धुँधलके से जूझने के निमित्त विविध आलेख कहीं न कहीं पाठकीय प्रश्न भी उठाते प्रतीत हो सकते हैं और आलोचना को समकालीन बनाने की तत्परता से लैस भी। इस स्तर पर बहुत बार पाठक यह भी अनुभव करेंगे कि उनके माने या जाने हुए बहुत-से प्रतिमान यहाँ खंडित होते हैं और पुस्तक से रचनाओं को देखने-परखने की एक सुविचारित सोच की प्रस्तावना आती है। उदाहरण के लिए पुस्तक के पहले आलेख 'कविता और कला के अंतस्संबंध' को देखें तो मालूम होगा कि इन दोनों कलाओं के आपसी रिश्ते की खोज में ऐसे कई बिन्दु उठ आये हैं जो इन्हें नये ढंग से देखने की पेशकश करते हैं।

इस खंड में ज्यों-ज्यों आगे बढ़ते जायेंगे त्यों-त्यों कविता की ज़मीन से उठे प्रश्न खुलते जायेंगे। 'ऐतिहासिक संकल्प के क़दम' में 'तारसप्तक' की उपलब्धियों से लेकर 'शमशेर की कविता का यथार्थ' में शमशेर और 'कविता में मनुष्यता की प्रतिष्ठा' के तहत रघुवीर सहाय की कविताओं को निष्पक्ष ढंग से जाँचने का प्रयास किया गया है। 'धूमिल' की वास्तविक जगह की प्रस्तावना करता आलेख 'विद्रोह की सही ज़मीन की समझ' धूमिल को नये सिरे से समझने की एक कोशिश है, वहीं 'कल जब शब्द नहीं होगा' के तहत समकालीन हिन्दी कविता में अशोक वाजपेयी की कविता के स्थान-निर्धारण का प्रयत्न। इसी तरह आगे के क्रमशः तीन आलेखों में पहले के दो आलेख कुछ नये कवियों को परखने के प्रयत्न में लिखे गये हैं और तीसरा आलेख नई पीढ़ी के कवियों के सहारे समकालीन कविता की स्थिति को देखने के विचार से। आगे अहमद फ़राज की गज़लों और विष्णु खरे की कविताओं पर भी समीक्षाएँ हैं।

उपन्यास का खंड अपेक्षाकृत छोटा है जिसमें भारतीय उपन्यास के उदय से लेकर मछुआरों के जीवन पर लिखे हिन्दी तथा मलयालम के दो महत्त्वपूर्ण उपन्यासों का तुलनात्मक परीक्षण है और इधर की चर्चित औपन्यासिक कृति 'पाहीघर' की समीक्षा भी। इसी खण्ड में वरिष्ठ हिन्दी कथाकार जैनेन्द्र की प्रासंगिकता को रेखांकित करता हुआ आलेख भी है। इसके आगे का आलेख समीक्षात्मक है जिसमें अमृता प्रीतम की पुस्तक पर दृष्टिपात किया गया है।

कहानी खंड के अंतर्गत जहाँ समकालीन कहानी की ताजातरीन स्थिति को विश्लेषित करने की कोशिश है वहीं क्रमशः हिन्दी के अरुण प्रकाश, पंजाबी के कर्त्तार सिंह दुग्गल, तेलुगु के रावूरि भरद्वाज तथा उड़िया की प्रतिभा राय की कहानियों को देखने का प्रयास किया गया है।

'नाटक' के तहत हिन्दी रंग परिदृश्य के सबसे अहम सवाल 'नाटकों के अभाव' पर सर्वेक्षणात्मक विवेचन देखा जा सकता है, वहीं भीष्म साहनी के ताज़ा नाटक 'मुआवज़े' की पड़ताल भी।

'विविध' खंड में कुछ सामयिक आलेख हैं जिसमें साहित्य के समाजशास्त्र की सार्थकता को देखने, हिन्दी साहित्य में स्वाधीनता आंदोलन की अभिव्यक्ति को परखने तथा युवा लेखन की वर्तमान चुनौतियों पर विचार करने की कोशिश की गई है। अंतिम आलेख एक किताब के बहाने कुछ ज़रुरी प्रश्नों से टकराने का उद्यम करता है।

इस पूरी प्रक्रिया से गुज़रने पर पाठक निश्चय ही पायेंगे कि इस पुस्तक के आलेख समकालीन आलोचना में व्याप्त विसंगति को तोड़ने और आज की आलोचकीय चिन्ताओं से उबरने की कोशिश करते हैं। इस स्तर पर शायद उन्हें लगे कि एक अव्यवस्था के बावजूद पुस्तक में अन्तर्संगति है। वैसे भी हम इसके माध्यम से न तो किसी नूतन अन्वेषण का दावा कर रहे हैं और न ही हमें यह भ्रम है कि इस कृति से कोई नई परंपरा शुरू हो जायेगी। फिर भी अशोक वाजपेयी के शब्द उधार लेकर कहें तो 'शब्द संकोची' और 'साहित्य विरोधी' हिन्दी समाज में इससे थोड़ी-सी सुगबुगाहट भी होगी तो साहित्य को समझने के क्रम में लिखी गई इस पुस्तक का प्रयास सफल माना जायेगा; वर्ना पुस्तकों की निरीह भीड़ में एक किताब और जुड़ जायेगी।

इस पुस्तक की योजना और सामग्री पर हमने आदरणीय डॉ. मैनेजर पाण्डेय से समय-समय पर विचार-विमर्श किया है और अपेक्षित मार्गदर्शन भी लिया है। उनके प्रति आभार व्यक्त करना हमारा कर्त्तव्य है, पर ऋणी बने रहना और भी हितकर है। इस शृंखला में हम अपने मित्र राजेन्द्र प्रसाद पाण्डेय के प्रति विशेष रूप से आभारी हैं जिनसे सामग्री-चयन से लेकर व्यवस्था-संयोजन तक में सहायता मिली है। पंकज चतुर्वेदी ने भी समय-समय पर हमारी सहायता की है और सूर्यनाथ सिंह हमारे आलोचक-मित्र हैं और गाहे बगाहे वे बहुत लाभकारी सिद्ध होते रहे हैं, इन दोनों के प्रति भी आभार। यहाँ अनुज सुधांशुभूषण तिवारी का नामोल्लेख भी आवश्यक है जिन्होंने हमारी सहायता की है।

आभार प्रदर्शन श्री अरुण माहेश्वरी के प्रति भी, जिनकी रुचि के बिना पुस्तक का प्रकाशन जल्दी न हो पाता। अब तो 'आलोचना की छवियाँ' जैसी भी है, आपकी है और हम चाहेंगे भी कि इससे आप हमारी चिन्ताओं में भागीदार हों।

219 कावेरी
जवाहरलाल नेहरू विश्वविद्यालय
नई दिल्ली-110067

—**ज्योतिष जोशी**
9 दिसंबर 1995

कविता

कला और कविता का अन्तस्सम्बन्ध

अपनी संरचना में सारी कलाएँ एक-दूसरे से सम्बद्ध ही नहीं होतीं, वरन् वे एक-दूसरे की उपस्थिति का बोध भी कराती हैं। संगीत, चित्र, नृत्य और काव्य का परस्पर सम्बन्ध कई स्तरों पर प्रगट होता रहा है। इस सम्बद्धता में ललित कला और कविता का सम्बन्ध चिर प्रसिद्ध है। पाश्चात्य और भारतीय सौन्दर्यशास्त्र में वहीं कविता उत्कृष्ट मानी जाती रही है जिसमें चित्रमयता रही है और चित्र भी वही उत्कृष्ट माना गया है जिसमें कविता जैसी सूक्ष्म अर्थछवियों को खोलने की शक्ति हो। कविता और चित्रकला के आपसी सम्बन्ध पर संसार भर से बहुत-से उदाहरण जुटाए जा सकते हैं जो एक-दूसरे की पूरक बनकर अपनी सिद्धि करती रही हैं।

आप रोजेटी के चित्र तथा दान्ते के काव्य का अवलोकन करें तो पायेंगे कि एक की शब्द-संवेदना दूसरे की रंग-परिकल्पना में इस तरह नियोजित है कि उन्हें अलगाया नहीं जा सकता। रोजेटी ने तो कीट्स और हल्मन हन्ट की कविताओं पर चित्र बनाया है और उनके काव्यगत भावों को अपनी कल्पना से रूपायित किया है। इसी तरह मिलेस ने भी शेक्सपियर की कविताओं को अपने चित्रों का विषय बनाया। यूँ तो कविता और चित्र के आपसी सम्बन्धों पर बहुत पहले से विचार-विमर्श होता रहा है, पर यह रेखांकित करने की बात है कि यूरोप में स्वच्छंदतावादी काव्यान्दोलन के दौर में इनके अंत:सम्बन्धों पर बहुत-सी बहसें हुईं और जिसके परिणामस्वरूप ये दोनों विधाएँ एक-दूसरे के निकट आईं। कीट्स, कॉलरिज, वर्ड्सवर्थ या मिल्टन की कविताएँ इस पारस्परिक एकता की जबर्दस्त उदाहरण हैं जिनमें शब्द और चित्र परस्पर घुले हुए मिलते हैं।

इस क्रम में एक रोचक तथ्य की ओर संकेत करना आवश्यक लगता है जिससे यह सिद्ध होता है कि चित्रकारों की तरह कवियों ने भी बहुत-बार कविता का विषय चित्रकृतियों से लिया है। वाल्टर बेंजामिन ने अपनी पुस्तक 'थीसिस ऑन द फिलोसॉफी ऑफ़ हिस्ट्री' में 'एंजेल्स नोवस' नामक चित्र की व्याख्या करके यह बताया है कि इसमें देवदूत इस ढंग से चित्रित है कि वह महाविपदा के समय में भी मुँह खोले आँखें फाड़े खड़ा है। वह यह देख रहा है कि उसके सामने खंडहरों का ढेर ऊँचा उठता हुआ आसमान छूने लगता है। इस चित्र में खंडहरों के ढेर का आसमान छूने लगना वस्तुत: प्रगति का प्रतीक है जो निचले लोगों की संघर्षशीलता के कारण संभव हुआ है। दिलचस्प यह है कि इस चित्र में वर्णित देवदूत की भूमिका तथा खंडहरों नें आकस्मिक परिवर्तन के विषय को प्रूस्त, जॉयस, काफ्का तथा

एलियट ने भी अपनी रचनाओं में लिया। इन सबके यहाँ देवदूत की इसी निद्वर्न्द्व खोज को दिखाया गया है क्योंकि वह शांति भले न देता हो पर मनुष्य जीवन में विचलन के ख़िलाफ़ आगे का रास्ता प्रशस्त करता है।

कविता और चित्र के परस्पर संबंध की परंपरा पश्चिम में अरस्तू से ही शुरू होती है जिसने अपनी 'पोयटिक्स' में काव्य तथा चित्र के साम्य को दिखाया है। पश्चिम के कई विचारक तो काव्य को वागात्मक चित्र तथा चित्रकला को मूक कविता मानते रहे हैं। इसमें लियोनार्द द विन्शी का नाम उल्लेखनीय है जिसने अपनी पुस्तक 'पैरेगन' में कविता तथा चित्रकला को तुलनात्मक अध्ययन करके जाँचा है। यह सर्वविदित है कि सौन्दर्य की प्रतिमूर्ति 'वीनस' पर लिखी गई कविताएँ अनेक चित्रकारों द्वारा निर्मित उनकी कलाकृतियों के रूप-सौन्दर्य से प्रभावित होकर लिखी गई हैं। रैफेल नामक कलाकार ने तो काव्य के भावों को चित्रों में मूर्त रूप देने की दक्षता ही प्राप्त कर ली थी। भारतीय साहित्य में भी जहाँ अनेक कवियों के काव्य का विषय कृष्ण की रासलीला रही है, वहीं कृष्ण को विभिन्न शैलियों में चित्रांकित भी किया जाता रहा है। द्विवेदी युगीन हिन्दी कवि नाथूराम शर्मा 'शंकर' ने राजा रवि वर्मा के चित्रों पर बहुत-सी कविताएँ लिखी थीं जिनका प्रकाशन नियमित रूप से 'सरस्वती' में होता था।

पश्चिमी विचारक लैंगर ने कहा भी है कि शिल्प और तकनीक के आधार पर भेद होते हुए भी सभी कलाओं में साम्य है। अपनी पुस्तक 'फीलिंग एन्ड फार्म' में उसने यह स्पष्ट किया है कि सभी कलाओं में एक ऐसी ठोस ज़मीन होती है जो सबमें तात्विक समानता को सूचित करती है। मनुष्य की अनुभूतियों में विभाजन नहीं देखा जा सकता, भले ही उनकी अभिव्यक्ति के विविध माध्यम क्यों न हों। रेने वेलेक और ऑस्टिन वारेन ने तो एक स्थल पर यह आश्चर्यजनक सूचना दी है कि मलार्मे की एक प्रसिद्ध कविता लंदन स्थित नेशनल गैलरी में प्राप्त वाउचर के चित्र पर लिखी गई। इससे तो यही ध्वनित होता है कि कई बार व्यक्ति दूसरे के भाव से संचालित होकर अभिव्यक्ति के नए स्रोत खोजने लगता है। चार्ल्स बाद्लेयर की अनेकों महत्त्वपूर्ण चित्रकृतियाँ क्रमशः 'सेल्फ़ पोर्ट्रेट', 'पोर्ट्रेट ऑफ़ एक वूमेन' और चार्ल्स बाद्लेयर : सेल्फ पोर्ट्रेट अन्डर द इनफ्लूयेन्स ऑफ हशिश' उनकी ही कविता के मूर्त रूप हैं। बहुत बार ऐसा भी देखने में आता है कि एक ही भाव को कलाकार कई माध्यमों में अभिव्यक्त करता है और इस तरह वह उसके संवेदनात्मक फलक को विस्तृत कर देता है। बाद्लेयर इसके सबसे सफल उदाहरण के रूप में देखे जा सकते हैं।

गुरुदेव रवीन्द्र कवि भी थे और चित्रकार भी। उन्होंने एक प्राकृतिक दृश्य-चित्र को देखा और उन्हें लगा कि इसे रूपायित करना चाहिए, पर किस विधा में? प्रश्न जटिल था। वहाँ उन्हें लगा कि इस दृश्य को कविता अधिक गहराई से सामने ला सकती है। इसके आगे का एक प्रसंग आचार्य हजारी प्रसाद द्विवेदी की पुस्तक 'लालित्य तत्व' के पृ. 35-36 से सीधे उद्धृत किया जा रहा है।

'कवीन्द्र रवीन्द्र ने झेलम के वक्रस्त्रोत को संध्या की लाल आभा से अच्छादित होते हुए देखा। उसी समय हंस-जातीय पक्षियों की एक पंक्ति उड़ती चली आई। कवि ने पहले तो इसी मनोरम चित्र को देखा। उसने उसे ज्यों-का-त्यों आँकने का प्रयास किया। जो-जो बातें उसे ऐसे लगीं कि पाठक को मनोग्राह्य नहीं होंगी, उनके लिए उसने उपमानों का सहारा लिया और प्रयत्न किया कि सौन्दर्य जैसा उसे दिख रहा है वैसा ही पाठक को अवितथ रूप में हृदयंगम हो जाये। गुरुदेव टैगोर की उक्त कविता यह है—

सन्ध्या की लालिमा में झिलमिलाता हुआ
झेलम का यह बाँका स्त्रोत
अन्धकार में मलिन हो गया, मानो म्यान में ढकी हुई
बाँकी तलवार हो।
दिन के भाटे की समाप्ति के बाद आया रात का ज्वार
अपने काले जल में बहकर आते हुए नक्षत्र-पुरुषों को लिए हुए,
अँधेरे में गिरि-तट की तलहटी में
कतार-के-कतार दो दारु वृक्ष (खड़े हैं)

ऐसा लगा कि सृष्टि मानो स्वध में कुछ कहना चाहती है,
(परन्तु) स्पष्ट कह नहीं पा रही है,
(और) उस अव्यक्त ध्वनि का पुंज घुमड़ रहा है।
उसके हृदय में।
अचानक सुनाई पड़ी उसी समय
सन्ध्या के आकाश में
शब्द की विद्युत्छटा, शून्य के प्रान्तर में
क्षण-भर में फैल गई दूर से और भी दूर।'

इस प्रसंग में दो बातें एक साथ उठती हैं—एक ये कि कुछ मनोभावों, दृश्य-चित्रों और अन्तर्द्वन्द्वों को बिना शब्द के सहारे अर्थात् कविता के अभिव्यक्त करना संभव नहीं है। तथा दूसरा ये कि एक कला दूसरी कला के जन्म का कारण बनती है। उपर्युक्त प्राकृतिक चित्र पर चित्र भी बनता तो मनुष्य सृजित और कविता भी लिखी गई तो मनुष्य द्वारा। एक नैसर्गिक सौन्दर्य का वास्तविक स्वरूप में ले आने का यही स्तर पर वह एक तरह से पुनर्सर्जक कहलाता है। इसमें कहीं चित्र की सत्ता बड़ी सिद्ध होने लगती है तो कहीं कविता की। यानी दृश्य और शब्द की सत्ता बहुत बार एक दूसरे को चुनौती के रूप में ले आती है और बहुत बार एक के बिना दूसरे की प्रासंगिकता पर सवाल भी बन जाती हैं। यह कम रोचक तथ्य नहीं है कि कविता वही अच्छी कही जाती है जिसमें मुखरता न हो अर्थात् वह अपने मौन में बहुत कुछ कहने की संभावना छिपाए रखे। और चित्रकृति भी वही बड़ी मानी जाती है जो अपनी चुप्पी

में भी बोल उठे। वह अपनी पूरी अर्थसामर्थ्य में तभी संदर्भवान हो उठती है जब वह दर्शक को स्मृति में ले जाती है, उसके घर, गाँव, देश और उसकी स्थिति में जहाँ वह बार-बार जाता है, लौटता है और टकरा-टकराकर हारता है।

बहुत बार ऐसा देखने में आता है कि सौन्दर्य को उसकी संपूर्णता में उतारने में कलाकृति असफल भी हो जाती है। पर कविता के साथ यह सुविधा है कि वह अपनी असीमता में अनन्त अर्थों की सृष्टि कर किसी सीमा में बँध नहीं पाती। कविता ही नहीं साहित्य की ही यह विशेषता होती है कि उसमें शब्द मस्तिष्क को वहाँ ले जा सकने में समर्थ होते हैं जहाँ आँखें जा ही नहीं सकतीं। प्रसिद्ध कृति 'कामायनी' में जयशंकर प्रसाद ने 'श्रद्धा' का जो सौन्दर्य चित्रण किया है, वह यदि चित्र में लिया जाय तो पहली कठिनाई तो यह है कि वह ऐसा नहीं बन पायेगी और दूसरी कठिनाई ये कि यदि वह ऐसी बनी भी तो कवि के भाव को हम एक सीमा में बाँधकर उसकी अनंतता घटा देंगे—

> नील परिधान बीच सुकुमारि खिल रहा मृदुल अधखुला अंग।
> खिला हो ज्यों बिजली का फूल, मेघवन बीच गुलाबी रंग।।

शब्दों के परे अर्थ विस्तार की व्यापकता का एक और उदाहरण तुलसीदास की एक चौपाई में मिलता है जिसमें सीता के सौन्दर्य-वर्णन में उन्होंने इस कथन से काम लिया है कि सारी उपमाएँ तो कवियों ने जूठी कर रखी हैं, वे सीता को किन उपमाओं से वर्णित करें। यह संकेत करके तुलसीदास ने सीता को अनुपमेय सिद्ध कर दिया है। कहने की आवश्यकता नहीं है कि अनुपमेयता की वहाँ तक व्याप्ति होती है जहाँ तक मनुष्य अपनी बुद्धि से सोच पाता है। चित्रकला अपनी सारी व्यंजनात्मकता के बावजूद इस सीमा तक नहीं जा पाती क्योंकि वह दृश्य होती है और दृश्यता की अर्थपरिधि बहुत व्यापक नहीं होती। तुलसीदास की उस चौपाई की यह अर्द्धाली बहुत प्रसिद्ध मानी जाती है—

> सब उपमा कवि रहे जुठारी।
> केहि पटतरौं विदेह कुमारी।।

बहुत बार कलाकार किसी दृश्य या चरित्र की छवि को उतारने में असफल भी होते रहे हैं। इसका एक दिलचस्प प्रसंग आचार्य हजारी प्रसाद द्विवेदी ने ही अपनी पुस्तक लालित्य के तत्व में पृ. 83 पर दिया है : 'मालविकाग्निमित्र' के एक प्रसंग में कालिदास ने—कलाकार की असफलता का एक कारण 'समाधि की शिथिलता' को माना है। किसी चित्रकार ने मालविका का चित्र बनाया था। राजा ने उसे देखा था और मालविका के सौन्दर्य से वह प्रभावित हुआ था। पर उसके मन में संदेह था कि वस्तुत: उसे मालविका का रूप जैसा दीख रहा है, वैसा वास्तव में है या नहीं। उसे इस बात की संभावना अधिक दिखी थी कि चित्रकार ने वास्तविक रूप को अधिक कमनीय बना दिया होगा। परन्तु जब एक दिन सचमुच ही मालविका मिल गई तो उसे अपने हृदय का संदेह दूर करने का मौका ही नहीं मिला, यह भी लगा कि वस्तुत: वह उल्टे ढंग से सोच रहा था। मालविका वास्तव में जितनी सुंदर थी उतनी सुन्दरता चित्रकार नहीं दिखा सका था। राजा को लगा कि चित्रकार से गलती हो गई

है। क्यों वह ठीक नहीं बना सका। राजा ने सोचा, जरूर चित्र बनाते समय चित्रकार को समाधि शिथिल हो गई थी :—

> चित्रगतायामस्यां कान्तिविसंवादि मे हृदयम्।
> सम्प्रति शिथिल समाधिंमन्ये येनेमालिखिता॥

कालिदास ने जिस 'शिथिल समाधि दोष' का यहाँ जिक्र कलाकर के सम्बन्ध में किया है, वह एक कवि पर भी उतना ही लागू होता है। इस दोष से बचने का सिर्फ एक ही उद्यम काम्य है, और वह है 'चित्त की एकाग्रता और बुद्धि-विस्तार की असीमता में विषय की व्याप्ति।' कविता और चित्रकला की पारस्परिकता इस दोष से बचने का माध्यम जहाँ एक कलाकार के लिए हो सकती है, वहीं एक प्रखर कवि के लिए भी।

इस बात को तो प्राय: सभी स्वीकार करते हैं कि कला के विषय वायवीय नहीं होते वरन् वे अपने परिवेश से लिए गए होते हैं। इसीलिए यह देखा भी जाता रहा है कि एक ही समय में एक समाज की विभिन्न समस्याओं को उस समाज के सारे कला माध्यम व्यक्त करते हैं। उनके तरीके अलग-अलग होते हैं, पर उनकी मूल संवेदना एक ही होती है जिसे सुविधा के लिए एक 'विज़न' भी कह सकते हैं। जेम्स एच. बरनेट ने 'द सोशियोलॉजी ऑफ आर्ट' में एक रोचक अध्ययन की ओर संकेत किया है कि कोलाजा और विल्सन ने कविता तथा चित्रकला के कुछ नमूनों की समाजशास्त्रीय विवेचना से यह सिद्ध किया है कि किसी ख़ास स्थान की कलाएँ एक ही समय में एक ही समस्याओं, सांस्कृतिक विशिष्टताओं और संवेदनाओं को अभिव्यक्त करती हैं। इस अध्ययन में अमरीकी कवियों-कलाकारों की कृतियों से सम्बन्धित विश्लेषण में यह बात उभरकर सामने आई कि सबमें व्यक्ति के अकेले पड़ते जाने और हर व्यक्ति के एक दूसरे से कटते जाने की भयंकरता व्याप्त है।

कला और कविता अपने स्वरूप में समाज और समय की उन जटिलताओं को पकड़ती हैं जिनसे व्यक्ति अथवा समाज लगातार जूझता है। कला की ये दोनों सूक्ष्म कोटियाँ हैं जो इन जटिलताओं की महीन तंतुओं को पकड़ती हैं। इस पूरे परिप्रेक्ष्य को देखते हुए आज जब हम उत्तर आधुनिक समाज में रह रहे हैं, जरूरत इस बात की है कि कला और कविता के सरोकार मिलें और वे परस्पर समतुल्य होते हुए मनुष्य और समाज के एकल अनुभव से दूर संपूर्ण मानवीय अनुभव की व्याख्या करें और उसकी प्रतिक्रिया की पड़ताल भी करें। जैसा कि 'आवाँगार्द इन द एटीज़' इन द पोस्ट आवाँगार्द, पृष्ठ 29-30 में हॉवर्ड फॉक्स ने लिखा है—'उत्तर आधुनिक कला की जड़ न तो वर्जनीय और न ही लघुकारक। कहना चाहिये कि वह स्थितियों के पूरे विस्तार में अंकित होने के लिए मुक्त है। उसके लिए अनुभव, ज्ञान और विषय की भी सीमा निर्धारित नहीं है। वह एकल अनुभव से दूर और सम्पूर्ण अनुभव (जो उत्तर आधुनिक विषय की दिशा में अतिव्यापक तथा असीम है) के अधिकतर बिन्दुओं की व्याख्या और प्रतिक्रिया को खोजती है।'

इस दौर में कला का दायित्व बढ़ गया है, तब और भी जब पूरा विश्व एक समुदाय के रूप में संगठित होने जा रहा है।

ऐतिहासिक संकल्प के कदम

सन् उन्नीस सौ तैंतालीस में प्रकाशित 'तार सप्तक' का महत्त्व ऐतिहासिक तो है ही, इस स्तर पर वह प्रामाणिक साक्ष्य भी है कि बाद की हिन्दी कविता को उसने बखूबी प्रभावित किया। उसका प्रकाशन किन परिस्थितियों में हुआ और कैसे हुआ, उसका लक्ष्य क्या था तथा उसका सहकारी प्रयास कितना सफल रहा; इस पर बहुत कुछ लिखा गया है और लगातार लिखा भी जा रहा है, इसलिए यहाँ अलग से कोई टिप्पणी करना उचित नहीं लगता। सहयोगी प्रयास से 'तार सप्तक' का प्रकाशन हुआ और उसमें शामिल प्राय: प्रत्येक कवि ने अपनी कविताओं में नवीन वस्तुस्थिति और जीवन यथार्थ की समस्याओं का समन्वय रूपगत प्रयोगों के साथ संभव बनाया। उसमें अधिक तो वे ही कवि थे जिनकी प्रगतिशीलता जगजाहिर थी, शेष नए उन्मेष में अपने को प्रगति और नूतन में उतार रहे थे। प्रगतिशीलता और प्रयोगशीलता का यह आश्चर्यजनक सहकार तथा इस सहकार का संग्रहीकरण और संपादन आधुनिक हिन्दी कविता में पहला ऐतिहासक प्रयास था, इसलिए 'तार सप्तक' की ऐतिहासिक महत्ता का यह सर्वाधिक महत्त्वपूर्ण कारण है। इसके ही कारण हिन्दी कविता जगत में कविता के प्रति दृष्टिकोण में भी भारी बदलाव आया और उसकी बहुवर्णी वीथियाँ खुलीं जो बाद में नई कविता के रूप में संभव हुईं।

यह कहना अपने आप में दुर्भाग्यपूर्ण है कि 'तार सप्तक' का प्रकाशन किसी वाद-विशेष की प्रतिष्ठा के लिए हुआ। इस प्रकाशन की जो बातें उपर उद्धृत की गई हैं, उससे यह भ्रम टूटता है। बार-बार इस बात का जिक्र हुआ है कि अज्ञेय की भूमिका में से कुछ पंक्तियाँ लेकर आलोचकों ने इस अफ़वाह को हवा दी कि 'तार सप्तक' के प्रकाशन का उद्देश्य 'प्रयोगवाद' नामक वाद को प्रतिष्ठित करना था। अज्ञेय ने अगर इस भ्रम का निराकरण किया होता तो संभव था कि यह वितंडा समाप्त हो गया होता। तब हिन्दी कविता की परंपरा में उसे प्रगतिशीलता के विलोम में रखकर नहीं देखा जाता और तब बाद की कविता-रचना और अध्ययन की चिंताएँ अलग तरह से सामने आतीं।

अज्ञेय ने पहले संग्रहीत सातों कवियों के बारे में 'किसी स्कूल के कवि होना' मानने से निषेध किया। फिर कहा कि 'वे किसी दल या गुट के सदस्य या समर्थक नहीं हैं, किसी मंज़िल पर पहुँचे हुए नहीं हैं, अभी राही हैं—राही नहीं, राहों के अन्वेषी।' बात यहीं तक ख़त्म हो गई होती तो भी ठीक था, पर जब ये कहा कि 'संग्रहीत कवियों में से ऐसा कोई भी नहीं है जिसकी कविता केवल उसके नाम के सहारे खड़ी हो सके। सभी इसके लिए तैयार हैं कि कसौटी हो, क्योंकि सभी अभी उस परमतत्व की शोध में ही लगे हुए हैं जिसे पा लेने

पर कसौटी की ज़रूरत नहीं रहती बल्कि जो कसौटी की ही कसौटी हो जाती है।, ('तार सप्तक' प्रथम संस्करण की भूमिका, दूसरा संस्करण, पृ. 13)।

इन आप्त वचनों को ख़ासकर 'राहों के अन्वेषी', 'परमतत्व की शोध' आदि पदबन्धों को लेकर आलोचकों ने इस प्रकाशन की मूल योजना को छोड़कर उस पर 'प्रयोगवाद' की स्थापना का ठप्पा लगा दिया। आगे तो आलम यह हुआ कि तमाम स्पष्टीकरण के बावजूद इसका किसी पर कोई प्रभाव नहीं पड़ा। और कुछ वर्षों बाद से 'सप्तकों' की बाजाप्ता शुरुआत ही हो गई। तब तो और किसी भ्रम की गुंजाइश भी जाती रही। इस बारे में स्वयं नेमिचन्द्र जैन ने लिखा—"तार सप्तक किसी भी रूप या अर्थ में किसी साहित्यिक आंदोलन या प्रवृत्ति से प्रेरित न था। उसके कवि 'प्रयोगवादी' नहीं थे। शायद उस अर्थ में भी नहीं जो संपादक ने पहले अपनी भूमिका में आरोपित किया और जिसे फिर बाद में सैद्धांतिक आधार दे दिया गया।' ('तार सप्तक', दूसरा संस्करण, पृ. 32)। इसी वक्तव्य में आगे वे इस बात पर क्षुब्ध दिखाई देते हैं कि 'तार सप्तक' के 'काल्पनिक प्रयोगवाद' के कारण चर्चा वहीं पर केन्द्रित हो रही और उसमें शामिल कविताओं का उचित मूल्यांकन न हो सका।

पर यह निर्विवाद रूप से सही है कि बाद की कविता पर इसका प्रभाव कई स्तरों पर लक्षित हुआ और कई कवियों की परंपरा चल पड़ी। लेकिन कुछ कवियों की कविताओं का विकास नहीं हो सका। इस वैकासिक यात्रा से गुज़रने का मोह संवरण करते हुए हम 'तार सप्तक' की नूतन उपलब्धियों को ही देखना चाहेंगे।

'तार सप्तक' ने अपने समय की कवितागत जड़ता को बहुत तीव्रता से तोड़ा। प्रगति और नूतन के समन्वय में तार सप्तक के कवियों में जीवन और जगत को देखने की जो दृष्टि दिखाई देती है, वह वस्तुत: एक नई सोच की प्रस्तावना थी। उसमें सपने सुहाने भी थे और भग्न भी। पर चिंता की अपनी अलग-अलग दिशाएँ और कोण लिए हुए इन कवियों ने जो रास्ते अख़्तियार किये वे न केवल आनेवाले समय की पीठिका थे वरन् संपूर्ण समाज दर्शन की आधारशिला भी थे। 'तार सप्तक' का अध्ययन इस स्तर पर रोचक और आश्चर्यजनक हो सकता है कि उसमें एक ही साथ इतनी प्रवृत्तियाँ तथा अन्तर्धाराएँ दिखाई देती हैं जितनी लंबे समय तक चलनेवाले किसी कवितान्दोलन में भी दिखाई नहीं देती हैं। 'तार सप्तक' की ऐतिहासिक महत्ता को सूचित करनेवाली यह दूसरी विशेषता है।

इस समवेत् संकलन में पाँच कवियों पर 'समाजवादी यथार्थवाद' की प्रवृत्ति स्पष्टत: देखी जा सकती है। रामविलास शर्मा, प्रभाकर माचवे, भारतभूषण अग्रवाल तथा गजानन माधव मुक्तिबोध की कविताएँ बहुत बेबाकी से अपने समय के यथार्थ को उद्‌घाटित करती हैं और उसमें जीवन संघर्ष की अनुगूँज साफ सुनाई देती है। हालांकि मुक्तिबोध की कविताओं में वैयक्तिकता और अंतर्मुखता इतनी अधिक है कि उसमें विषाद दिखाई देता है। दार्शनिक पीठिका के बावजूद मुक्तिबोध की कविता का यही समाजोन्मुख यथार्थवाद बाद में फैन्टेसी की सहायता से स्वातंत्र्योत्तर भारत के इस्पाती दस्तावेज़ को प्रस्तुत कर पाया। नेमिचन्द्र जैन

की कविताएँ अलग अंदाज की रचनाएं हैं जो रोमानी भावुकता और प्रेम को लेकर चलती हैं जहाँ जीवन की कठोरता के प्रति भय भी है और उससे जूझने की आतुरता भी है। स्वयं को पहचानने की कोशिशों में अंतरंग मनोभावों का उद्‌घाटन और सौंदर्यासक्ति का अद्‌भुत रूप नेमिजी की रचनाओं में मिलता है जो हिन्दी कविता को अलग दिशा देता है और उसे समृद्ध करता है।

> इतने प्राण, इतने हाथ, इतनी बुद्धि,
> इतना ज्ञान, संस्कृति और अन्त:शुद्धि

या—

> दिन के बुखार
> रात्रि की मृत्यु
> के बाद हृदय पुंसत्वहीन,
>   अन्तर्मनुष्य
> रिक्त सा गेह
> दो लालटेन-से नयन दीन;
>   निष्प्राण स्तंभ (मुक्तिबोध)

नेमिचन्द्र जैन की कुछ पंक्तियाँ द्रष्टव्य हैं—

> क्या भाया?
> अनजाने मन क्यों इस कोलाहल
> में खिंचकर बह आया
> वे वन की संध्याएँ निर्जन
> महिर अरुण पीली,
> भोली-सी नीली
> सूना निर्झर-तीर

या—

> आगे गहन अँधेरा है, मन रुक-रुक जाता है एकाकी,
> अब भी है टूटे प्राणों में, किस छवि का आकर्षण बाकी?

या—

> आज उचटा-सा हृदय;
> साइरन बज जाय उसके बाद
> निर्जर शून्य सड़कों-सा निभृत, निस्संग, खाली,
> व्यर्थता की स्याह-सी बेमाप चादर से
> अभी ज्यों ढक गया हो शून्य जी का प्रान्त।

ये कहने की आवश्यकता नहीं है कि परंपरा तो न मुक्तिबोध की चली न नेमिचन्द्र जैन

की कविता की। पर अपनी संपूर्णता में अभिव्यक्ति की यह कोशिश बहुत आगे तक हमारी कविता में रची बसी। मुक्तिबोध तो रहे ही नहीं, पर नेमिजी ने भी कविता लेखन को लगभग स्थगित कर एक बेहतर प्रक्रिया को लगभग बाधित कर दिया।

अज्ञेय की कविताएँ बौद्धिकता, सूक्ष्म अंतरंग मनोभावों का उद्घाटन तथा सौन्दर्यबोध के स्तर पर बहुत प्रौढ़ तथा मँजी हुई कविताएँ हैं। कुछ पंक्तियाँ हैं—

वंचना है चाँदनी सित
झूठ वह आकाश का निरवधि गहन विस्तार
शिशिर की राकनिशा की शान्ति है निस्सार!

जैसे तुम स्वीकार हो!
डोलती डाल, प्रकम्पित पात, पाटल स्तंभ विलुलित
खिल गया है सुमन मृदु-दल, बिखरते किंजल्क प्रमुदित
स्नात मधु से अंग रंजित-राग केशर-अंजलि से
स्तब्ध सौरभ है निवेदित,
मलय-मारुत, और अब जैसे तुझे स्वीकार हो।

गिरिजा कुमार माथुर के यहाँ स्थूल ऐन्द्रियता, मानसिक प्यास, जीवन की रंगीनी के प्रति मोह तथा चित्रमय झाँकियाँ मिलती हैं जो आगे भी विकसित होती रहीं—

रुक कर जाती हुई रात का
अंतिम छाँहों-भरा प्रहर है
श्वेत धुएँ से पतले नभ में
दूर झाँवरे पड़े हुए सोने-से तारे

या—

आज अचानक सूनी-सी संध्या में
जब मैं यों ही मैले कपड़े देख रहा था
किसी काम में जी बहलाने
एक सिल्क के कुर्ते की सिलवट में लिपटा
गिरा रेशमी चूड़ी का छोटा-सा टुकड़ा
उन गोरी कलाइयों में जो तुम पहिने थीं
रंग-भरी उस मिलन-रात में।

रामविलास शर्मा की कविताएँ शोषितों के प्रति संवेदना और व्यवस्था की क्रूरतम स्थितियों से जूझने की प्रेरणा से भरपूर हैं। समाजवादी सपने की यह प्रवृत्ति लगातार विकसित होती रही है—

नोन तेल लकड़ी की फ़िक्र में लगे घुन-से;
मकड़ी के जाले-से, कोल्हू के बैल-से,

मकां नहीं रहने को, फिर भी ये धुन-से
गंदे, अँधियारे और बदबू-भरे दड़बों में
जनते हैं बच्चे।

भारतभूषण अग्रवाल और प्रभाकर माचवे की कविताएँ अपनी निर्मिति में समाजवादी आकांक्षा से ओतप्रोत हैं, पर अपनी निजता में उनकी अलग-अलग खूबियाँ हैं। भारतभूषण अग्रवाल के यहाँ ओज और आकांक्षा में युग से सीधा साक्षात्कार देखा जा सकता है—

सघन बर्फ़ की कड़ी पर्त-सी
एक-एक कर अमित रूढ़ियाँ
सदियों से जमती जाती हैं
तह पर तह मानव-जीवन पर।

माचवे का काव्य जगत जनवादी पक्षधरता का उदाहरण प्रस्तुत करता है। उनके यहाँ बहुत बार कविता की सुघड़ता के विरुद्ध अतिशय छेड़छाड़ भी दिखाई देती है। एक कविता की कुछ पंक्तियाँ यहाँ द्रष्टव्य हैं जिसमें कवि ने रूस को पितृदेश मानकर वहाँ का गुण गाया है—

व्योम में सगर्व जा रहा
सगर्व सैन्य लाल
पितृदेश के अनन्य भक्त
वीर नौजवान,
पंखहीन ये विहंग राज, सैकड़ों विमान
शत्रु देख अग्निवृष्टि, हो परास्त,
हो बिहाल!

ये तो रही संक्षेप में 'तार सप्तक' में द्रष्टव्य विविध काव्य प्रवृत्तियों का परिचय। पर यह पहले कहा जा चुका है कि उसमें एक ही साथ इतनी प्रवृत्तियाँ और अन्तर्धाराएँ दिखाई देती हैं जितनी किसी घोषित काव्यान्दोलन में भी दिखाई नहीं देतीं। 'तार सप्तक' की ऐतिहासिक महत्ता का एक कारण यह भी है कि इस एक छोटे से संकलन ने कविता-रचना में इतने प्रयोग कर दिखाए कि कई बार उसकी इस देन पर सहज रूप से विश्वास नहीं होता। स्थूल रूप से पीछे वर्णित प्रवृत्तियाँ अगर देखी जायँ तो आगे भी विकसित होती दिखाई देती हैं। पर उनमें सुचिंतित व्यवस्था का अभाव लक्षित होता है।

'तार सप्तक' की ऐतिहासिकता का महत्त्व रूपविधान के स्तर पर उसकी गुणवत्ता के कारण भी कम नहीं है। पराधीन भारत की बेबाक चिंताओं के साथ-साथ समसामायिक समस्याओं के द्वन्द्व और प्रगतिशील विचारों के तनाव से जो विविध विषय इस कविता-यात्रा के पड़ाव में आए वे तो अपरिमित हैं ही कला पक्ष में हुए विविध प्रयोग भी कम आश्चर्यजनक नहीं हैं। नए-नए भावों के साथ उपमान,प्रतीक, छायाचित्र, रंग, छंद, लय, आन्तरिक नाद,

काव्यभाषा और शब्द-योजना के अद्‌भुत चरण सामने आये। इन कलागत खूबियों को अगर स्त्रोतों से जाँचा जाय तो पता चलेगा कि सबके सब जीवन के ठोस धरातल से आए हैं। जीवन की वास्तविकता से टकराकर उसके प्रतिमान संभव हुए। प्रतीकों के घिसेपिटे भंडार को फेंककर नए और ताज़े प्रतीकों का चयन हो पाया जो हमारे रोज़मर्रा जीवन में आते रहते हैं। छंद लय और आंतरिक नाद परंपरा में प्रयुक्त गीतों और लोकधुनों से आए। भाषा का पॉलिस उतर गया और उसमें हमारे लोकजीवन की बोली उतरी। ठेठ ग्राम्य शब्दों की योजना से शब्द-योजना के शहराती संभ्रांत आलोचकों को खीझ हो उठी।

नई मात्रिकता से युक्त छंद बने, उर्दू-फ़ारसी की रुबाई से कविता जुड़ी, सवैयों की सदियों पुरानी सत्ता टूट गई। सॉनेट, बैलेड जैसे विदेशों में लोकप्रिय छंद आजमाये गए। यह सब एक संकलन-विशेष में हो सका, यह कम रोचक नहीं है। इसलिए थोड़ी-सी हवा लगने पर यह बात आँधी की तरह फैल गई कि 'तार सप्तक' का प्रकाशन निश्चित ही 'प्रयोगवाद' की स्थापना के निमित्त हुआ है। 'तार सप्तक' की ऐतिहासिकता का एक कारण यही समझा जाता रहा है कि उसके कारण प्रयोगवाद संभव हुआ और बाद में उसने 'नई कविता' में खुद को विलीन कर दिया। पर इस तरह की सोच से हिन्दी कविता की उस सर्जनशील परंपरा को ग़लत ढंग से समझना होगा जिसमें नए भारत में व्यक्ति की अपनी भूमिका तलाश पाने की चिन्ता है तथा परंपरा और आधुनिकता के बीच परिपाटीबद्धता से बाहर आने की आकुलता है।

'तार सप्तक' की महत्ता का एक स्तर यह भी है कि वह परस्पर विरोधी मंतव्यों वाले कवियों का ऐसा मंच है जहाँ जीवन और जगत के बरक्स कविता तथा सरोकार का द्वैत है। वहाँ अपने होने के अर्थ की तलाश में जूझता कवि का अनथक श्रम है। जाने-अनजाने समकालीन कविता के जिन स्तरों की आज हम प्रशंसा करते पाए जाते हैं, बहुत संभव है कि उसका उद्‌गम हमें 'तार सप्तक' की उस कोशिश में ही दिखाई दे जाय। स्वाधीनता से सिर्फ 7 वर्ष पहले का वह नया भारत है जहाँ की नागरिक चिंताएँ हमें जीवन, कविता और मूल्यों की पुरानी दुनिया से बाहर लाकर सृजनधर्मिता से जोड़ती हैं। 'तार सप्तक' की यह परंपरा को भी मूल्यांकित करने की कोशिश थी। एक लक्ष्य को लेकर चला यह सहकारी प्रयास आधुनिक हिन्दी कविता का वह सोपान है, जहाँ देखे, गुज़रे बग़ैर हिन्दी कविता को उसकी संपूर्णता से जानना संभव नहीं है। केवल ऐतिहासिकता के नाम पर नामलेवी रस्म पूरी करते रहने से न 'तार सप्तक' का भला होनेवाला है, न हिन्दी कविता का। ज़रूरत है, आज स्वस्थ मानसिकता के साथ उसके आकलन की, जिससे उसकी उपलब्धियों का खुलासा हो सके तथा उसके प्रवृत्तिगत विकास का पता पाया जा सके। 'दूसरा-सप्तक' तक इस परंपरा को आगे बढ़ाने की तत्परता दिखाई दी थी जिसमें शमशेर का कद्दावर व्यक्तित्व उभरा था, पर बाद के सप्तकों तक ने व्यावसायी उद्देश्यों की पूर्ति ही की, उनसे किसी नूतन भाव या प्रविधि का पता नहीं चल पाया।

शमशेर की कविता का यथार्थ

शमशेर बहादुर सिंह हिन्दी कविता में ऐसे गौरव कवि के रूप में प्रतिष्ठित हैं जिनके यहाँ कविता साधी गयी है—अपने को गला-तपाकर, अपने को निचोड़-गार कर। शमशेर ने अपनी इस अनथकी साधना से जो सत्व निकाला—वही उनकी कविता बनी। कविता उनके जीवन का सत्व है, ऐसा सत्व जिसके अलावा कुछ भी सार नहीं बचता जीवन का। कवि के एक-एक शब्द जैसे उस महातप से निकले हुए हैं जिसमें उसका समूचा जीवन होम हो रहा है—अपने दु:खों, अपनी वेदनाओं और जमाने-भर की संवेदनाओं के साथ। इसीलिए शमशेर की कविताएँ अपने स्थापत्य में हमें अपनी प्रस्तर सजावट से नहीं वरन् खुरदरे निर्माण से प्रभावित करती हैं जहाँ हल्की सुगबुगाहट भरी खीझ भी मिलेगी और जीवन के अत्यन्त मार्मिक क्षणों के चित्र भी।

यह संयोग ही है कि शमशेर ने 'कठिन प्रस्तर' नाम से एक कविता लिखी—

कठिन प्रस्तर में अगिन सूराख।
मौन पर्तों में हिला मैं कीट।
(ढीठ कितनी रीढ़ है तन की—
तनी है!)
आत्मा है भाव :
भाव-ढीक
झुक रही है
अगम अन्तर में
अनगिनत सूराख-सी करती।

इस कविता में शमशेर की खूबियाँ कई स्तरों पर प्रकट होती हैं। अभी मैंने उनकी कविता के स्थापत्य की बात की थी। यह स्थापत्य ऐसा कि जिसमें खुरदरा निर्माण है और इस निर्माण में जिन्दगी के बहुत सारे ऐसे स्थल हैं जहाँ पहुँचना बहुत कठिन है। इसी कविता में हम पाते हैं कि 'कठिन प्रस्तर में अगिन सूराख' के बिम्ब के माध्यम से शमशेर ने बहुअर्थी व्यंजना की सर्जना की है और स्वयं को 'मौन पर्तों में हिला मैं कीट' कहकर निरन्तर दबावों में जीते हुए घातक माहौल में गिरफ्त होते जाने को व्यक्त करते हैं। इस कविता में गहरी व्यंजना है और कई अर्थ हो सकते हैं। आगे कोष्ठक में पंक्ति है—(ढीठ कितनी रीढ़ है तन की—तनी है!)

यह है शमशेर की कविता—इतने दबावों के, तनावों के बीच भी कितनी ढीठ है तन की रीढ़, जो तनी हुई है। वह लचर नहीं पड़ रही है, यह कवि की उत्कट जिजीविषा का प्रमाण है और ताकत भी। शमशेर की कविता का यह आन्तरिक एकालाप है—बिल्कुल अपने से बतियाते हुए—व्यंग्य करते, चुटकी लेते—अपने पर। शमशेर की कविता उस आवाज की तरह है जो सब जगह सुनायी पड़ती है—उसमें कोई भ्रान्ति नहीं होती। क्यों? आप पूछ सकते हैं। लेकिन जब आपको यह लगेगा कि शमशेर अपने आलाप में हमें याद कर रहे हैं तो खींचे चले जायेंगे।

शमशेर अपनी कविता के यथार्थ में जिस छवि के साथ आते हैं उसमें हम अपनापा पाते हैं—अपने दुःख का तलबगार, अपना हितचिन्तक, अपना अग्रज, अपना कोई बहुत गहरा नजदीकी (नजदीक का व्यक्ति, भोजपुरी शब्द)। शमशेर अपनी इस नजदीकी को हम पर लुटाते हैं, कुर्बान करते हैं। अपनी सारी संवेदनाओं के साथ हमारी आत्मा में रचते-बसते हैं—

जो है
उसे ही क्यों न सँजोना?
उसी के क्यों न होना
जो कि है।

हम शमशेर की कविता के स्थापत्य को खुरदरे निर्माण से जोड़कर देखते हैं तो इसका यह आशय नहीं है कि हम यह कहते हैं कि शमशेर की कविताएँ सुगठित निर्मिति नहीं हैं और उनमें कलात्मक सौष्ठव नहीं है। बल्कि हम यह मानकर चलते हैं कि शमशेर की कविताएँ विरल कविताएँ हैं जिनमें कविता की बारीक, सूक्ष्म अर्थछवियाँ होती हैं और जिसमें गहरी व्यंजना, गहन चिन्तनात्मकता और तीव्र इन्द्रियबोध मिलता है। इस स्तर पर वे बिल्कुल अकेले कवि हैं हिन्दी में, जिनकी कविता का एक भी शब्द फिजूल नहीं होता और कविता की पंक्तियाँ अन्विति में होते हुए भी अर्थों के बहुकोणीय विधान को खोलती हैं। इसमें मेरा यह आशय है कि शमशेर की कविता कहीं-कहीं रुक-सी जाती है। इस स्थगन को समझना जटिल होता है और उसके अर्थस्तर तक जाना दुश्वार। यह कविता में ऐसे जरूरी पक्ष का प्रमाण है जिसे कविता की आलोचना की भाषा में 'अनिवार्य काठिन्य' कहा जाता है। यह शमशेर की सर्जना और उनके तनाव की तीव्रता के कारण होता है जिसमें कहीं-कहीं बिम्बों की सृष्टि में भी कविता की एकान्विति छूट जाती है—

हवा से एकदम पतली—
कि आरपार देख लो—किन्तु
इस्पाती दीवार

इसलिए मैंने कहा कि शमशेर के स्थापत्य का कसीदा एकदम नया और ऐसा है कि जिसको आप तराशी नक्काशी या स्फटिक संघटन नहीं कह सकते, क्योंकि वहाँ फिर भी

अर्थ की सम्भावना बनी रह जाती है जब आप अर्थ पाकर प्रसन्न होना शुरू करते हैं। इसीलिए शमशेर हिन्दी ही नहीं समूची भारतीय कविता के कृती कवियों में हैं। क्योंकि उनके यहाँ कविता साधी गयी है और एक-एक शब्द-चित्र जीवन के अनुभवों से सजे हुए हैं। नामवर सिंह ने ठीक ही लिखा है—"यह कोई चिरपरिचित गीत नहीं। गद्य है। बोलचाल के गद्य की लय। रुक-रुककर बढ़ता हुआ। विलम्बित विपर्यस्त। फिर भी कविता।" और यही शमशेर को समझने की शुरुआत है। शमशेर की कविता की कई रंगतें हैं और उन रंगतों में गहरी परतों के बीच कवि का हुंकार-टंकार है और उसकी निजी वेदनाओं का मार्मिक प्रसार भी। कवि का यथार्थ जीवन का यथार्थ है, समाज का, परिवार का, देश का तथा मनुष्यता का यथार्थ है। कुछ प्रेम, कुछ पीड़ा, कुछ गीत, कुछ गान, कुछ खीझ, कुछ आक्रोश और सबमें शमशेर लिप्त, ऐसे कि जैसे जिया हो हर पल, हर क्षण को कवि ने—

लौट आ ओ धार
टूट मत ओ साँझ के पत्थर
हृदय पर।

या-

जो कि सिकुड़ा हुआ बैठा था, वो पत्थर
सजग-सा होकर पसरने लगा
आप से आप।

यह विचित्र लग सकता है कि शमशेर के यहाँ भाषा लाचार नजर आती है। भाषा में शक्ति कम है, शब्दों का अकाल है (या है, तो उसमें वांछित अर्थ की ताकत नहीं) या फिर अपने में इतने तन्मय शमशेर कि उन्हें ढूँढ़ना-खोजना उनकी स्थितप्रज्ञता के लिए अनुचित। इसलिए वे शब्द गढ़ते रहे, सुलझे चित्रकारों (वे उत्कृष्ट चित्रकार भी थे) की भाँति रंगों और रेखाओं से काम लेते रहे और इसीलिए उनकी कविताएं हम जितना सोच नहीं पाते वहाँ तक की यात्रा कराती हैं। एक उदाहरण—

एक नीला आइना
बेठोस-सी यह चाँदनी

'नीला आइना' आकाश के अर्थ में प्रयुक्त है और ठोस के विलोम अर्थ में 'बेठोस' का प्रयोग चाँदनी के लिए हुआ है। ठोस का विलोम होता है—तरल। पर चाँदनी तो तरल नहीं है। वह ऐसी है जिसमें ठोसत्व नहीं है (यह इस प्रयोग का आशय है) लेकिन हिन्दी में ऐसा कोई शब्द नहीं। अन्ततः कवि को काव्येतर शब्द की जरूरत पड़ी और उसने इसका प्रयोग कर भाषा की लाचारी दिखायी।

शमशेर ने जो देखा-भोगा है वह कठिन और क्रूर है। जीवन के असंख्य दारुण क्षण आये होंगे, गये होंगे और शमशेर तब भी स्थिर सब-कुछ सह गये होंगे। लेकिन अकेला होकर भी, यातनाग्रस्त जीवन जीकर भी शमशेर ने 'हाय' का रुदन नहीं रोया। अपने को बखाना

उन्होंने फिर भी बार-बार। जिससे ले सकें हम उनसे अपना दाय-जीवन-सन्देश, लगातार संघर्ष करने की शक्ति और सच कहने का साहस। शमशेर अपनी लाचारी में भी कितने दृढ़ और विश्वस्त लगते हैं, इसका नमूना हैं ये पंक्तियाँ—

खुश हूँ कि अकेला हूँ
कोई पास नहीं है
बजुज एक सुराही के,
बजुज एक चटाई के,
बजुज एक ज़रा से आकाश के।
(बजुज उसके जो तुम होतीं—
मगर हो फिर भी यहीं कहीं अजब तौर से)।

कुछ भी तो नहीं है कवि के पास, सिर्फ एक चटाई, सुराही, ज़रा से आकाश और स्वयं अपने अकेलेपन के। फिर भी कितनी विशालता है इस स्वगत में। कुछ भी नहीं है फिर भी वह है और खुश है। इतना खुश कि आप शब्दों में नहीं बाँध सकते—इसलिए कि वह अभी है, वह (शायद पत्नी के लिए) नहीं है फिर भी यहीं-कहीं आसपास, उसके जीवन-संघर्ष में शामिल होकर। कितना औदात्य, संवेदनशीलता, ओज, स्वाभिमान और उत्कट रागात्मकता है जीवन के प्रति यहाँ समझा जा सकता है। कविता बोलती है—तौलती है पूरे परिवेश को और तब सच लाती है सामने—जीवन की दारुण व्यथा का एक कोना, कवि का आत्मगौरव एक तरफ और आन्तरिकता में रचा-बसा किसी की अप्रतिम प्रीति। तीनों की संलग्नता ऐसी कि एक को हटाइये तो कविता पकड़ से बाहर। यह है शमशेर की कविता का यथार्थ।

शमशेर की कविता का एक महत्त्वपूर्ण कोना है—बिम्बात्मकता का। बिम्बों का ऐसा प्रयोग—कि जिसमें समूचा परिदृश्य सजीव हो उठता है और कविता की भावना से पाठकों की भावना तादात्म्य स्थापित करती है और सब-कुछ अपने विस्तृत फलक पर आकर प्रकट हो जाता है। यहाँ देखिये—

हमारी ज़मीन जो सिर्फ अपने चाँद से
पास है, सूरज से कितनी दूर है
यद्यपि उससे बँधी हुई : और ग्रहों से भी
एक तरह से बँधी-सी ही हुई : मगर सदैव
के लिए अकेली—हमारी ज़मीन

शमशेर की कविता का यथार्थ बहुत साफ-स्वच्छ और पारदर्शी है, उसमें कहीं कोई घालमेल नहीं मिलता। वे जहाँ भी हैं पूरे मन से हैं—अपने, जमाने और सबके साथ—सारी तकलीफों के साथ, खुशियों, मुस्कुराहटों और आक्रोशों के साथ। चाहे वह 'बैल' पर लिखें, चाहे प्रेमिका पर, चाहे ज़मीन पर लिखें या घर पर, शमशेर की मौजूदगी हर जगह बराबर होती है। शमशेर प्रश्न करते हैं—प्रश्न, फिर प्रश्न, फिर उत्तर और अन्त में विचार। यही उनकी

कविता का यथार्थ है। इसकी एक-एक पंक्ति में जीवन के व्यहृत क्षण हैं, अनुभव की थाती है और कठिन काव्य साधना का सत्व है। सत्व जो निकलता है—निचोड़कर बहा देने में, गला-तपाकर खपा देने में—सीखे कोई शमशेर से। शमशेर यूँ ही कवियों के कवि नहीं हैं।

यह भी गौरतलब है कि शमशेर की कविता रंगों की मोहक दुनिया से लबरेज है। भाँति-भाँति के रंग और उनमें कवि का अपना संसार कि जिसमें बहुत कुछ अपनी, कुछ बेगानी बातें गोदी गयी हैं। आप शमशेर की कविता की बनावट पर ध्यान देंगे तो पायेंगे कि भव्य अट्टालिका या शान्त निविड़ एकान्त मन्दिर-सी तराश पर बहुत-सी जगहें खाली, जहाँ बहुत काम अभी बाकी। अर्थ भरने, सोचने, पश्चात्ताप करने, अचानक शान्त हो जाने और अवाक् देखते रह जाने के ढेरों स्थल। सफल चित्रकार की तरह तूलिका में रंगों और रेखओं का ऐसा समारोह जहाँ संकेतों में ही बहुत कुछ कह जाने की उत्सटता मिलेगी। शमशेर की कविताएं चित्रकला और कविता के अन्त: सम्बन्धों को जोड़ती है और कविता के संसार को ज्यादा विराट् बनाती हैं। यहाँ कविता की ध्वनियों में रंगों का तुमुल नाद है जो भीतर तक हिला डालता है।

कत्थई गुलाब
दबाये हुए हैं
नर्म-नर्म
केसरिया साँवलापन मानो
शाम की
अंगूरी रेशम की झलक
कोमल
कोहरिल
बिजलियाँ-सी
लहराये हुए हैं

'कत्थई गुलाब' के इस भव्य और रम्य वातावरण में भला किसे खूबसूरत चित्रकला का दर्शन न होगा। शब्द ऐसे चुने मानो गुलशन की परिक्रमा कर अपनी आँखों में पहले उतारा, फिर सुबह से शाम तक उनके आसपास अपने को समो दिया—तब बनी वह कविता जो एक ही साथ हमें नृत्य की थिरकन, संगीत-सा माधुर्य और चित्र-सी दर्शनीयता दे दे। कविता तो बहुत लिखी गयीं पर क्या किसी ने अंगूरी रेशम की झलक शाम में या गुलाब में देखी है? हम रोज जिसे देखते हैं—बिसार देते हैं। वे अपनी पूरी ताजगी के साथ शमशेर के यहाँ आते हैं—कवि शमशेर का यह भी मतलब है कि उनका संसार हमारे अपने संसार का भूला-भटका संसार है जिसे हम ख्याल बना चुके हैं, कभी-कभी जिसे हम सपना भी बना लेते हैं। लेकिन शमशेर उसे उतार लाते हैं कागजों के बहाने हमारी स्मृति में। हिन्दी की आधुनिक कविता में शमशेर इसलिए भी अकेले पद के अधिकारी हैं।

प्रकृति का सारा कोना शमशेर की कविता से प्रकाशित होता है। क्या सागर, क्या नदी, क्या पहाड़, क्या जंगल, तालाब, झरने, पेड़, हवा, चाँद, बादल, गुलाब आदि। शमशेर की कविता का यथार्थ जितना खुला और निर्बाध है—उतना ही जीवन का यथार्थ भी। प्रेम का जो स्वरूप उनके यहाँ है, वह कहीं और नहीं मिलेगा। इसका कारण बहुत साफ है कि वे प्रेम को उसकी सम्पूर्णता में पकड़ते हैं। यह बारीकी उन्हें प्राप्ति में कम चिन्तन में ज्यादा मिली। रूप, अंग-प्रत्यंग, हाव-भाव, स्पर्श, द्वन्द्व, कल्पना, सौन्दर्य, रूठना, मनाना, चाह, याद और खो जाने की जो विविध स्तितियाँ शमशेर के यहाँ साकार मिलती हैं, वह हिन्दी कविता की एक बड़ी उपलब्धि है।

न पलटना उधर
कि जिधर ऊषा के जल में
सूर्य का स्तम्भ हिल रहा है
न उधर नहाना प्रिये।

या—

एक सोने की घाटी जैसे उड़ चली
जब तूने अपना हाथ उठाकर
मुझे देखा
एक कमल सहस्त्रदली होंठों से
दिशाओं को छूने लगा
जब तूने आँख बर मुझे देखा।

उपरोक्त पंक्तियाँ दो अलग-अलग कविताओं से उद्धृत हैं। एक में प्रेम की वह उत्कट व्यग्रता है जिसकी ध्वनि में प्रिय अपनी प्रेयसी के सूर्य जैसे अप्रस्तुत प्रतिपक्षी को बर्दाश्त नहीं कर पा रहा। और दूसरे चरण में प्रेम के उस आन्तरिक आह्लाद का चित्र है जिसमें प्रियतमा के हाथ उठाकर कवि को देखने पर 'एक सोने की घाटी' के उड़ चलने का बिम्ब है। दोनों स्तरों पर पाठक यह महसूस करता है जैसे वह साक्षात् शरीर से गुजरने का चित्र देख रहा है या शरीर के किसी ठोस उपस्थित आकार में जा रहा है। शमशेर की कविताओं में यह तीव्र ऐन्द्रिकता शायद सबसे अधिक और गहरी है। इन्द्रियबोध की यही विशेषता है कि जिसमें सादृश्य विधान की सबसे गहरी व्यंजना है—शमशेर को तीव्र इन्द्रयबोध का कवि सिद्ध करती है। इस क्रम में ऐसे अनेक उदाहरण दिये जा सकते हैं जो इस विशेषता को और भी गहराई से खोल सकते हैं पर उनकी कविता के यथार्थ के दूसरे पक्ष अधूरे रह जायेंगे। बहरहाल यहाँ नामवर सिंह का एक उद्धरण—"शमशेर के सौन्दर्यशास्त्र में भी नारी देह गोया पहली बार गोया सच्चे अर्थों में अपनी दैहिकता प्राप्त करती है—नखशिख वर्णन से एकदम अलग। वहाँ सिर्फ बदन नहीं, बल्कि 'एक ठोस बदन अष्टधातु का-सा' हे और जंघाएँ दो ठोस दरिया। एक काँसे का बदन हवा में हिल रहा है। कोई और सुडौल बदन एक आबशार है और उसके

साथ ही है 'यह पूरा काँसे में ढला गोलाइयों का आईना'।''

नारी देह को उसकी सम्पूर्णता में इस तरह उपस्थित करने वाला कोई दूसरा कवि आधुनिक हिन्दी कविता में नहीं है।

शमशेर जितनी चिन्ता प्रेम, जीवन और प्रकृति के विविध स्वरूपों की करते हैं उतनी समाज की नहीं, ऐसा नहीं कह सकते। बल्कि यह माना जा सकता है कि वे अपने में सबके होने का अर्थ तलाशते हैं और एक बेहतर समाज-व्यवस्था की बात करते हैं। अपने एकालाप में भी शमशेर का यह सरोकार हमेशा बेचैन करता है और बुलन्द हौसले से साहस देता है—

काल,
तुझसे होड़ है मेरी : अपराजित तू—
तुझमें अपराजित मैं वास करूँ।
इसीलिए तेरे हृदय में समा रहा हूँ।

कवि का दर्द ही तो उसका उद्बोधन है। अपने इसी उद्बोधन में वे 'बैल' की संज्ञा लेते हैं और उसके संघर्षों को ठेठ भारतीय का संघर्ष दिखाते हैं जहाँ कभी आराम-विश्राम या सुविधा जैसी कोई चीज हासिल ही नहीं हुई। उनके शब्दों की सर्जना में विचारों के भावसूत्र जो हृदय विदारक चित्र देते हैं वे हमारे सरोकारों को व्यक्त करते हैं। शमशेर बेशक समाजवादी विचारधारा से प्रभावित थे और अनेक आन्दोलनों में भी उनकी सक्रिय हिस्सेदारी थी, पर उन्होंने अपने चिन्तन को, अपनी विचारवीथि को स्थूल चित्रों में कभी नहीं टाँका। अपने एकालाप और व्यक्तिगत जीवन के चित्रों में उन्होंने समाजवादी समाज की स्थापना की बात की कि जिसमें दीनता और अपमान के दिन न रहें। यह थी अपने मिशन में भी शमशेर की अद्वितीयता। सब-कुछ अपने पर लेकर दुनिया को दिखाना-बताना कि हम ही हैं—और कोई क्या है। हम यानी भारत के सम्पूर्ण नागरिक। हम तब क्यों किसी चरित्र की सृष्टि करें या फिर अनुभव के पराये भाव को स्वीकार करें।

शमशेर की कविता अपनी दुरूहता के लिए बदनाम होती रही है। इसका सीधा कारण यह रहा है कि हम उसे ठीक से समझने की कोशिश से मुकरते रहे हैं। यही बात तो निराला के साथ थी। लेकिन समय ने निराला को करीब से महसूस करने का अवसर दिया—निराला अपनी कविता में उसी तरह प्रासंगिक बने रह गये जितना पहले थे। शमशेर भी बनेंगे। शमशेर धीरे-धीरे जहाँ समझ लिए गये, फिर उनकी अर्थवत्ता लगातार बढ़ेगी और वे अपनी अपार सम्भावनाओं के साथ खुलते चले जायेंगे। ठीक ही लिखा है कवि ने—

कवि घँघोल देता है
व्यक्तियों के जल
हिला-मिला देता
कई दर्पणों के जल
जिसका दर्शन हमें

शान्त कर देता है
और गम्बीर
अन्त में।

और 'अन्त में' को समय खोलेगा, जहाँ कल अपनी विशाल बाँहें फैलाए लघु-प्रभु का निर्णय देगा। शमशेर की काव्यानुभूति की बनावट पर लिखते हुए विजय देवनारायण साही ने कहा था—"शमशेर की कविता में प्रतिगति है। उसी शून्य, उसी न कुछ में वापस चले जाने की। गति और प्रतिगति, अभिव्यक्ति और संकोच के इस तनाव में एक तरह की स्थिरता, सन्तुलन पैदा होता है। यह स्थिरता, यह अटकाव, यह स्थिति अनस्तित्व और अस्तित्व के बीच एक अन्तराल है—विशुद्ध सम्भावना का राग है। यह वह मनोभूमि है जहाँ कविता अपने अर्थ में आलोकित होती है।" शमशेर की कविता में यह द्वन्द्व भी बहुत है—जहाँ एक शुद्ध चिन्तक की छवि हमारे सामने उभरती है।

यह हैरतअंगेज लगेगा कि शमशेर की कविताएँ अपने विधान में नाटक की संरचना से भी लैस हैं। कविताओं के नाट्य-पाठ से जो अर्थ-स्तर खुलते हैं वे खाली पढ़ने से नहीं। एक विशेष क्षण का परिदृश्य, उसकी यति-गति, शब्दों की महीन पच्चीकारी में काव्यभाव ऐसे पगा है कि जितना खोल सकें आप, उतना पा सकेंगे अर्थ। इसलिए आशय यह कि शमशेर की कविता का यथार्थ अपनी सजीव उपस्थिति का वह आईना है जिसमें हम सब-कुछ देख पाते हैं:—

यह समन्दर की पछाड़
तोड़ती है हाड़ तट का
अति कठोर पहाड।

कविता में मनुष्यता की प्रतिष्ठा

रघुवीर सहाय हिन्दी कविता के एक ऐसे कवि रहे हैं जिनकी काव्य सर्जना और नागरिकता एक ही स्तर पर चलती रही है। कहना न होगा कि यह कवि-कर्म की बुनियादी शर्त है लेकिन इस बुनियाद से हमारे अधिकांश कवि कतराते रहे हैं। रघुवीर सहाय पर इधर बहुत कुछ लिखा गया है और लिखने की लगातार प्रक्रिया भी चल रही है पर मुझे लगता है कि प्रशस्ति से हटकर उनके अवदानों और काव्यमूल्यों को रेखांकित करने की कोशिश कम हुई है। रघुवीर सहाय का मतलब तब समझ में आता है जब हम भाषा और विषय के टकराव को महसूस करते हैं। विषय और भाषा अपने आप में तो मुक्त होते हैं पर जब अर्थ के स्तर पर उन्हें मानवीयता के पक्ष में खड़ा किया जाता है तो उनकी सर्जनात्मकता निखरकर सामने आती है। रघुवीर सहाय का सबसे बड़ा काम यही है कि उन्होंने इसकी जरूरत को महसूस किया और हिंदी कविता को निरे आडंबर से निकाला। कहने की आवश्यकता नहीं कि कथन की प्रक्रिया में भाषा और विषय के बीच टकराव होता है, तब वस्तु की सर्जना होती है। इसी टकराहट और अंतर्प्रवेश की प्रक्रिया में भाषा और विषय मुक्त होते हैं। 'लोग भूल गए हैं', की कुछ पंक्तियाँ बतौर उदाहरण—

> कविता तभी होती है जब विषय से दूर और वस्तु के
> निकट होती है
> कविता अकेला करती है
> और जब हम बहुत तरह के अन्य काम करते हैं तो
> उनसे कविता में बाधा इसलिए नहीं पड़ती कि वे
> दूसरे प्रकार के काम हैं बल्कि इसलिए कि वे हमेशा
> बाध्य करते हैं कि हम दूसरों के साथ काम करें
> जबकि कविता अकेले ही काम करने का
> तकाजा करती है।

ऊपर मैंने इसीलिए कहा है कि रघुवीर सहाय अपने कवि को अपने नागरिक से अलगाते नहीं, मिलाकर चलते हैं। और शायद इसी कारण सब कुछ भूलकर मनुष्य को खोज पाने की वे चेष्टा भी कर पाते हैं। और यही चेष्टा उनकी कविता की बुनियादी शर्त है। उनके कवि-कर्म की दूसरी विशेषता यह है कि उनके यहाँ रिश्तों की मजबूती के आधार दिखाई देते हैं। एक ऐसे समय में जब नाना कारणों से सारे जीवन मूल्य एक-एक कर किनारे हो रहे थे, रघुवीर जी ने उसकी केन्द्रीय धुरी को पकड़ा और उसकी भयावहता को रेखांकित किया।

वे ऐसे कवि हैं जहाँ वस्तु और स्थिति की भीतरी हलचल इतनी तीव्र नहीं होती जिसके दबाव में संबंधों की गाँठ ढीली हो। कविता में इसी के कारण रघुवीर सहाय 'अकेले' हो जाते हैं पर दिलचस्प यह होता है कि उनका 'अकेलापन' परिस्थिति की वास्तविकता की उपज होकर सार्वजनिक सामूहिकता ग्रहण कर लेता है जहाँ किसी भी प्रकार के तर्क-कुतर्क के लिए जगह नही होती।

यह जानना भी कम दिलचस्प नहीं है कि कवि की सामाजिक जिम्मेवारी को अज्ञेय नकारते हैं और कविता करने को ही परम सौभाग्य मानते हैं, वहीं रघुवीर सहाय कवि होने के साथ-साथ अपनी नागरिक जिम्मेवारी को भी स्वीकार करते हैं और एक अर्थ में वे यह घोषणा भी करते हैं कि अगर नागरिक दायित्वों से साहित्यकार कट जाता है तो उसकी सर्जना का औचित्य ही क्या है। रघुवीर सहाय के लिए जीवन और कविता एक रहे हैं और इसी स्वीकार के तहत उन्होंने दोनों ही स्तरों पर जरूरी खतरे भी उठाए हैं। प्राय: यह प्रश्न उठाया जाता रहा है कि रघुवीर सहाय की कविताओं की मुख्य चिंता क्या है। किसी ने 'मनुष्यता की प्रतिष्ठा' तो किसी ने 'मूल्यों के संपूर्ण स्वीकार' तो किसी ने 'मानव अस्मिता के साथ-साथ समता मूलक समाज की स्थापना' को उनकी कविताओं की मुख्य चिंता बताया। पर जहाँ तक मैंने महसूस किया है, रघुवीर सहाय की कविताएँ 'हर स्तर पर स्वाधीनता' की माँग करती हैं। यह स्वाधीनता मानवीय विकास में अपने उपयोग की अनुमति तो स्वेच्छया देती है पर शोषण की नहीं। उनकी स्वाधीनता का अर्थ है—व्यक्ति समाज और सत्ता के साथ संपूर्ण मानवीय विकास की ऐतिहासिक प्रक्रिया में अपनी भूमिका निभाने के सही ऐतिहासिक बिंदु पर बना रहे/बनता चल सके। 'सीढ़ियों पर धूप' से लेकर 'लोग भूल गए हैं' तक में यही उनकी मूलभूत चिंता है जिससे रघुवीर सहाय ने अपने कवि-कर्म की पीठिका बनाई है। रघुवीर सहाय की कविताएँ देसी ऊर्जा से सराबोर हैं तो इसका मुख्य कारण यही है कि कवि ने अपने को देसी ताप में तपाया है। शुद्ध देसी बिंबों में देसी जीवन की छवियों को उसकी संपूर्णता में उतारना रघुवीर जी की अपनी निजी विशेषता रही है। यही वजह है कि आधुनिक मुहावरे को पकड़ने की फिराक में रहने वाले कोरे पाठकों को रघुवीर सहाय की कविताएँ निराश करती हैं। रघुवीर सहाय की दृष्टि में अगर पश्चिम ही आधुनिक है, तो वे उसे स्वीकार नहीं करते। इतना ही नहीं, उनकी कविताओं में पश्चिमी आधुनिकता की खिल्ली भी उड़ाई गई है—

अपने-अपने कस्बों का नाम न लेकर वे
लखनऊ का नाम लेते हैं
जहाँ वे नौकरी करने आये थे
जैसे वहीं पैदा हुए और बड़े हुए हों
क्योंकि वह किसी कदर आधुनिक बनना है
और फिर दिल्ली उन्हें समोकर अथाह में
आधुनिक होने की फिक्र मिटा देती है

रघुवीर सहाय की कविताएँ ठेठ देसी व्यवहार और स्वयं की संस्कृति को समृद्ध करने की माँग करती हैं। इस माँग में परिचय और प्रेम की याचना छुपी हुई है। रघुवीर जी की एक विशेषता यह भी है कि वे सर्जक के लिए शर्त निर्धारित करते हुए यह मानते हैं कि रचना करने के योग्य बने रहने के लिए यह आवश्यक है कि व्यक्ति और समाज के रिश्तों को ऐतिहासिक अर्थ और प्रक्रिया में जीवित और सक्रिय बनाए रखा जाय। जब भी इस सूत्र में हम ढीले पड़ते हैं, रचना करने का अधिकार खो देते हैं। रघुवीर सहाय की कविताएँ उनके इस विचार को शत-प्रतिशत वहन करती हैं। व्यक्ति समाज की इकाई होते हुए भी वह उसका नियामक भी है। समाज से व्यक्ति का रिश्ता अटूट है और इसी अनिवार्य आन्योन्याश्रिता में रिश्तों की ऐतिहासिकता भी पनपती है। रघुवीर सहाय ने अपनी कविताओं में उसी रिश्ते को ऐतिहासिक अर्थ और प्रक्रिया में जीवित और सक्रिय बनाए रखकर हिंदी कविता में एक नई शुरुआत की। रघुवीर सहाय का हिंदी कविता में यह अवदान भी है कि उन्होंने कविता को विचारधारा और राजनीति के पचड़ों से मुक्त किया। यह मुक्ति भी तभी संभव हो सकी जब रघुवीर जी ने कविता को अपने जीवन से जोड़कर देखा। यह भी कहा जा सकता है कि उन्होंने अपनी कविताओं में एक नए सिरे से मनुष्य की प्राकृतिक प्रवृत्तियों की प्रतिष्ठा की कोशिश की। खोई हुई चीजों को कविता में प्राप्त करने की बेचैनी रघुवीर सहाय को निरंतर सृजनशील कवि बनाती है तथा उन्हें एक सजग प्रहरी के रूप में स्थापित करती है। तभी तो कवि कह पाता है—

भीड़ ठेलकर चला गया वह
मरा पड़ा है रामदास यह
देखो देखो बार-बार कह
लोग निडर उस जगह खड़े रहे
लगे बुलाने उन्हें जिन्हें संशय था-
हत्या होगी

और तब यह अकारण नहीं लगता जब कुछ लोग रघुवीर सहाय की कविता को खबर भी कहते हैं। अगर ध्यान से परखा जाए तो ये कविताएँ खबर भी देती हैं और खबरदार भी करती हैं। हालाँकि खबरदार करने की इसी विशेषता के कारण रघुवीर जी को आरोपों का भी सामना करना पड़ा है। आरोप ये कि उनकी कविताएँ अखबारों की कतरनें लगती हैं, इनमें तथ्यों की बहुलता होती है, भाषा में सतही सूचनाएँ व्यक्त होती हैं, आदि-आदि। लेकिन यह बात बहुत गंभीरता से कही जा सकती है कि कविता में भाषा, भाव और अन्विति की स्फीति देखने वाले लोगों को रघुवीर सहाय की कविताएँ अच्छी नहीं लगेंगी। किंतु सच्चाई यही है कि रघुवीर सहाय ने कविता को बासी ढर्रे से मुक्त किया और उसे एक नई काव्य पीठिका दी। कविता को रोजमर्रा के अनुभवों से जोड़कर उन्होंने कविता को जीवन के करीब लाने में मदद की। रघुवीर सहाय की कविताएं यदि कविता की पारंपरिकता को तोड़कर एक नइ

काव्यवीथि बना सकीं तो इसमें रघुवीर सहाय की अपनी अन्तर्चेतना की सूझबूझ और तत्कालीन समय और समाज की जिम्मेवारी भी रही है। यह काम वे तब कर सके जब कविता की पारंपरिकता को तोड़कर कुछ भी रचना संभव नहीं था। यही कारण है कि रघुवीर सहाय की कविताओं में कोई आदर्श नहीं दिखाई देता और न ही इतिहास की वह प्रवृत्ति दिखाई देती है जिससे उनकी कविताएँ लंबे समय तक मार करने की क्षमता खो देती हैं। रघुवीर सहाय की कविताओं की यह बहुत बड़ी कमजोरी है, पर इस कमजोरी के कारण उन्हें तात्कालिक कवि कहकर खारिज कर देने की भूल नहीं की जा सकती। अपनी कविताओं के माध्यम से रघुवीर सहाय ने समाज को जिस सहकारिता की ओर मोड़ने की चेष्टा की, वह चेष्टा निसंदेह उन्हें एक बड़ा कवि बनाती है। रघुवीर जी कला का प्रतिवाद करते हुए ऐसे सूत्र को साधते प्रतीत होते हैं जिससे कवि को एक नई परिभाषा मिलती है—

अद्वितीय हर एक है मनुष्य
औ' उसका अधिकार अद्वितीय होने का
छीनकर जो खुद को अद्वितीय कहते हैं
उनकी रचनाएँ हों या उनके हों विचार
पीड़ा के रसभीने अवलेह में लपेटकर
परोसे जाते हैं जो उसे कला कहते हैं

जाहिर है, रघुवीर सहाय ऐसी कला के विरोध में खड़े होते हैं जो कला अधिकारों की बात से हटकर बुद्धि-विलास को अपना अभीष्ट बनाती है। उनकी दृष्टि में इस कला के लिए सूक्ष्मता, गहनता, जटिलता, अन्तरात्मा और न जाने कितने ही अभिलक्षणों से मंडित किया गया है। पर यहाँ इस बात से बेहद आश्चर्य होता है कि रघुवीर सहाय जैसा कवि कला का विरोध इस कदर करने लगता है कि उससे कविता की अनिवार्य कठोरता गायब हो जाती है। यह विरोध उनकी एक बड़ी सीमा बन जाता है जिसके कारण रघुवीर सहाय जैसे कवि से कुछ सार्वकालिक, दूरगामी और लगभग काव्य सर्जना के लिए आदर्श कविताओं की रचना नहीं हो पाती। रोजमर्रा की भाषा से लेकर तथ्यों की स्मृति तक यही बात लगातार परेशान करती है कि इतने बड़े फलक के कवि होते हुए भी रघुवीर सहाय अचानक कविता की सूक्ष्मान्वेषी अंतरधारा से कट क्यों गये। प्रसाद, निराला, अज्ञेय और शमशेर के यहाँ इसकी कमी इसलिए नहीं दिखाई देती कि उन लोगों ने भाव और विषय के अनुरूप भाषा और शैली की नव्यता को ग्रहण किया। निराला को अगर महाप्राण महाकवि कहा जाता है तो केवल 'भिक्षुक' 'बादल राग', 'कुकुरमुत्ता' या 'वह तोड़ती पत्थर' को देखकर नहीं। वहाँ 'राम की शक्तिपूजा' 'तुलसीदास' जैसी कविताएँ भी होती हैं जो कविता की अनिवार्य कठोरता को ग्रहण करते हुए कविता की बहुआयामिता और बहुअर्थिता को व्यक्त करती हैं। रघुवीर सहाय से ऐसा नहीं हुआ।

रघुवीर सहाय की एक और विवशता यह है कि वे मनुष्य के भावों की अपेक्षा मनुष्य की चिंता ज्यादा करते हैं। भाषा से अधिक चिंता रूपबंध की करते हैं इसलिए वे मनुष्य को सीधे संदर्भों से जोड़कर गलत-सही के पक्ष में निर्णय दे देते हैं। यह दृष्टि हमारी राजनीति और स्वातंत्र्योत्तर जीवन व्यवहार से आई है, इसलिए यहाँ बहुत खतरा है। लेकिन विडंबना यह है कि भावों को नजरंदाज करने के बावजूद भी वे उस बोली को पाने की चेष्टा करते हैं जिसके दो अर्थ न हों—

मेरे शब्दों की ताक में बैठे हैं।
जहाँ सुना नहीं उनका गलत अर्थ लिया और मुझे मारा
इसलिए कहूँगा मैं
मगर मुझे पाने दो
पहले ऐसी बोली
जिसके दो अर्थ न हों

इन कतिपय सीमाओं के बावजूद रघुवीर सहाय हिंदी के उन विरले कवियों में हैं जिन्होंने व्यापक मनुष्यता की प्रतिष्ठा के लिए कविताएँ कीं। रघुवीर जी सही मायने में 'मानवीय रिश्तों की प्रतिष्ठा' के कवि हैं। उनकी कोई भी कविता शायद ही मिले जिसमें संबंधों की अनिवार्यता और उसकी सुरक्षा के लिए बल न दिया गया हो। बच्चे, औरतें, हॉकर, रिक्शाचालक और लड़कियों आदि को लेकर रघुवीर सहाय ने निरंतर पत्थर होती मानवीय संवेदना को जगाने की कोशिश की है और उन्हें इस कार्य में पर्याप्त सफलता भी मिली है।

रघुवीर सहाय ने अपनी कविताओं में समाज और समय की हर चुनौती को स्वीकार किया और यह आश्चर्यजनक संयोग ही है कि उनके लंबे रचनाकाल में परिवेश की कोई ऐसी ग्रंथि, विडंबना और नासूर बनकर रिस रही समस्या अछूती नहीं रही है जिससे किसी न किसी रूप में हमारा समाज प्रभावित हो रहा हो। रघुवीर सहाय न तो अतीत को कुरेदते हैं और न ही भविष्य के सपने बुनते हैं। वे मौजूदा वर्तमान पर केन्द्रित होकर हमारे सामयिक सवालों से जूझते हैं और उसका हल खोजते हैं। जैसा कि मैंने पहले ही संकेत किया है कि इन्हीं तात्कालिक अनिवार्यताओं ने रघुवीर सहाय के प्रखर मेधा के कवि को दूरगामी प्रभाव के कवि होने में बाधा उपस्थित की और स्वयं श्री सहाय ने ऐसा हो जाने दिया। पर यह सच है कि रघुवीर सहाय ने हिंदी कविता में 'मनुष्यता' की प्रतिष्ठा की और एक अर्थ में समाज-निरपेक्ष होती जा रही कविता की चेतना को जीवन-यथार्थ से जोड़ा।

विद्रोह की सही ज़मीन की समझ

हिन्दी कविता में मुक्तिबोध के बाद धूमिल सर्वाधिक चर्चित कवि रहे हैं। अपनी स्वतंत्र चेतना और स्पष्टवादिता को एक नए मुहावरे में ढालकर धूमिल ने जो काव्य भाषा गढ़ी वह अपने-आप में अनूठी है। व्यंग्य और तनाव के बीच निर्णयात्मक आक्रोश के कारण धूमिल ने हिन्दी कविता में अपनी एक खास पहचान बनाई। धूमिल संदेह के दायरे में भटककर न तो सुबकने वाले कवि हैं और न ही भाषाई चमत्कार के बूते पर अश्लीलता का प्रदर्शन करनेवाले हैं। कविता उनके जीवन से आती है और इसीलिए उनके यहाँ कविता और जीवन का रिश्ता एकमेव है। विचार और अनुभूति को उनकी कविता में अलगाकर नहीं देखा जा सकता। कहना न होगा कि यहाँ आकर धूमिल विरले कवि सिद्ध होते हैं।

साठ के बाद की हिन्दी कविता में असंतोष, अस्वीकृति और विद्रोह का स्वर बहुत साफ तौर पर उभरा। नई कविता में भी असंतोष और अस्वीकृति का स्वर आया। यह बात जितनी गहराई से मुक्तिबोध के यहाँ देखी जा सकती है उतनी ही अन्य कवियों में भी दिखाई देती है। ये तत्व साठ के बाद की कविता में भी प्रभावी रहे लेकिन इनका स्वरूप बदल गया। तीखे व्यंग्य तथा विद्रोह का तेवर लेकर कविता ने जीवन की टूटती मूर्तियों के बहुत करीब जाकर उनके टूटने की तल्खी, व्यथा और उसमें से फूटती अस्वीकृति को पहचाना। आजादी के बाद की यह काव्यधारा सपनों के बनने और टूटने की व्यथा से उपजा एक ऐसा विद्रोह बनी, जिसने नये मूल्यों और नई सोचों से कारगर पहल की। धूमिल इसी धारा के कवि हैं जिन्हें साठोत्तरी कविता का कवि मानना ज्यादा प्रासंगिक है। यहाँ यह ध्यान देने की बात है कि धूमिल का पहला कविता संग्रह 'संसद से सड़क तक' 1972 में छपा किन्तु उनकी काव्य-यात्रा छठे दशक से ही शुरू हो गई थी।

गुणात्मकता के आधार पर भी सत्तर के बाद की कविता किसी बड़े परिवर्तन का संकेत नहीं देती। धूमिल के कवि का जब गीत-लेखन से मोह भंग हुआ तब हिंदी कविता में आंदोलनों की बाढ़ आई हुई थी। राजकमल चौधरी, मलय राय चौधरी आदि भूखी पीढ़ी के कवियों ने जोर पकड़ा था। नागानंद की मित्रता की वजह से धूमिल गिंसबर्ग और दूसरे बीट कवियों के समीप आए, पर भूखी पीढ़ी के कवियों के अश्लील और उत्तेजक शब्द उनकी कविता में अंत तक आते रहे। लेकिन भूखी पीढ़ी का 'प्रचार मूल्य' और 'अर्थहीनता' तथा 'नकारवाद' का जीवन दर्शन उन्हें पूरी तरह लपेट में लेने से पहले नामवर सिंह का सानिध्य काम आया और धूमिल की दिलचस्पी मार्क्सवाद की ओर बढ़ी।[1]

इसके समानांतर अकविता के कवियों ने रोमांटिकता के विरुद्ध आवेगहीनता को अपनी कविता का आधार बनाया। लेकिन ये स्थिति का ज़ायज़ा तटस्थ रूप में तो लेते हैं तथा जो कुछ अनुभूत होता है उसका संवेगहीन चित्र प्रस्तुत करते हैं पर विडंबना से मुक्त होने की प्रक्रिया में वे अपनी ही संकुचित दृष्टि का शिकार हो जाते हैं। अकविता की इसी दुविधा से धूमिल अलग हैं। उनकी कविता द्वारा सृजित काव्य-संसार विराट् है और किसी रोमांटिकता के ही विरोध में न जाकर वह जीवन और जगत की एक नई सोच के तहत देखता है। समसामयिकता के प्रति अतिरिक्त रूप से सचेत अकवितावादियों में भी रचनात्मक और सार्थक विरोध की कमी देखी जाती है। यह कमजोरी हवा में कलाबाजी दिखाने जैसी है। अकविता पीढ़ी के अनेक कवियों में व्यवस्था के विरुद्ध तो तीखी प्रतिक्रिया मिलती है, पर ये कवि अपने अनुभवों की ज़मीन से हटकर अमूर्त वैचारिक उद्घोष का सहारा लेते हैं। धूमिल की काव्य चेतना इस दृष्टि से भी विशिष्ट है कि वह केवल न तो विचार देती है और न ही अनूभूति की कोरी भावुकता का रोना रोती है। उसमें अनुभूति और विचार की एकता है जिसमें वह भाषा की ताजगी पकड़ती है और नए मुहावरों में जीवन की हर जटिलता को रूपायित करती है।

धूमिल की काव्य-यात्रा के आरंभिक दौर के विभिन्न काव्यांदोलनों पर जब ध्यान दिया जाता है तो यह बात बहुत सफाई से हमारे सामने आती है कि धूमिल में आंतरिक तनाव के साथ-साथ व्यंग्य-विडंबना है और उस के साथ स्वर में निर्णयात्मकता है। उदाहरण के लिये धूमिल की 'पटकथा' शीर्षक लंबी कविता, जो अपने ही शब्दों में 'एक प्यार भरी गुर्राहट' है। ममतामयी निर्ममता का यह विरोधाभास कविता की भाषा में भी देखा जा सकता है जो सपाट बयानी का आभास देते हुए भी जीवंत बिंबों में व्यक्त होती है [2]—

> एक अजीब सी प्यार भरी गुर्राहट
> जैसे कोई मादा भेड़िया
> अपने छौने को दूध पिला रही है और,
> साथ ही किसी मेमने का सिर चबा रही है।

धूमिल अपने समकालीनों में इस अर्थ में भी भिन्न हैं कि उन्होंने अपनी कविताओं के माध्यम से वस्तुस्थिति को सफाई से खोला। धूमिल के यहाँ अकविता और भूखी पीढ़ी की प्रवृत्तियों के बावजदू ईमानदारी और साफ-साफ कहने की जो स्थिति दिखाई देती है, वह अन्यत्र संभव नहीं। विश्वनाथ त्रिपाठी ने इस बात की पुष्टि में लिखा है—''धूमिल की कविताओं का सबसे बड़ा गुण यह है कि वे छलनी की तरह वस्तुस्थिति को छानती हैं, सूप की तरह वस्तुस्थिति को फटकती हैं, भूसे और, दाने को अलग-अलग करती हैं। मूल्यांधता के माहौल में कुछ मूल्यों का निर्माण करने की कोशिश करती हैं। इसी अर्थ में वे 'अकविता' को कविता की ओर उन्मुख करती हैं। इस दृष्टि से उनका वास्तविक महत्त्व है।''[3]

धूमिल की कविता में वस्तु के स्तर पर जो छटपटाहट मिलती है, वह बहुत कुछ उनके

जीवन से आई है। इसी कारण अकविता के दौर की दुविधा और विडंबना भी धूमिल के यहाँ है। उनके सर्वाधिक चर्चित काव्य-संग्रह 'संसद से सड़क तक' की पहली ही कविता दुविधा से शुरू होती है—

उसे मालूम है कि कविता
घेराव में किसी बौखलाए हुए आदमी का
संक्षिप्त एकालाप है।

कहना न होगा कि इन पंक्तियों में स्पष्ट घोषणा है कि पहले का सारा निरर्थक है। दुविधा की यह प्रवृत्ति उनके तीनों काव्य-संग्रहों में मिलती है लेकिन उनका स्वर स्थितियों की पड़ताल करता हुआ, लगभग इस प्रवृत्ति पर भारी पड़ता है। धूमिल भाषा के प्रति सचेत कवि हैं। इस स्तर पर वे अपने समय में ऐसे कुछ ही कवियों में हैं जो भाषा के प्रति रचनात्मक आग्रह रखते थे। उनकी भाषा-रचना पर विचार करते हुए डॉ. विश्वनाथ त्रिपाठी लिखते हैं— "भाषा के प्रति धूमिल में आग्रह इसलिये है क्योंकि वे समझते हैं कि कविता की सक्रियता भाषा की सक्रियता है। 'संसद से सड़क तक' की पहली ही कविता अकविता के तत्वों से युक्त है, पर आगे की कविता में इसका सीधा विरोध दिखाई देता है।" धूमिल और मुक्तिबोध में द्वन्द्वों की एकता पर विचार करते हुए वे आगे लिखते हैं—"जिस प्रकार 'अंधेरे में' का सुविधावादी व्यक्तित्व रक्तालोक स्नात पुरुष से एकमेव होना चाहता है, वैसे ही 'भाषा की रात' का कवि अपनी भाषा को देश की भाषा बनाना चाहता है"[4]—

भाषा उस तिकड़मी दरिन्दे का कौर है
जो सड़क पर और है
संसद में और है
इसलिये बाहर आ।

अपने समय में धूमि ऐसे संभवत: उन कवियों में रहे हैं जिसने राजनीतिक समझ को क़विता में पुख्ता आधार दिया। धूमिल द्वारा भारतीय प्रजातंत्र का विरोध भी इसी संदर्भ में हुआ। धूमिल जब यह लिखते हैं—

न कोई प्रजा है
न कोई तंत्र है
यह आदमी के खिलाफ आदमी का
खुलासा षड्यंत्र है।

तो यह बात आसानी से समझ में आ जाती है कि धूमिल ने भारतीय प्रजातंत्र की बुनियादी खामियों को कितनी गहराई से देखा तथा महसूस किया था। 'प्रजातंत्र' को आदमी के खिलाफ आदमी का खुलासा 'षड्यंत्र' कहना सिर्फ कोरी उत्तेजना नहीं है। यह एक भारतीय नागरिक की पीड़ा और छटपटाहट का परिणाम है जो एक ही साथ कई मोर्चों पर जूझ और पिस रहा है। धूमिल ने अपनी कविताओं में औरत के प्रति जो रवैया दिखाया है, उसे देखकर लोग

परेशान हो उठते हैं, पर यह समझने की कोशिश शायद ही की जाती है कि धूमिल ने फूहड़ और अश्लील कहे जाने वाले शब्दों के माध्यम से समाज-व्यवस्था की चिंदियाँ उधेड़ी हैं।

मुहावरों के प्रयोग के स्तर पर धूमिल अद्‌भुत कवि हैं। कहना तो यह चाहिए कि धूमिल की काव्य-सर्जना की वास्तविक शक्ति मुहावरों के माध्यम से कविता में पते की बात कहने में है—

लोहे का स्वाद
लोहार से मत पूछो
उस घोड़े से पूछो
जिसके मुँह में लगाम है।

यहाँ यह कहना शायद ज्यादा प्रासंगिक है कि इसी एक छोटी-सी कविता में प्रचलित शब्दों के अन्वय में 'लगाम' मुहावरे को मिलाकर धूमिल ने जो कह डाला है; वह बड़ी-बड़ी कविताओं में भी नहीं कहा जा सकता। बिंबों के प्रयोग में भी धूमिल अपने समकालीनों से बिल्कुल अलग दिखाई देते हैं। इस संबंध में चन्द्रकांत बांदिवडेकर ने लिखा है—''अगर बिंब को ही काव्य का आधार समझा जाय तो धूमिल की कविता में प्रयुक्त बिंबों के आधार पर उन्हें महाकवि भी कहा जा सकता है।''[5]

वास्तव में धूमिल की कविताओं में महज शब्दों का खेल नहीं होता। उनमें साधारण सी साधारण बात को एक गहरे अर्थ संदर्भ से जोड़ने की प्रक्रिया मिलती है। यह वह विशेषता है जो शायद धूमिल में ही मिल सकती है। इसकी पुष्टि करते हुए हरिनारायण व्यास लिखते हैं—''धूमिल एक वह जादूगर है जो आपके साधारण से साधारण कार्य अथवा एक आदत की क्रिया को कविता में फिट कर एक ऐसा अर्थ प्रदान कर देता है कि जिससे आदमी अचंभित हो उठता है।''[6] उदाहरण के लिये इन पंक्तियों को देखा जा सकता है—

एक आदमी रोटी बेलता है
एक आदमी रोटी खाता है
एक तीसरा आदमी भी है जो
न रोटी बेलता है, न रोटी खाता है
वह सिर्फ रोटी से खेलता है
मैं पूछता हूँ—
'यह तीसरा आदमी कौन है?'
मेरे देश की संसद मौन है!

धूमिल ने हिन्दी कविता को आम आदमी से, उसकी ज़मीन से जोड़कर नयी अर्थवत्ता दी। इसका अर्थ यह नहीं है कि धूमिल के पूर्व के कवियों से या समकालीन कवियों से आम आदमी की जिंदगी अछूती रही है। पर यह जोर देकर कहा जा सकता है कि धूमिल को कविता मे एक ख़ास तरह की संवेदना है जो सीधे गाँव-घर के आँगन से जुड़ी है। कहना न होगा

कि धूमिल ने इस स्तर पर अपनी कविता को आम आदमी के आत्मविश्वास तथा उसके सार्वजनिक संघर्ष से जोड़ा है। वे कविता में मात्र शब्दों का चमत्कार नहीं दिखाते, एक पूरी स्थिति सामने लाते हैं। उस स्थिति में चित्र होता है, जीवन के बनते-बिगड़ते मूल्य होते हैं और व्यक्ति के दर्द से पैदा हुआ संघर्षशील विवेक होता है। अक्षय उपाध्याय के कथन को इसकी पुष्टि में रखा जा सकता है—'धूमिल ने कविता को उस वर्ग के लहजे से, उसके आत्मविश्वास से जोड़ा जिसमें यह मध्यवर्ग का खोखलापन नहीं रहता। जिसमें परिवर्तन की अदम्य इच्छा और आकांक्षा रहती है और उसमें इतिहास की परिवर्त्तनकारी शक्तियाँ भी रहती हैं।''[7]

यह अकारण नहीं है कि धूमिल को हिन्दी कविता का वह प्रतिनिधि कवि कहा जाता है जिसने अपनी कविता को जनता की भाषा से तथा उसके दैनिक व्यवहार की स्थितियों से जोड़ा। धूमिल की कविताओं में यथास्थितिवाद के प्रति अगर तीखा असंतोष है और उसे बदलने की अदम्य आकांक्षा है, तो वह धूमिल की समाज के प्रति गहरी समझ और जवाबदेही का परिणाम है।

धूमिल ने कविता में विचारों की अमूर्तन श्रृंखला को भी तोड़ा, और कविता में ठोस चरित्रों की भी प्रतिष्ठा की, जो वास्तविक जीवन से आए थे। ज्ञातव्य है कि मुक्तिबोध ने अपने आसपास लिखी जा रही हिन्दी कविता में विचारों की अमूर्तन-श्रृंखला के बढ़ते प्रभाव को रेखांकित किया था और कविता में वास्तविक चरित्र को प्रतिष्ठित किए जाने की ज़रूरत पर बल दिया था। धूमिल के बारे में शायद ही किसी को मालूम न हो कि उनमें विसंगत स्थितियों से लगातार संघर्ष करने के कारण रचनात्मक उत्तेजना बड़ी तीव्र थी। किंतु इसके साथ ही उनमें राजनीतिक और सामाजिक समझ भी बड़ी तीक्ष्णता से थी। इसी कारण धूमिल अपने आवेगों के भयावह बहाव को रोककर कविता को सार्थक स्वरूप देने में सफल हुए। कहना न होगा कि मुक्तिबोध की चेतावनी उत्तेजना और आवेग पर ही थी जिनके कारण हिन्दी कविता निरंतर अमूर्त होती जा रही थी तथा जिससे जिंदगी के प्रति उपेक्षा का खतरा पैदा हो गया था।

अपने समय और समाज के आक्रोश को धूमिल ने अपनी गहरी सामाजिक समझ के माध्यम से 'मोचीराम' जैसे सशक्त एवं ठोस चरित्र की प्रतिष्ठा की और उसके सहारे वर्गों के भिन्न-भिन्न रूपों को खोलकर 'आम' और 'खास' स्तरों में बँटे आदमी की पड़ताल की। 'मोचीराम' की कुछ पंक्तियों को देखना यहाँ आवश्यक है—

असल बात तो यह कि जिंदा रहने के पीछे
अगर सही तर्क नहीं है
तो रामनामी बेचकर या रंडियों की
दलाली करके रोज़ी कमाने में
कोई फ़र्क नहीं है।

यह 'मोचीराम' का कथन है जो 'जीवन जीने के पीछे' 'सही तर्क' की ज़रूरत पर बल देता है। 'ज़िंदा रहने के पीछे सही तर्क' की तलाश वैसे ही संभव नहीं है। यह संभव है जब जीवन और उम्र के संबंध सच्चे हुए हों। डॉ. पुरुषोत्तम अग्रवाल कहते हैं—"सही तर्क की तलाश का यह तीक्ष्ण अहसास कविता के केन्द्र में है। इस तलाश से गुजरते हुए कविता संबंधों का आकलन करती है और इस तलाश को सर्जनात्मकता के पेशे तक सीमित कर देने वाले पाखंड का प्रतिवाद भी करती है। चाक्षुष नाटकीयता का सार्थक प्रयोग करते हुए धूमिल मोचीराम के लम्बे संवाद में आने वाले दो चरित्रों को भी पूरी गतिशीलता के साथ प्रस्तुत करते हैं।"[8]

धूमिल की कविता-प्रक्रिया का यह खास गुण है कि वह मात्र कोरी भंगिमाओं और शिल्प के व्यामोहों में हमें नहीं भटकाती, वरन् वह जीवन और समाज के रोजमर्रा के अनुभवों के माध्यम से (यहाँ बिंब ही कहें) 'अर्थ के मर्म' को सामने लाकर सही और सार्थक स्थिति तक पाठकों को ले जाती है। कविता में यह विशेषता धूमिल की अपनी विशेषता है। यह विशेषता उनके समकालीनों में लगभग नहीं मिलती।

धूमिल हिन्दी कविता में बहस करने के कायल हैं। यह खासियत उनको मुक्तिबोध से जोड़ती है। कविता में बहस करने की तत्परता कविता में सामाजिक संघर्ष को स्थित करती है। आलोचक अशोक वाजपेयी के शब्दों में —"दरअसल मुक्तिबोध ने कविता पर बहस कविता में करने की, उसे सामाजिक संघर्ष में स्थित करने की शुरुआत की। इस खास अर्थ में यह स्पष्ट देखा जा सकता है कि धूमिल युवा पीढ़ी में मुक्तिबोध के इस समावेशी परंपरा के उपयुक्त उत्तराधिकारी हैं।"[9]

यहाँ यह कहने की आवश्यकता नहीं है कि धूमिल की काव्य-सर्जना की सार्थकता केवल कविता तक सीमित नहीं है। वे संघर्ष और निरंतर आत्ममंथन की प्रक्रिया से उपजने वाले संत्रासों का उत्तर टटोलने वाले कवि हैं। कविता में बहस करने की माँग और कविता में सामाजिक संघर्ष को स्थित कर एक आत्मविश्वास भरे माहौल को पैदा करने में उनकी भूमिका और भी गहरी है। व्यंग्य और चोट के बीच चुपके से सचाई का उद्घाटन और तब आकस्मिक रूप से जड़ता पर प्रहार करने की क्षमता जो धूमिल की कविताओं में है, वैसा अन्यत्र बहुत कम मिल पाता है।

धूमिल की कविताओं की एक और विशेषता यह है कि उनमें जिंदगी से जुड़े अंतर्विरोधों और विसंगतियों से बड़े-बड़े संदर्भ जुड़े हुए मिलते हैं। इस संदर्भ का जुड़ाव आवेगपूर्ण तल्खी के साथ होता है। प्रसिद्ध साहित्यवेत्ता नेमिचंद्र जैन के अनुसार—"धूमिल समकालीन काव्य दृश्य के उन इक्का-दुक्का कवियों में से थे जो किसी हद तक अपने अनुभव का अतिक्रमण करके जिंदगी के अंतर्विरोधों से उत्पन्न विसंगतियों को आवेगपूर्ण तल्खी के साथ-साथ एक बड़े संदर्भ से जोड़ पाते थे।"[10]

धूमिल की यह विशेषता यह स्पष्ट करती है कि कवि समाज और अपने समय से निरंतर

जूझता रहता है। आज की आलोचकीय शब्दावली में कहें तो कह सकते हैं कि यह धूमिल की 'अनुभूति की प्रामाणिकता' का स्पष्टीकरण है। धूमिल जब लिखते हैं—

मैंने एक-एक को परख लिया है
मैंने हरेक को आवाज़ दी है
हरेक का दरवाज़ा खटखटाया है
मगर बेकार..................
मैंने जिसकी पूँछ उठाई है
उसी को मादा पाया है।

तो कविता से सुघड़ स्थापत्य और कोमल रेशमी बिंबों की तलाश में मशगूल लोगों को दिक्कत होती है। वे यह बहुत गहराई से नहीं समझ पाते कि धूमिल की इस आवेगपूर्ण तल्खी में सामाजिक यथार्थ का कोना-कोना प्रकाशित हो गया है। सामाजिक संघर्ष के निरंतर असफल होने का यही तो कारण है। यथार्थ को उसकी पूरी भयावहता और नंगा करके व्यक्त करने की जरूरत के कारण धूमिल ने कविता के शिल्प और कविता की भाषा में एक तरह का प्रयोग किया है। कविता में चालू मुहावरों को उनके संदर्भों से जोड़कर समाज और व्यवस्था की भीतरी स्थितियों को जिस प्रकार धूमिल ने खोला है, वैसा बहुत कम देखने में आता है। नेमिचंद्र जैन के शब्दों मे—''काव्य रूप और शिल्प के मामले में धूमिल की कविता में कई बातें ऐसी हैं जो उन्हें अपने सभी समकालीनों से अलग और विशिष्ट दर्जा देती हैं। बल्कि शायद इनके ही कारण ये कविताएँ इतनी अधिक धारदार साबित हुई हैं। इनमें खास तत्त्व है—धूमिल की भाषा। छठे-सातवें दशक में देशव्यापी मोहभंग की प्रक्रिया से उत्पन्न तल्खी और गुस्से को धूमिल ने एक अलग तरह की चुनौती देती, ललकारती हुई दबंग भाषा दी, जिसमें व्यंग्य और ऊर्जा का बड़ा प्रभावी मिश्रण है।''[11]

मुझे मालूम है कि सबूत के लिए
तुम कह सकते हो कि खून बह रहा है।
लेकिन इतना ही काफी नहीं है
और खून का रंग लाल है।
असली सवाल है यह जानना कि
बहता हुआ खून क्या कह रहा है।

इन पंक्तियों में धूमिल की यही विशेषता प्रकट होती है। धूमिल ने अपनी लरजती हुई भाषा में यह बहुत सफाई से कह दिया है कि खून क्या कह रहा है—यह जानना शायद ज्यादा ज़रूरी है, उसकी अपेक्षा कि खून के होने के सबूत जुटाए जाएँ।

धूमिल की कविता का मूल्यांकन तभी संभव है जब हम धूमिल की रचनात्मक सृजनशीलता को पहचानेंगे। अत्यंत विकट समय में जब साठोत्तरी भूखी युवा पीढ़ी अपनी नाराजगी के इजहार में विविध भंगिमाएँ प्रदर्शित कर रही थी, धूमिल का कवि उनकी

रचनात्मक अवधारणाओं का गहराई से परीक्षण कर रहा था। धूमिल गिंसवर्ग के संपर्क में रहने के बावजदू अपने परिवेश की स्थितियों के प्रति दायित्वों को भूले नहीं। उन्होंने फैशन के तौर पर कुछ नया करने की अपेक्षा युग-मानसिकता को ठोस कार्यवाही से बाँधने का प्रयत्न किया जिसके प्रभाव से रचना और जीवन गलत राह पर जा रहे थे।[12]

धूमिल ने परंपरागत मूल्यों की विसंगतियों पर तीखा प्रहार करके भी समय और समाज के प्रति अपनी प्रतिबद्धता को प्रमाणित किया। यह आरोप निराधार है कि धूमिल जीवन-मूल्यों की चिंता से विरत निराशा और आवेश के कवि हैं। यह कहकर धूमिल के साथ-साथ साठोत्तरी हिन्दी कविता के यथार्थवादी स्वर को भी उपेक्षित कर दिया जाता है। लेकिन धूमिल का ठीक से परीक्षण करने पर ये आरोप ठहरते नहीं। लेकिन ऐसा भी नहीं है कि धूमिल की कविताएँ दोषमुक्त ही हैं। उनमें दोष है, पर वह दोष परिवेश की प्रतिक्रयाओं में कहीं-कहीं उलझाव का है। लेकिन यह उलझाव बहुत कम कविताओं में है, और केवल इसी के आधार पर धूमिल को नकारना तो कठिन है। धूमिल पर इतना विस्तार से कहने और परीक्षण करने पर यह बात बहुत सफाई से सामने आती है कि धूमिल की कविता विद्रोह की एक सही ज़मीन की समझ उजागर करने वाली सही कविता की परंपरा की कविता है और यही वह स्थल है जहाँ से धूमिल को ठीक से मूल्यांकित किया जा सकता है।

संदर्भ :

1. 'विपक्ष का कवि धूमिल'/आलोचना भी रचना है—काशीनाथ सिंह, पृ. 66
2. 'अनुभूति की जटिलता का तनाव' : डॉ. नामवर सिंह/कविता के नये प्रतिमान पृ. 175
3. 'भाषा की रात से जूझता कवि धूमिल' : विश्वनाथ त्रिपाठी/आलोचना—वर्ष 24, नवांक 33-1975, पृ. 57
4. वही, पृ. 59
5. आलोचना, 1975, पृ. 81
6. पूर्वग्रह, अंक 7, 1975, पृ. 19
7. वही, पृ. 21
8. सही कविता और सार्थक वक्तव्य / पूर्वग्रह का एक दशक', पृ. 135
9. पूर्वग्रह अंक-7-75/' धूमिल की सार्थकता', पृष्ठ 22
10. 'तीसरा साक्ष्य'/अदम्य सर्जनात्मक ऊर्जा', पृ. 129
11. वही, पृ. 133-34
12. साठोत्तरी हिन्दी कविता और धूमिल / '' धूमिल और उसका काव्य संघर्ष'—ब्रम्हदेव मिश्र/पृ. 50-51

कल जब शब्द नहीं होगा

अपनी बहुछविता, नवीनता और आत्मीयता के लिए अलग पहचान बना चुकी अशोक वाजपेयी की कविताएँ जीवन की तल्ख अनुभूतियों और तिल-तिल चाहत में प्रेम की विविध भंगिमाओं से सम्पृक्त हैं। हिन्दी कविता संसार में जिस हद तक हम सरोकार के धोखे की गिरफ़्त में हैं, वहाँ यह निश्चय ही असुविधाजनक और लगभग अस्वीकार्य लगता है कि प्रेम, प्रतीक्षा, स्मृति और मृत्यु के प्रसंगों पर कविता लिखने का क्या औचित्य है; पर यह निरे निरर्थक कुतर्क के सिवा कुछ नहीं है। कविता ही क्या साहित्य की किसी भी विधा को किसी साँचे में न गढ़ा जा सकता है और न उसका औचित्य है। इस सोच से पहले भी बहुत क्षति हुई है और अगर इससे उबरने की, कोशिश नहीं की गई तो हमें अपने सारे महत्त्वपूर्ण साहित्य को ख़ारिज करना होगा जिसके बाद हमारे हिस्से सिर्फ़ प्रायोजित साहित्य होगा या पुलिन्दों में बन्द ढकोसले होंगे जहाँ जीवन और व्यवहार के बीच मीलों का फ़ासला है।

वस्तुत: कविता अपनी अभिव्यक्ति में हमें कितनी दूर तक अन्तरंग बनाती है, हमारी दिशा, सोच और वर्तमान को किस सीमा तक मार्मिकता से जोड़ती है, प्रश्न किसी की उपलब्धि में यहाँ खड़ा होता है। कालिदास जिसे 'शिथिल समाधि दोष' कहते हैं, उसका आशय यह होता है कि कोई भी साहित्यिक अपने कथ्य में कहाँ और कितनी सफ़ाई से ईमानदार रह पाया है, यह नहीं कि सक्रियता की इतनी तीव्र धारा बहे कि कि कार्य और कारण ही न मिल सकें और आप महान क्रान्ति पर बैठें। अगर ऐसा ही हो तो फिर संस्कृत की उत्कृष्ट काव्य-परम्परा में कालिदास से लेकर भवभूति, भक्तियुगीन हिन्दी साहित्य में तुलसी से लेकर सूर और आधुनिक काल में जयशंकर प्रसाद से लेकर अज्ञेय को आप कहाँ रखेंगे? यह प्रश्न बड़ा विकट है। जो रचनाकार 'शिथिल समाधि दोष' से बचना चाहते हैं तो उन्हें अपने प्रति ईमानदार होना बहुत ज़रूरी है। अशोक वाजपेयी की कविताएँ इस ईमानदारी की कसौटी पर खरी उतरती हैं। उनके यहाँ प्रेम के जो-जो स्तर दिखाई देते हैं और जीवन की जिन भंगिमाओं से वे पाठकों को गुज़ारते हैं, यह उनके रचनाकार की उपलब्धि तो है ही, साहित्य की निजी गुणवत्ता की प्रतिष्ठा भी है। कविता में भाषा की चमक और शब्दों का ऐसा अनूठा प्रयोग कि जिसमें कथ्य अपनी पूरी गरिमा के साथ एक उत्सव की तरह प्रकट होता है अशोक की कविताओं की बहुत ज़रूरी पहचान है। एक ऐसे समय में जब कविता की स्वाभाविकता के साथ लगातार खिलवाड़ हो रहा है और लगभग जिसे नकार देने की धुन सवार है, अपनी पूरी गति में उसकी सुरक्षा का संघर्ष भी कम प्रशंसनीय नहीं है।

अशोक वाजपेयी की कविताओं का लोक इस अर्थ में बहुत विस्तृत है कि वहाँ जीवन के गहन भावों के सघन मर्मों की पहचान मिलती है। जीवन के अन्तरंग क्षणों को इतनी तादात्म्यता के साथ जीने वाले कवि हिन्दी संसार में अधिक नहीं रहे हैं। अपनी आकांक्षा, स्मृति और बार-बार उम्र के फ़ासले को पाट कर अतीत के उस जीवन में लौटना जहाँ को रम्यता वर्तमान की कठोरता को अपदस्थ करने की शक्ति देती है, अशोक की कविताओं की एक बड़ी उपलब्धि है। पूर्वजों के प्रति कवि की निवेदित कविताएँ इसका प्रमाण हैं। वहाँ निश्छल भावों की आस्थावनत श्रद्धांजलि है। इस अघोरी समय में अपने को पाने की कोशिश और सम्बन्धों की ताकतवर असीसों में पूर्वजों को लौटा लाने की यही अदम्यता कवि की निजता को सुरक्षित रखने का एक सार्थक उपक्रम है। अपनी 'आसन्नप्रसवा माँ' शीर्षक कविता में 'इन्हीं दिनों' की कुछ पंक्तियाँ—

ईश्वर जीवन भर उसे कुतरने के बाद
इन्हीं दिनों अपने आख़िरी कौर की
उत्सुक प्रतीक्षा में
घात लगाकर बैठा होगा

इन्हीं दिनों—उसने हिम्मत कर
एक बार उठकर
हवा से हवा, आकाश से आकाश, मिट्टी से मिट्टी
अलग कर
अपनी पैतृक हड्डियों को फेंकने का तय किया होगा
उस कुत्ते की ओर
जो ज़िन्दगी की तरह उम्मीद से
और मौत की तरह चालाक लालच से
उसकी ओर देखता रहा था
इन्हीं दिनों

इस कविता को यदि ध्यान से देखिए तो लगेगा कि जीवन की लम्बी पारी में व्यक्ति कितना—कितना कम होता जाता है और यह उसके घटने की प्रक्रिया जीवन के साथ सहज अनुस्यूत होती है। उसमें भी एक माँ निरन्तर अपनी पीड़ा में अन्त की ओर जाने की तैयारी करती, भौतिक तत्त्वों को एक-एक कर अलगाती किस तरह थोड़ा-थोड़ा जाती है यह देखना और अनुभव करना जितना कारुणिक है उतना ही भावुक भी। इसी कविता में आगे काल के प्रतीक रूप में कुत्ता (हालाँकि वह दुनियादारी भी हो सकता है) आता है और जिसमें ज़िन्दगी जैसी उम्मीद और मौत जैसी चालाक लालच मौजूद है; वह कविता को जीवन की गहरी और बहुत संलग्नता में हल करने की सफल कोशिश नहीं है? बिम्बों की यह पारर्शिता

उन कथित कवियों के यहाँ दुर्लभ है, जिन्होंने अपने होने को ही तिरोहित कर दिया है या जिन्होंने लीक पीट-पीटकर कविता रचना अपना धर्म माना है।

अशोक वाजपेयी की कविताएँ यद्यपि घोषित रूप से सामाजिक सरोकार जैसी ठेठ सरलीकृत पैमानों में नहीं अँटतीं (हालाँकि अपने सच का बहुत गहरा साक्षात्कार वहाँ है, जिसे हम आगे देखेंगे) लेकिन इसमें सच्चाई है कि वे बहुत दूर और देर तक जीवित रहने वाली कविताएँ हैं। तात्कालिकता के दबाव से मुक्त होकर इनमें कवि ने जीवन की किलकती चाहत और उसके दिन-ब-दिन होते जाते पराभव को बखाना है। स्मृति और अनन्यता देखनी हो तो 'पिता के जूते' शीर्षक कविता देखी जा सकती है जो मानवेतर प्राणियों और वस्तुओं के सहभाव से ऐसी स्थिति निर्मित करती है जहाँ पिता का न होना जितना खलता है उससे कहीं अधिक उनके पुनः बचपन में लौटने की उम्मीद बनती है—

जूते कोशिश करके भी याद नहीं कर पाते
उन पैरों को जो उनमें थे
वे सपना देखते हैं नन्हें पैरों का
जिनके लिए वे हमेशा बड़े साबित होंगे।

एक वृद्ध के जूतों की कोशिश याद करने की और फिर सपना देखना नन्हें पैरों का, जिनके लिए वे हमेशा बड़े रहें... मृत्यु जैसी भयावनी स्थिति से भी अपने स्तर का समाधान है। सम्वेदना का यही बारीक अनुशीलन अशोक वाजपेयी की कविता का लोक है। उनकी कल्पनाजन्यता भी एक स्तर पर अनुभव के उस स्तरीय कोण को छूती है, जहाँ शब्दों पर मनचाहा कर ले जाना भारी पड़ता है। शब्द थक से जाते हैं, तब वे स्मृतिगन्धी बिम्बों का प्रयोग करके स्मृति के भी अभेद्य दुर्ग को भेदते हैं। जीवन के छोटे-छोटे अनुभव, रोज़मर्रा में घटते जाते व्यवहार और लकदक स्मृतियों में झाँकते उसके शेष को वे इस तरह मथते हैं कि उस खण्ड-खण्ड में पूरा जीवन उमड़ आता है, इस सम्भावना के साथ कि जीवन तो अब शुरू होगा।

अशोक का कवि बहुत सयाना भी है और ज़माने के रंगों-अलामतों से बाख़बर भी। वह परम्परा को गर्व के साथ निभा ले चलता है, इस प्रस्तावना के साथ कि हम कहीं भी जाते हैं पूर्वज होते हैं हमारे आसपास। और हम भी क्या अपनी जवाबदेही में उन्हीं के काम आगे नहीं बढ़ाते—

हम अपने बच्चों को
छोड़ जाते हैं पूर्वजों के पास
काम पर जाने के पहले
हम उठाते हैं टोकनियों पर
बोझ और समय

अशोक वाजपेयी जब पूर्वजों की अस्थियों में रहने की बात करते हैं तो उनका आशय यही होता है कि हम उन्हीं से बने-सँवरे हैं, उनसे अलग हम होकर भी क्या होंगे। यही परम्परा

का सृजनशील इस्तेमाल है, जो हमें शक्ति देता है और आगे कुछ करने की ताकतवर प्रेरणा भी। उनके यहाँ अपने समय की बहुत व्यग्र चिन्ता है और कदाचित् इसी कारण अशोक का कवि अपने वक़्त की दिशाहीनता पर क्षुब्ध है। कवि पर यह आरोप लगाया जाता है कि वह सामाजिक सरोकारों की बात नहीं करता। स्वयं कवि ने इस भ्रम को अपने बयानों और टिप्पणियों से पुख़्ता बनाया है, पर यह जानकर हैरत होती है कि बड़बोले सरोकारों वाले कवियों की चिन्ता से यह चिन्ता कुछ व्यापक ही है। कहने वाले कहेंगे कि जहाँ वे विचार लेकर चलते हैं, वहाँ ऐसी कविताएँ बन जाती हैं। पर वे ये नहीं मान सकते कि बिना विचार के क्या होता है। अपने समय की बेपनाह मुश्किलों में कवि लगातार जीकर भी उससे हताश नहीं दिखाई देता। उसकी तलाश जिसमें जल और धूप हों; निरन्तर जारी रहती है। अपने युग के कठिनतम क्षणों में कवि की यह जिजीविषा उसे अपने वक़्त के प्रति संजीदा बनाती है—

पर अपनी-अपनी उम्मीद लिए,
फ़िलहाल हम चल रहे हैं—
उस मोड़ की ओर,
उस घर की ओर,
उस जल और धूप की ओर

कवि की चिन्ताएं कई स्तरों पर प्रकट होती हैं। अपने समय की भयावहता पर कवि की चिन्ता का एक और रंग यहाँ देखने लायक है—

यह सदियों का बिल्लियों की तरह घूमना
चिथड़ों की तरह सपनों का मोड़ पर फड़फड़ाना
आँगन भर धूप, धूप से ढँकी सी चाँदनी
रुक-रुककर होती बारिश
बार-बार जलती-बुझती आग
सहमकर बहती हवा
यही हमारा समय है

अब क्या यह बताना आवश्यक होगा कि इन पंक्तियों में आज के तीखे यथार्थ की जीवन्त तस्वीर है? बल्कि इस तरह है कि विराट् प्रकृति के नाना उपांग भी इस भयावने समय से सिहर उठे हैं। आखिर रुक-रुककर वर्षा क्यों हो रही है, हवा सहमकर क्यों बह रही है? इसका कारण कहीं और खोजने जाने की ज़रूरत नहीं है। हमारी समूची मानवता ख़त्म हो रही है और इस ख़ात्मे के दौर में कवि कह उठता है—

वही थोड़ा-सा
अगर बच सका
तो वही बचेगा

वह थोड़ा-सा आदमी कौन है? जो अपने उसूलों का कायल है, ज़ो ईमानदार जीवन जीता

है, जो धोखा खाकर भी प्रेम देता है। क्या ऐसा थोड़ा-सा आदमी हममें कहीं बच रहा है? कवि का आश्वासन कि बचेगा वह आदमी... यह ध्वनि भी देता है कि वह अब नहीं होने की स्थिति में है। उदात्त मूल्यों की प्रतिष्ठा का यही कार्य संघर्ष और आस्था-अनास्था के द्वन्द्वों में गुज़रता है। कवि की यह मनुष्यता के प्रति आसक्ति कविता की विराट् अर्थवत्ता को सूचित करती है और असमंजस का भाव फलित होने वाली आशंका से सचेत करती है। इस क्रम में कवि की और बहुत-सी कविताएँ उद्धृत की जा सकती हैं जो पूरी तीव्रता से कवि की अपने यथार्थ के प्रति सम्वेदनशीलता को व्यक्त करती हैं। इनमें एक कविता की कुछ पंक्तियों को यहाँ देखा जा सकता है—

आत्मा के अँधेरे को
अपने शब्दों की लौ ऊँची कर
अगर हरा सकता
तो मैं अपने को
रात भर
एक लालटेन की तरह जला रखता
अगर इतने से काम चल जाता—

कहने की आवश्यकता नहीं है कि कवि अँधेरे के खिलाफ़ संघर्षरत है और किसी भी सूरत से उसे हराना चाहता है। पर यह अँधेरा उसकी आत्मा का अँधेरा है। यह अँधेरा अपने समय के भयावने त्रासद अनुभवों से निर्मित है, जहाँ केवल विषाद और ग्लानि ही बची है। व्यापक मानवीय सरोकार से तिल-तिल बनी यह कविता शायद इसलिए भी बड़ी महत्त्पूर्ण कविता है कि वह अपनी पूरी संरचना में तनाव से व्याप्त है और यहाँ शुरू से अन्त तक प्रश्नाकुलता है। मसलन—

अगर इतने से काम चल जाता
तो मैं जाकर बुला लाता देवदूतों को
कम्बल और रोटियाँ बाँटने के लिए

तात्कालिकता का ज़ोरदार निषेध भी यहाँ है। हमें स्थाई समाधान की ओर उद्वेलित करता कवि वर्तमान और भविष्य के उस बिन्दु पर चोट करता है जहाँ हम और भी कातर और बेसुध होते जा रहे हैं। जो लोग अशोक वाजपेयी की कविताओं में केवल आरोप ही लगाते रहते हैं उन्हें कविता की दूरदर्शिता और अर्थवत्ता की यह छवि दिखाई नहीं देती। सम्वाद और विमर्श की इस घटिया बारादरी में स्वस्थ मानसिकता की बात करना और भी भ्रामक होता है। जहाँ पहले से ही तय प्रणाली के तहत निन्दा या भर्त्सना करने का रिवाज़ हो, वहाँ फिर उम्मीद ही कोई क्या करे!

अकेले अशोक वाजपेयी ने हिन्दी में जितनी कविताएँ मृत्यु पर लिखी हैं, उतनी किसी और कवि ने नहीं। मृत्यु की भयावहता और उसके पार जीवन के लोप तथा उससे जुड़ी

स्मृतियों पर रचित कविताओं को ही विश्लेषित किया जाय तो इसमें हिन्दी कविता की एक उपलब्धि दिखाई देगी। 'कुछ तो' कविता की ये पंक्तियाँ—

अपनी गाड़ी में ले जायेगी
लादकर मृत्यु सारा अम्बार और अटाला
पर छूट ही जायेगी
एक टुटही मेज और बाल्टी···
****
सब चले जायेंगे
सुख-दुख धैर्य और लालच
सन्दरता और पवित्रता
पर प्रार्थना के अन्तिम अक्षय शब्द की तरह
बची रह जायेगी कामना
सब कुछ नष्ट नहीं होगा
कुछ तो बच ही जायेगा

कितना बड़ा सच है यह कि मृत्यु के वश का भी सब कुछ ले जाना नहीं होता। सब कुछ चला जाता है पर प्रार्थना के अन्तिम अक्षय शब्द की तरह कामना बची रह जाती है कुछ और पाने की··· मृत्यु प्राप्त करते व्यक्ति की भी और उसके स्वजनों की भी। यही है 'अर्थ की साधारणता और अनुभव की अद्वितीयता' जिसे अज्ञेय रचनाकार का धर्म मानते रहे हैं। कविता में जितनी करुणा है उतना ही विषाद भी है··· उसमें क्षोभ भी कम नहीं है, पर एक यह सन्तोष उसे जिलाता है 'कुछ तो बच ही जायेगा।' यह मृत्यु से गहरे साक्षात्कार और उसके गहरे संलाप से सम्भव हो सकता है कि कवि जीवन के अन्त को अनुभव में ले सका है। एक और स्तर यह है—

अन्त के बाद
हम समाप्त नहीं होंगे···
यहीं जीवन के आस-पास मँडरायेंगे···
यहीं खिलेंगे गन्ध बनकर,
बहेंगे हवा बनकर
छायेंगे स्मृति बनकर

जीवन के प्रति यह आसक्ति पुनर्जन्म को भी अतिक्रमित करती है प्रकृति में रच-बस कर। इसलिए कि यहाँ के बाद कुछ नहीं है। क्या हम चले जाकर भी छोड़ नहीं जाते खुद को अपने लोक में! मृत्यु का दंश भी मनुष्यता के उदात्त विस्तार में समा जाय जैसे! मल्लिकार्जुन मंसूर पर लिखी कविता अपने समय के एक महान संगीतज्ञ को श्रद्धांजलि भी है और उसके माध्यम से उसका व्यक्ति-चित्र भी। संगीत की बारीक पर्यवेक्षणा भी और दया से हीन तथा महान

मानव के सामने तुच्छ कुटिल ईश्वर की भर्त्सना भी—

अपने लिए कुछ नहीं बटोरते उनके सन्त हाथ
सिर्फ़ लुटाते चलते हैं सब कुछ
गुनगुनाते चलते हैं पंखुरी-पंखुरी सारा संसार
ईश्वर आ रहा होता
घूमने इसी रास्ते
तो वह पहचान न पाता कि वह स्वयम् है
या कि मल्लिकार्जुन मंसूर

इसी तरह 'बहुरि-अकेला' क्रम में अशोक वाजपेयी ने श्रद्धांजलि स्वरूप कुमार गंधर्व पर जो कविताएँ लिखी हैं, वह बहुत मार्मिक तो हैं ही मृत्यु के बहाने जीवन की गहन पड़ताल भी हैं। तमाम मतवादों से परे यहाँ कवि ने जैसे मृत्यु से सम्वाद किया हो, ऐसा लगता है। वह बहुत भोलेपन से गूढ़ दार्शनिक प्रश्न भी उठाता है और जीवन का उसे एक चरण मान अपदस्थ भी करता है। कहा जाय तो इस खण्ड की कविताओं को भावप्रवण शोकगीत कहना चाहिये। यद्यपि हिन्दी में ऐसी परम्परा नहीं है और अगर इसे निराला की 'सरोज स्मृति' की कड़ी के रूप में देखा जाय तो उन्हें अपनी थाती मानने वाले तुनक पड़ेंगे। पर बीच की इस लम्बी अवधि में किसी भी कवि के यहाँ ऐसी करुणापरक मगर मृत्यु का अर्थ तलाशती कविताएँ नहीं हैं—

होने की अवधि है
रंग है
मोड़ और उतार है
न होना निरवधि नीरंग

समय जिसे काल कहते हैं। उसका बोध रंग है और जब वह गुज़र जाता है तो न अवधि होती है और न रंग। इस तरह कवि लगता है जैसे विछोह के बाद प्रिय से सम्वाद करता है और बताता है—

यह अभिषेक का समय है
जीने के धूल-धक्कड़
मैल-कलुष को तजने का
समय

फिर लगता है कि मृत्यु से छीना-झपटी में आलम्ब असमंजस में है कि वह जाये या रहे, क्या करे तब तक कवि उससे अपनी सारी व्यथा दबाए कहता है—

निछान प्रतीक्षा का समय
प्रार्थना के बाद यति का समय
साँकल खोलने

कीचड़-सने जूते उतारने
छाता और लाठी कोने में धरने
गुनगुनाते
यात्रा पर निकलने का
समय
अन्त का समय
आरम्भ का समय

मृत्यु वस्तुत: जीवन का ही एक अनिवार्य चरण है, उसमें विषाद क्या और उलझन क्या। वह तो महायात्रा है जहाँ मनुष्य का जीवन एक अध्याय समाप्त कर दूसरे अध्याय की शुरुआत करता है। शोक में भी तोष लेने और देने की यह उदात्तता हिन्दी कविता में पहली बार दिखाई देती है जहाँ कवि दु:ख से कातर होकर व्यग्रता में विह्वल नहीं है, वरन् नाना प्रकार के तर्कों से वह स्वयं को सन्तुष्ट करता है, धैर्य बँधाता है और एक तरह से स्वगत कर मृत्यु के आतंक को भेदता है, उसे अनावृत करता है—

विदा का कोई समय नहीं है
हर क्षण विदा है
जो बीतता है
विदा लेता है

इस तरह की कविताएँ अपनी भावांजलि में भी इतनी सार्वजनिक सम्वेदना से पगी हैं कि व्यक्ति तार-तार हो जाता है। जो बीत जाता है, वह विदा ही तो लेता है और यहाँ क्या यह ध्वनित नहीं है कि वही तो मृत्यु है। अपने सक्रिय जीवन में भी तो व्यक्ति हर पल बीत रहा होता है—धीरे-धीरे उस अनन्त यात्रा की ओर बढ़ता है जो—

वह आँसुओं हिचकियों का घर
चीख और आर्न्तनाद का घर
विषाद का घर

विद्यानिवास मिश्र ने ठीक ही लिखा है विशेष रूप से, इन कविताओं के बारे में कि 'ऐसी कविताएँ भारतीय कविता में तो विरल हैं ही, विश्व कविता में भी विरल हैं।'

यह आश्चर्यजनक सच्चाई है कि ये कविताएँ संगीत की आन्तरिकता में भी प्रवेश करती हैं और उस प्रारूप से ही खुलती भी हैं। 'बहुरि अकेला' खण्ड की कविताएँ कुमार गन्धर्व की गायकी पर उतनी ही तीक्ष्ण खोज है जितनी बारीकी से मृत्यु का साक्षात्कार। अशोक वाजपेयी का कवि प्रेम का भी जीवन्त कवि है, इसलिए उस पर थोड़ी-सी बात कर ली जाय। यहाँ प्रेम आध्यात्मिक नहीं है, इसके कारण हिन्दी का रूढ़ नैतिक समाज इन्हें चर्चा के लायक मानने से कतराता है। शमशेर बहादुर सिंह की ऐन्द्रिकता उसे प्रिय है, पर अशोक वाजपेयी की क्यों हो। भारतीय प्रेम कविताएँ ख़ासकार हिन्दी प्रेम कविताएँ देह से अलग होती हैं,

इसलिए यहाँ के साँचे में वह कविता फिट ही क्यों हो, जहाँ देह अपनी सम्पूर्णता में मौजूद है। खैर...। अशोक वाजपेयी प्रेम के, मनुहार-अनुरोध के, प्रतीक्षा के और प्रेम की विविध अनुभूतियों के ऐसे कवि हैं जो कोमल रागों को छेड़ जाते हैं तथा इसी बहाने जीवन की रंगतों का खुलासा भी करते हैं—

सब कुछ होगा और दिनों की तरह
बस दिन ही नहीं होगा
जब तुम नहीं आओगे

आकुल प्रतीक्षा का यह भाव हिन्दी कविता में खोज आइये, पायेंगे नहीं। ऐसी आसक्ति कि तुम्हारे बिना सब कुछ तो होगा पर दिन ही नहीं होगा अर्थात् जीवन ही बीत जायेगा। इसलिए तुम्हारा आना जीवन का चलते रहना है और न आना थमना। यह है अशोक वाजपेयी के प्रेम की उदात्तता। ऐसी बहुत-सी कविताएँ हैं जहाँ प्रेम के विविध स्तर कवि के यहाँ धीरे-धीरे खुलते हैं। एक-एक जैसे बारीक रेखाओं के बीच से झाँकता है कलाकार का मन चित्रों में —'शब्द से भी जागती है देह/जैसे एक पत्ती के आघात से भी होता है/सवेरा।'

हिन्दी कविता में सघन ऐन्द्रियता की तलाश करने वाले क्या इस कविता में वैसा कुछ पायेंगे? 'पहला चुम्बन' की ये पंक्तियाँ—

एक जीवित पत्थर की दो पत्तियाँ
रक्ताभ, उत्सुक
काँपकर जुड़ गईं,
मैंने देखा :
मैं फूल खिला सकता हूँ

प्रेम का यह समारोह अशोक के यहाँ अद्‌भुत ढंग से मिलता है। रंगों, प्रकृति के विविध उपांगों और सुरमई छटाओं-सा यह उत्सव अपनी मोहकता से आह्लादित कर देता है—

जब तुम मेरी बाँहों में
साँझ-रंग सी डूब जाती हो
और मैं जल-बिम्बों सा उभर आता हूँ
तब सिर्फ़ आँखें हैं
जो प्रतीक्षा करती हैं मेरे लौटने की

बाँहों में साँझ-रंग-सी डूबना और जल-बिम्बों-सा उभरना एक ऐसा अप्रतिम बिम्ब है जो एकाध कवियों को छोड़ अन्यत्र के यहाँ दुर्लभ है। शमशेर के यहाँ तो ठोस बदन ही अष्टधातु का-सा है, जहाँ दो ठोस दरिया की तरह जंघाएँ हैं। अशोक के यहाँ प्राकृतिक दो स्थैतिक बिम्ब हैं—एक उसका स्थाई रंग साँझ है जहाँ दूर गगन तक स्वर्णिम व्याप्ति होती है रंग की। दूसरा है आकस्मिक बिम्ब, जो कब बिम्ब बने कहना कठिन। अपनी ऐन्द्रियता में भी भव्यता और आकस्मिकता के कारण ये पंक्तियाँ अत्यन्त रम्य हैं। शमशेर के यहाँ ऐन्द्रियता के ठोस

नमूने मिलते हैं जहाँ आकस्मिक प्राकृतिक उपादानों और उससे जुड़ी गतिविधियों के बिम्ब लगभग नहीं आते—

चिकनी चाँदी-सी माटी
वह देह धूप में गीली
लेटी है हँसती-सी

यहाँ स्थाई प्राकृतिक बिम्ब हैं—धूप में गीली चिकनी चाँदनी-सी माटी में हँसती हुई लेटी औरत के लिये। पर अशोक वाजपेयी के यहाँ—

वह दिगम्बरा आकाश की शैया पर
उसकी कंचुकी उतारकर ले गया है चन्द्रमा
उसका अधोवस्त्र हर ले गया है सूर्य
उसके अनावृत उरोज
दिपते हैं ताराओं से

पर जब शमशेर होंगे तो लिखेंगे—

ठोस वक्ष कपोल उभरे हुए चारों
निमन्त्रण देते-चैलेंज-सा
चारों एक साथ
अपनी स्थिरता में, चल काल की तरह

नामवर सिंह ठीक ही अशोक वाजपेयी को देह और गेह का कवि कहते हैं, पर वे यह आशंका भी व्यक्त करते हैं कि शब्दों की वायव्यता के कारण कहीं गेह के कवि को अनन्त की शरण में न जाना पड़े। जीवन की स्मृति, हर्ष, विषाद, प्रेम और मृत्यु के एकान्त का यह कवि निश्चय ही बहुत बार अपने अनन्त को इतनी आवृत्ति देता है जिससे भाव की वल्गा छूटती प्रतीत होती है और असुविधाजनक स्थिति पैदा होती है। शब्दों की ऐसी क्रीड़ा भी क्यों हो जहाँ केवल अतिरंजना ही लगने लगे—'यह कविताओं और प्रेम में बार-बार लौटता अनन्त, अनन्त का घर, एक था अनादि एक था अनन्त, जैसे अनन्त में आ गया है समय, एक पतंग अनन्त में, जैसे अनन्त लेता है समय को'—आदि कविता पंक्तियों में अनन्त कई बार काव्यदोष बनकर उभरता है और अर्थ को बाधित करता है। कुछ कविताओं में दुहराव की भी इतनी अधिकता होती है कि एक कविता को दूसरी से अलगाना कठिन पड़ता जाता है—

उसने तितली गिलहरी और धूप के बीच
प्रेम के लिए जगह बनायी
*****
उसने पृथ्वी को झाड़ा-पोंछा
और आकाश की तहें ठीक कीं
उसने अपने प्रेम के लिए जगह बनायी

पर यह सुखद है कि अशोक वाजपेयी की कविताएँ अपनी निर्मिति में आन्तरिक लयात्मकता से सम्पृक्त हैं और उसमें भावप्रवण मार्मिक स्थलों की पहचान की तलाश और तदनन्तर उस पर बलाघात का सबल आयोजन होता है जिससे कविता आगे तक सोचने को विवश करती है—

गलियारों/इतिहास के अरण्य-रोदन,
आशा, निराशा के स्थापत्य के पार
यह सिर्फ़ जगह है,
यह समय नहीं है

कविता की क्लासिकी के लिए बदनाम अशोक का कवि रूपवादी होने का आरोप झेलकर भी उसके विन्यास को सुरक्षित रख पाया है तो इसमें उसका कम हिन्दी कविता का हित ज़्यादा है। शुद्धतावाद का ख़ालिस विरोध वस्तुत: आड़ी-तिरछी रेखाओं पर रचित शब्दाडम्बरों और जबरन घुसेड़े गए संघर्ष की शब्दावली का समर्थन है जिससे आज आलम यह बना है कि इतनी बड़ी भाषा में ढंग की कविताएँ विरल हो गई हैं। अशोक वाजपेयी इस दृष्टि से भी अपने समय के महत्त्वपूर्ण कवि हैं कि उन्होंने अपने स्तर पर कविता की अस्मिता के लिए ज़ोरदार संघर्ष किया है।

शब्दों के उज्ज्वल समारोह में रंग-बिरंगे भावों का ऐसा रम्य स्थल जहाँ संगीत का नाद, चित्र की अमूर्त पर झाँकती छवि, नृत्य की थिरकन, स्मृतियों के पार जाते समय का बार-बार आना और मृत्यु, अवसाद-विषाद तथा प्रेम की अनछुई छवियों को बाँधने की कोशिश से बहुत-बहुत कुछ एक साथ देता यह कवि भारतीय कविता की उस उत्कृष्ट काव्य-परम्परा की एक कड़ी है जहाँ समय से पार जाने का जितना उपक्रम होता है उतना समय पर चुक जाने का नहीं।

अशोक वाजपेयी को पढ़ते और सुनते हुए मैंने यही महसूस किया है—

कल जब शब्द नहीं होगा
और न ही यह आदमी
तब थोड़ी-सी जगह होगी

और यह पंक्ति मेरी ओर से—

और यह कविताएँ!

कविता में समकालीनता

हिन्दी कविता आज ऐसे दौर में दाखिल हो गयी है जहाँ अभिव्यक्ति के लिए ही प्रतिबन्धों से उसे जूझना पड़ रहा है। कविता के लिए यह कोई ऐसा संकट नहीं है जो पहली बार उत्पन्न हुआ है। आपदाओं का सिलसिला तो पुराना है पर जब-जब मनुष्यता पर इसका कहर बरपता है तब-तब वक्त के तकाजे को उसके बरक्स खड़ा करके एक मायने में हम जीने की प्रत्याभूतता चाहते हैं। मनुष्य और प्रकृति की कोमल संरचनाओं की सूक्ष्म-से-सूक्ष्म संवेदनाएँ अगर कविता में जीवित रही हैं तो यह उस सोच और निरंतर संघर्ष का परिणाम है जो हर स्तर पर व्यापक मानवता के लिए प्रतिबद्ध है। कविता की अंतर्धारा में व्यक्ति-मन के समग्र भावों, विभावों, अनुभावों की प्रकृतियाँ समाहित होती चलती हैं इसलिए जीवन की जटिल से जटिल विसंगतियाँ भी उसमें अपनी रूपाकृति पाती हैं। यही कारण है कि अपनी तमाम सीमाओं के बावजूद कविता की अर्थवत्ता निरंतर सिद्ध हुई है और कोई कारण नहीं है कि भविष्य में भी उसकी यही स्थिति न रहे।

हिन्दी कविता अपने उतार-चढ़ाव की लंबी परंपरा के साथ भी समय और समाज की अनिवार्यताओं के प्रति कटिबद्ध रही है तो यह उसके गौरवशाली अतीत की स्मृतियों के कारण संभव हुआ है। स्वाधीनता के बाद कविता जिस तरह आंदोलनों में पिसी और निरंतर अराजक पैमाने पर मापी गयी उससे निज़ात पाना तब तक संभव न था जब तक कविता की बुनियादी प्रकृति के समझदारों का सहयोग न मिलता। पर कविता और स्वयं साहित्य के सौभाग्य से ऐसे कवि इस धुँधलके से कविता को मुक्त कर सके। जिन्होंने बाद में कविता की अपनी भूमि बनाई। फूहड़ बिंबों, क्षुधित वर्जनाओं और विचार-व्यभिचार के गलत रास्ते से होते हुए कविता अंतत: अपनी सही जगह लौटी जरूर, पर ऐसे समय में लौटी जब जितने कवि थे उतने ही काव्य पैमाने। विचारधारा और वैयक्तिक अनुभूतियों की मार सहते-सहते कविता की जो दुर्गति छठे दशक से लेकर सातवें दशक के मध्य तक देखने में आई वह शायद ही कभी दिखी हो। पर तमाम विवादों के बावजूद अज्ञेय ने पाँचवें दशक से जो भागीरथ कार्य आरंभ किया था उसे जारी रखकर कविता के जातीय स्वभाव की रक्षा की और मुक्तिबोध, रघुवीर सहाय, सरीखे कवियों ने अपने-अपने स्तर से इस कार्य को सफल बनाया।

लेकिन जीवन की निरंतर जटिल होती प्रक्रिया और आधुनिकता के नाम पर फैल रहीं विकृतियों ने कविता की संरचना को भी प्रभावित किया और विभिन्न कवियों ने अपनी सुविधा के अनुसार कविता को तंग किया जिससे पाठक कविता से अलग होता गया। इस

स्थिति में, तमाम महत्त्वपूर्ण कवियों की उपस्थिति के बावजूद अगर आज भी सुधार नहीं दिखाई देता तो इसका मुख्य कारण नासमझ युवा कवियों की वह कतार है जो अनुभव और कविता की प्राथमिक समझ से शून्य है। इस श्रेणी में वे लोग भी आते हैं जिनके लिए आज भी कविता महज मनोरंजन का साधन है। वर्ना इतनी लंबी और गौरवशाली परंपरा के होते हुए भी हिन्दी कविता विश्व-कविता के समकक्ष क्यों नहीं होती! अपनी ही भाषा का पाठक उसे क्यों नहीं पढ़ता! और फिर ये कि इस कविता के माध्यम से हम कौन-सा जनमत बना पाए हैं। रचनात्मकता के विरुद्ध ध्वंस हमारे समक्ष चुनौती बनकर खड़ा है और हम चीख-चीख कर दुहाई देने को विवश हैं।

आठवें दशक से हिन्दी कविता अपने दायित्वों की ओर मुड़ती है। इस समय तक आंदोलनों का ज्वार थम गया था, और कवियों की काव्य चेतना भाषा, शिल्प, वस्तु और विन्यास की तलाश में लगी। उनकी इस तलाश में हिन्दी कविता की बड़ी और समृद्ध परंपरा ने सहयोग दिया। इसी के परिणामस्वरूप आठवें दशक के मध्य से नवें दशक के आरंभ तक हिन्दी कविता में युवा कवियों की एक समझदार पंक्ति खड़ी हो गई। इसी पंक्ति के कुछ युवा कवियों की कविताओं का विश्लेषण यहाँ हमारा अभीष्ट है। कुमार अम्बुज, नवल शुक्ल और विमल कुमार संयोग से समवयस्क हैं और कहीं न कहीं कविता की अंत:सूत्रता से जुड़ते हैं। किन्तु तीनों कवियों की अपनी रचना-प्रक्रिया है तथा संवेदना के स्तर पर भी उनमें पर्याप्त वैषम्य है। कविता की भाषा और शिल्प की संचरना में कहीं-कहीं तो आश्चर्यजनक अंतर दिखाई पड़ता है। फिर भी ये कवि अपने-अपने स्तर पर एक सुखद दुनिया देखना चाहते हैं तथा मनुष्य की संपूर्ण सुरक्षा और संरक्षा की माँग के स्तर पर एक बिन्दु पर मिलते हैं। किसी के यहाँ पुरखों की स्मृति प्रेरणा बनकर जीवन दे रही है तो किसी के यहाँ बच्चों के कलरव से आँगन निनादित हो रहा है। पर सबके यहाँ अपनी अलग बिंबावलियाँ हैं, अनुभूतियों की अलग छवियाँ हैं। और समग्रत: उनकी अपनी-अपनी पहचान है जिसे सुरक्षित रखने और बना पाने की यात्रा जारी है।

कुमार अंबुज का काव्य-संग्रह 'किवाड़' उनकी क्षमताओं का पता देते हुए उनकी सीमाओं का भी अहसास कराता है। अंबुज भाषा के प्रति काफी सतर्क कवि हैं और इसी स्तर पर उनकी ओर से लगातार यह भी प्रयत्न होता रहता है कि कविता को किस तरह वाचाल होने से बचाया जाय। वे जीवन में कविता की लयात्मकता को खोजते हुए 'अज्ञेय की तरह' मौन को अभिव्यंजना भी मानते हैं। पर इस मोर्चे पर उनके हाथ इसलिए कुछ नहीं लगता कि वे वस्तु को अंतर्वस्तु में तब्दील करने की कला में निपुणता हासिल नहीं कर सके हैं। कवि की पहली ही कविता है 'मेरे पास' जिसमें आज के संकट से उसके दो चार होने और बदले में पाए गए वरदानरूपी शाप हैं जो निरंतर उसका पीछा कर रहे हैं। किन्तु कवि का अंतर्मन इस भय से मुक्त होकर अभी भी अतुकांत जीवन की तुकें खोजने में व्यस्त है—

मेरे पास शेष थी सिर्फ

दो स्वप्नों के बीच की अनिद्रा
जहाँ कुछ वरदान थे मेरे पास
शाप की तरह पीछा करते हुए
***
कुल मिलाकर एक अतुकांत जीवन था
जिसकी तुकें।
ढूँढ़नी थीं।

इस छोटी-सी कविता में बिंबों की गत्यात्मकता देखते बनती है जो अनेकार्थी है। 'दो स्वप्नों के बीच की अनिद्रा' का बिंब आज के इस समय में मनुष्य की असमंजस में पड़ी मन:स्थिति को उसकी पूरी पीड़ा के साथ व्यक्त करने में समर्थ है।

अबुंज की यह विशेषता है कि जहाँ वे अपनी स्वाभाविक गति पकड़ते हैं उनमें समझ और संवेदना दोनों का विस्तार होता चलता है। और यह महसूस होने लगता है कि कवि के पास बिलकुल अपना मुहावरा है तथा दुनिया को देखने की अपनी दृष्टि है। अंजुब रिश्तों की स्मृति के सहारे समाज की विडंबनाओं को साक्षात करने में सिद्ध रहे हैं। इस स्तर पर स्मृति धर्मी बिम्ब उनके हथियार होते हैं तथा आसपास की दैनिक और रोजमर्रा की चीजें हालात को बयान करने वाले प्रतीक। 'किवाड़' संग्रह की शीर्षक कविता भाषा और शिल्प के स्तर पर भी सुघड़ स्थापत्य का परिचय देती हुई 'माँ' के हवाले से भारत की गृहस्थिन स्त्रियों की समूची बदहाली को चित्रांकित कर देती है—

ये सिर्फ किवाड़ नहीं हैं
माँ हिल जाती है
और चौकस आँखों से
देखती है 'क्या हुआ?'
मोटी साँकल की
चार कड़ियों में
एक पूरी उमर और स्मृतियाँ
बँधी हुई हैं
जब साँकल बजती है
बहुत कुछ बज जाता है घर में

ये पुराने हैं
लेकिन कमज़ोर नहीं

जब भी ये नहीं होंगे

घर
घर नहीं रहेगा।

कुमार अंबुज के लिए अकेलापन भीषण त्रासदी धारण कर आज समूची मानवता को लील जाने को तत्पर है। व्यक्ति हर जगह आज अकेला ही तो है। पर अकेलापन जब अपने ही परिवार के बीच पैदा हो जाए तो व्यक्ति किस बिना पर अपनी लड़ाई लड़ेगा! कवि की चिन्ता पहले इस अकेलेपन से उबरने की है, क्योंकि—

अकेला आदमी
उजाड़ रास्ते पर खड़े ऊँट की तरह
होता है
रात पूरे वजन के साथ
उसके ऊपर से गुजर जाती है
दिन उसकी आँखों में चकाचौंध पैदा
करता है

अंबुज में बचपन की स्मृतियाँ जीवित हैं और वह उन स्मृतियों के सहारे पूरी पृथ्वी को वहीं ले जाना चाहता है जहाँ दुनिया की जकड़बंदियाँ नहीं हों। पर इस सपने को गौर से परखने पर यह लगता है कि कवि में रोमानीपने की एक सुगबुगाहट भी है जो उसे अक्सर कठिन काव्य-भूमि से दूर खदेड़ देना चाहती है। कवि को इस तरह की भावुक सोचों से उबरना चाहिए क्योंकि इसके कारण उसी धार के कुंद होने का भय है जिसके आधार को लेकर वह रचना-कर्म में प्रयत्न हुआ है।

वैचारिक अनुकर्त्ता न रहते हुए भी किसी भी रचनाकार में अपनी एक सुचिंतित साहित्यिक दृष्टि की आवश्यकता होती हैं। अंबुज में यह दृष्टि है और इस विस्तार से है कि वे अपनी समझ से चीजों को परखते हैं तथा अपनी अनुभूतियों की वास्तविकता से उसे तौलते हैं। फल के लिए आशा में सना-पगा संकल्प उनमें साहस का संचार करता है तथा वे अपनी सभी कल्पनाओं को मूर्त करने के लिए सृजनशील संघर्ष को उद्वेलित हो उठते हैं—

वे तमाम कल्पनाएँ/जो होना है साकार
अभी
वे अबूझ रहस्य जो होना है बेपर्दा
और वे कंदराएँ
जहाँ रोशनी लेकर पहुँचता है अभी
स्वप्न इन सबकी
शुरुआत है

इन पंक्तियों में एक साथ ही साथ स्वप्न, संकल्प, आशा और आरंभ के अर्थ में आकर बहुअर्थी हो जाता है। कहना न होगा कि यहाँ स्वप्न में आदर्श और यथार्थ के द्वंद्व का वितान

इतना सघन है कि पूरी कविता कई स्तरों पर खुलती है। अंबुज अपसंस्कृति के इस दौर में 'अच्छे आदमी' की स्मृति को प्रेरणा मानते हैं और हमें भटक जाने पर उनकी उपस्थिति का बोध कराते हैं। कवि की यह कोशिश मूल्यों के क्षरित होने के इस समय में अधिक प्रासंगिक हो उठी है। कविता की यह अहम विशेषता होती है कि वह हमारी चेतना में सुसंस्कारों की भावना विकसित करती है। अंबुज कहते हैं—

अच्छे आदमी हमें याद आते हैं
सुन्दर दृश्य की तरह
और पूरी जीवन यात्रा में
पीछा करते हैं हमारा

अंबुज में शब्दों की शक्ति का अहसास है और वे यह मानते हैं कि जब हालात इतने जटिल हो जाएँगे कि आत्महत्या के सिवा मनुष्य के पास कोई चारा शेष नहीं रहेगा तो एक शब्द ही हमें बचा लेगा। यह विश्वास साहित्य की सचाई का स्वीकार है। और जनता में शब्द की गरिमा प्रतिष्ठित करने की उत्कंठा। उसे तमाम संकटों का हल 'शब्द' में दिखाई देता है और व्यंजना में शायद कवि का इशारा 'जीवन को भरपूर ताकत से जिए जाने की ओर' है। अंबुज इतिहास तो पूरा सम्मान देते हुए भी मौजूदा वर्तमान पर दृढ़ हो जाने का आग्रह करते हैं। इतिहास तो भव्य और विकृत बहुत कुछ दे चुका पर यह वर्तमान क्या देने जा रहा है। कवि की चिन्ता व्यापक सामाजिक सरोकार से अनुस्यूत होकर कहती है—

नागरिक!
इतिहास के बहाने
एक कवि आपसे
आपसे वर्तमान की बात करना चाहता है।

संग्रह की आखिरी कविता 'आत्म-कथ्य की पहली सुरंग में से' अपेक्षाकृत सबसे लंबी कविता है। इस कविता में कवि ने अपनी संघर्षशीलता को अभिव्यक्ति देनी चाही है। बिंबों और प्रतीकों के सहज प्रयोगों के मध्य कहीं-कहीं कवि ने 'फैंटेसी' को भी आजमाया है और बिलकुल अचरज में डाल देने वाले दृश्यात्मक मुहावरों के जरिए वर्तमान का जायजा लिया है। मैं इस कविता पर किसी तरह का आरोप लगाना उचित नहीं समझता पर इतना अवश्य लगता है कविता-रचना के दौरान कवि पर मुक्तिबोध कुछ ज्यादा ही हावी हो गए हैं, जिससे कविता कई स्थलों पर पकड़ से बाहर हो गयी है। कवि की अब तक की उम्र-यात्रा के पड़ावों के कुछ दृश्य नितांत अटपटे लगने लगते हैं—

देखता है एक बच्चा भुस भरे बालों वाले
आदमी को
एक बैठक में सत्ताईस रोटियाँ निगलते हुए
देखता है कैसे निकाले जाते हैं गेहूँ
कपास और घी…'

पर जहाँ कवि की पकड़ है वहाँ बिंबों का प्रयोग सांदर्भिक हो जाता है और शब्दों की आंतरिकता में वस्तु का कोना-कोना प्रकाशित हो उठता है—

कटोरे की दायीं तरफ हैं खरगोश की तरह
चप्पल
एक चमकदार मुलायम सपना
सिन्धु की तरह बहता हुआ
साँवली रेत पर उभरने लगते हैं
तीन नंबर के जूते लायक पाँव के निशान
पायजामा का फूला हुआ ट्यूब
और फिर मछली पकड़ो खेल

इस प्रकार हम यह देखते हैं कि कुमार अंबुज अपनी स्वाभाविक गति में कविता के लिए जरूरी ताकत अर्जित कर चुके हैं पर कविताओं में वैविध्य और इससे भी आगे समय पर टिप्पणी करने की कला उन्हें हासिल करना अभी शेष है। कविता को भाषिक वाचालता से मुक्त रखकर बिंबों और रोजमर्रा के शब्दों में स्मृतियों, संबंधों तथा अनुभूतियों को सामाजिक सरोकार के पक्ष में खड़ा करने की कला उनके पास है। और यह इस परितोष के लिए काफी है कि अपनी तमाम सीमाओं में भी उन्होंने सार्थक मौजूदगी दर्ज कराई है। पर यह देखकर आश्चर्य होता है कि बहुत-सी जरूरी चीजों मसलन—व्यवस्था की कुटिलता, सांप्रदायिकता, मनुष्य में घर करती कृत्रिमता और रक्त-संबंधों पर स्वार्थपरता से दबाव को लेकर उनकी कोई भी सार्थक टिप्पणी इस संग्रह में नहीं दिखाई देती।

नवल शुक्ल की कविताएँ अंबुज की कविताओं से इस अर्थ में अलग हैं कि उनमें भाषा, शिल्प और संवेदना के कुछ अनछुए और एकदम टटके प्रयोग हैं। उनमें कविता के मुहावरे अलग तेवर अख्तियार करते हैं। उनकी कविताओं की एक महत्त्वपूर्ण विशेषता यह है कि वे हस्तक्षेप की अपेक्षा उद्‌बोधन को प्रधानता देती हैं। अब इस बारे में अधिक न कहकर पहले उनके काव्य संग्रह 'दसों दिशाओं में' पर ही केन्द्रित हुआ जाय। नवल के इस संग्रह में पचास से अधिक कविताएँ संकलित हैं जो इस स्तर पर बहुआयामी हैं कि इनमें कविता की समकालीन परिपाटी से अलग दिखाई देने की कोशिश मिलती है। नवल की कविताएँ स्मृतिगंधी छवियाँ प्रस्तुत करती हैं जिसकी आंतरिकता में समय के बीतते पलों की यादें सुरक्षित हैं। कवि इन यादों के बहाने स्मृतियों की परंपरा से मिलकर वर्तमान की चुनौतियों से जूझने की शक्ति अर्जित करना चाहता है—

सब आओ
भूगोल, खगोल, ब्रह्मांड समाओ
आँखों की कोर में
अंगुली की पोर में

घुल-मिल जाओ
पानी में, दूध में, हवा में, धूप में
मेरी साँस बन जाओ।

नवल में ये स्मृतियाँ बहुत गहरी हैं। इनकी गहराई का पता तब और अधिक होता है जब हम पाते हैं कि कवि के लिए इन स्मृतियों में जीवन की शक्ति समाहित है। गाँव और शहर के द्वंद्व के बीच कवि का मानसिक तादात्मय तब अधिक छटपटाता है जब वह अपसंस्कृति के घातक हमलों का शिकार होने लगता है। मगर वह अपनी परंपरा, संस्कृति और पुरुषों की स्मृति को याद कर जीने की राह खोज लेता है—

बिल्कुल नहीं नाचूँगा
न लगाऊँगा ठहाके
हो सका तो छूट गई जगहों
और भूल गए लोगों की अनुपस्थिति
धीरे-धीरे सहलाऊँगा।

नवल की भाषा अपने-आप में इतनी सहज, चुटीली और धारदार है कि वह कविता में टिप्पणी का कार्य करती है। उसमें कोई अलग से ऐसा सजाव-बनाव नहीं है कि उसके खुलने में कठिनाई पैदा हो। वह पर्याप्त मारक है और शब्दों की अन्विति से शक्ति का विस्तार करती है। यही वह स्थल है जहाँ नवल अपने समकालीनों से अलग नजर आते हैं। यही कारण है कि अपनी भाषिक सहजता में वे गंभीर वक्तव्य देने की समझ से चौंका देते हैं—

प्रेम, पुण्य, दान, घृणा
मृत्यु की तरह मुक्त समेटती चलती है
इंतजार नहीं करती।

एक सजग रचनाकार की तरह नवल में भी सामाजिक सवालों से दो चार होने की पर्याप्त क्षमता है। वे मूल्यों के संक्रमित होने पर क्षुब्ध होने के साथ-साथ कहीं अंतस में आक्रांत भी हैं। कवि के लिए समूचा दृश्य जगत उसका अपना है और वह हर एक चीज के प्रति उत्तरदायी हैं। फिर क्यों लोग भूलते जाते हैं सब कुछ, प्रेम, समर्पण, त्याग, अपनापा, पर नहीं, वह शामिल होगा मनुष्यता की इस लड़ाई में। नवल का यह साहस कविता की बुनियादी परंपरा से जुड़ता है, जिसमें आम और खास की कोई सीमा रेखा तय नहीं है। सिर्फ एक स्वर से व्यापक सामाजिक सरोकार की चिन्ता है—

वह बोल रहा हूँ
जो लगातार बोलना चाहता हूँ
जिसकी गूँज होती है हमारे भीतर
वही है, यह मेरा स्वर।

कवि मनुष्य की शक्ति को ईश्वर की शक्ति से अधिक मानता है। वह आस्थावान है पर जीवन के प्रति, निरी ईश्वरीय आस्था से उसे नफरत है—

एक पूरी आत्मा के साथ
एक पूरी देह हूँ मैं
जिसे धारण करते हैं ईश्वर कभी-कभी
मैं एक आत्मा
एक देह
एक ईश्वर से अधिक हूँ।

इसी क्रम में इस बात को रेखांकित करना जरूरी जान पड़ता है कि नवल में सजग, सचेत और अपनी ताकत पर भरोसा करने वाला आदमी है। इसीलिए ईश्वर उनके यहाँ केवल खल-पात्र के रूप में आता है। कितनी अजीब बात है कि जिस ईश्वर के लिए हम लड़ते-मरते हैं उसकी हमारी दिनचर्या में कोई भूमिका नहीं है। सांप्रदायिक उन्माद और अंध आस्था में जीने वाले लोगों के लिए कवि का यह संदेश एक ओर तो धर्म-भीरुता की निंदा करता है तो दूसरी ओर ईश्वर को (अगर वह कहीं है) खल-पात्र के रूप में प्रस्तुत कर हमारी चेतना को विकार-मुक्त बनाना चाहता है—

किसी भी लड़ाई में
ईश्वर कभी नहीं मारा गया
उसके पास थे सबसे अधिक अस्त्र-शस्त्र
और ईश्वरत्व

जैसाा कि मैने पहले ही संकेत किया है, नवल शुक्ल में महानगरीय त्रासदी का अहसास बहुत गहरा है। गाँव की मिट्‌टी से दूर रहकर भी उससे संपृक्ति बनी हुई है। यही कारण है कि कवि में गाँवों के उजड़ते जाने, परिवारों के टूटने और शहरों के नाम पर नगरीय जड़ता लादने की लगातार हो रही प्रक्रिया पर गहरा आक्रोश है। यह आक्रोश नवल के समकालीनों में लगभग नहीं है। वहाँ अपने ही दु:ख-सुख का जायजा है या फिर उसके बाह्य-जगत की विडंबना है। एक व्यक्ति में गाँव और शहर की दोहरी मौजूदगी और उसमें भी गाँव के उजाड़ पर ही अधिकांश मसलों के आधार को दिखाकर नवल संबंध, प्रेम, अपनापा और सहकार की पुरानी परंपरा कायम करना चाहते हैं।

कवि में व्यापक मानवीयता की समझ है और गहरा सरोकार भी। इसलिए उसके अनुभव का यथार्थ सामाजिक यथार्थ से इतना घुल-मिल जाता है कि उसे अलग करके नहीं देखा जा सकता। इस स्तर पर नवल शुक्ल युवा कवियों की शृंखला में ऐसे कवि होने की आश्वस्ति पैदा करते हैं, जिनकी कविताओं में सर्जना के लिए जरूरी अंतर्दृष्टि है और जिनकी निगाह हमेशा जीवन के महीन किन्तु पैने यथार्थ पर टिकी होती है। इस संग्रह में शामिल कई कविताओं को इसकी पुष्टि में रखा जा सकता है।

नवल शुक्ल में स्मृतियों की गहरी पकड़ है और इस पकड़ में वे संबंधों की तह तक जाने का भी यत्न करते हैं। उनमें पीड़ा की निरंतरता और उसमें लगातार आते दबावों की भी गहरी अनुभूति है। इसको रेखांकित करती हुई उनकी एक कविता है—'पिता और उनके पिता।' इस कविता के माध्यम से कवि ने पिता के प्रतीक को सामने रखकर समय, समाज और जीवन की जटिलताओं को ढोते हुए इस तरह से दिखाया है कि तीन पीढ़ियाँ एक साथ उपस्थित होकर अपने-अपने समय के अंतर को भी बताती हैं और जीवनगत दबावों की बदलते समय के साथ व्याख्या भी होती चलती है—

मैं अपने पिता
और उनके पिता के बारे में
जानने के बाद
अपने बारे में सोचता हूँ,
और ठहर जाता हूँ।

कवि के पास अन्य विशेषताओं के अतिरिक्त एक यह विशेषता भी है कि वह अकेलेपन को महिमामंडित नहीं करता है वरन् वह उसके व्यूह को भेदकर जरूरी सहकार और अधिक से अधिक सार्वजनिकता जुटाने का प्रयत्न करता है। अपनी छोटी-सी कविता-यात्रा में कवि के पास बहुत कुछ संचय हो चुका है, यह कहते हुए भी इस बात पर बल दिया जाना आवश्यक लगता है कि जिसे उसके पूर्वजों ने कमाया था। अपने दम पर पूँजी बनाने की तत्परता और साफ शब्दों में कहें तो वर्तमान को पर्याप्त चुनौती मानकर उसमें अपनी राह निकालने की बेचैनी या कृतसंकल्पता नवल के पास नहीं है। बुनियाद के संकट का यह तकाजा कभी नहीं होता कि आप भरे वर्तमान को एकदम ही भुला दें और भविष्य को तो सोचें ही नहीं। आस्था अनास्था के निरंतर तनाव में नवल को अतीत और वर्तमान की कड़ियों को सृजनशील गठबंधन देना है, तभी उनसे भविष्य की चुनौतियों का हल संभव है।

विमल कुमार काव्य संरचना और संवेदना दोनों स्तर पर कुमार अंबुज और नवल शुक्ल से अलग कवि हैं। विमल की सामाजिक संपृक्ति बिलकुल भिन्न है और यही कारण है कि अपने समकालीनों के बीच उनकी पहचान मुहावरों में बेचैन करती संवेदनाओं की अभिव्यक्ति करने वाले की है। उनमें सहजता इतनी है कि आप उनकी कविताओं से गुजरते हुए यह बराबर महसूस कर सकते हैं कि वे आपसे संवाद कर रही हैं। लेकिन कविता की निरंतरता में यदि आप उसकी एक त्वरा से भी कट जाते हैं तो कविता पकड़ में नहीं आ सकती। इस स्तर पर विमल एक कठिन कवि भी हैं। अपनी भाषा, समझ, दृष्टि और मुहावरों में वे कहीं गफलत नहीं करते और यह बराबर प्रयत्न करते हैं कि वे कविता को जहाँ तक हो सके खोलें। इसीलिए कुछ लोगों को उनकी कविताओं में अलग किस्म की बात यह लगने लगती है कि वे बहुत बोलती हैं। मेरी समझ में विमल की संवेदनाओं से तादात्म्य स्थापित न होने के फलस्वरूप ही ऐसा होता है।

बहरहाल, उनके नए काव्य-संग्रह 'सपने में एक औरत से बातचीत' पर ही केन्द्रित होकर कुछ कहा जाय तो अधिक बेहतर होगा। जैसा मैंने अभी संकेत किया है, विमल की कविताओं की अपनी अलग जमीन है। इस स्तर पर वे रूढ़ियों से निज़ात पाने के लिए रुढ़ियों में जकड़े रहना पसंद नहीं करते वरन् नए तरह से चीजों को देखने की कोशिश करते हैं। उनके यहाँ संबंध, अधिकार, मनुष्यता और पूरी जीवन-प्रक्रिया के लिए नए किस्म के आग्रह मिलेंगे। मसलन स्वाधीनता का प्रयोग जिस अर्थ में हिन्दी कविता में होता है, विमल के यहाँ नहीं होता। उनके यहाँ इसका सीधा अर्थ है—जीवन-व्यवहार की पूर्णत: बंधन मुक्ति। विमल ऐसे कवि भी नहीं हैं जो खाली सचेतक बने रहना स्वीकार करें। वे आपकी दशा पर तरस खाएँगे आपकी कमजोरियों के परिणामों को गिनाएँगे। विडंबना और व्यंग्य का इतना गहरा जुड़ाव आपको शायद ही किसी कवि में (विमल के समवयसी) मिल सके। 'आपको एक दिन खा जाएगा भेड़िया' की कुछ पंक्तियों को देखिए—

जब मैंने देखा झल्लाने पर
आप देख रहे हैं सिर्फ टुकुर-टुकुर हमारा मुँह
आप मुझे प्यारे लगे
और मन किया कि आपको चूमूँ
एक बार नहीं
हजार बार चूमूँ
पर यह सोच
आ गए आँखों में आँसू
आपको एक दिन खा जाएगा भेड़िया

यह कविता अपनी संरचना में अत्यन्त सहज है पर कविता की आंतरिक निर्मिति में व्यंग्य और विडम्बना के परस्पर घुलाव और भाषिक लाक्षणिकता के कारण कविता की संवेदना सघन हो गयी है। इसी कारण यह अकेली कविता वर्तमान के संकट से अबोध मनुष्यता के संघर्ष की समूची विडम्बना को खोलने में समर्थ हो जाती है।

विमल कुमार की कविताएँ हमें कहीं से भी आक्रांत नहीं करतीं। वे चौंकाती भी नहीं। सिर्फ हमारी संवेदनाओं को छेड़ती हैं। इसलिए उसमें बड़बोलापन नहीं मिलेगा। ये कविताएँ चूंकि जीवन की सबसे महीन परतों को झनझनाती हैं इसलिए ज्यादा मारक होती हैं। यह देखकर भी आश्चर्य होता है कि विमल के यहाँ लड़कियों के लिए अतिरिक्त सुचिंतित दृष्टि है। यह दृष्टि यह बताने के लिए काफी है कि विमल ने बड़े प्रयत्नों से नारी यंत्रणा के गहरे पलों को महसूस किया है। अपने समाज के सांस्थानिक ढाँचे को बखूबी परखा है और तब लिखा है—

वे किताबें पढ़-पढ़कर आँखें फोड़ती रहीं
फिर भी अनपढ़ कहलाईं

वह अकेले में खुद से बातें करती रहीं
अंधेरे में कल्पना में पुरुषों को चूमती रहीं
लेकिन जीवन साथी नहीं चुन सकीं
उनकी ढलती उम्र पर सब फब्तियाँ
कसते रहे
वे एक गरीब पिता की बेटी थीं
दिव्य प्रेम ही कर सकती थीं
उसकी अनुभूतियों में उनके स्तन सूखते गए
पीला पड़ गया चेहरा
और सपने बिखर गए।

इन पंक्तियों में विमल कुमार ने उन लड़कियों के यातनामय जीवन को साक्षात कर दिया है जो गरीब बाप के घर पैदा हुई हैं। इस सीधी शब्दावली में विमल ने जो यहाँ नियति, परिस्थिति और अंत:संघर्ष की जिन छवियों को प्रस्तुत किया है उनसे कविता की विस्तृत संवेदना का पता चलता है।

विमल के यहाँ सादगी और सच्चाई का बड़ा अच्छा रूप मिलता है। इस रूप में कवि का विवेक सच और गलत के बीच के तनावों को एक सीमा के बाद ले जाकर उससे निर्णय की संभावना बनाता है इसलिए यहाँ किसी भ्रम की गुंजाइश नहीं रहती। कवि की दृष्टि साफ है और यही कारण है कि उसे अपनी कमजोरियाँ भी दिखाई देती हैं। वह अपनी लड़ाई के बखान के साथ-साथ, उसके हानि-लाभ का मसविदा भी देता है। और असफलता की सत्यता भी स्वीकार करता है। विमल अगर स्वयं कवि होने या खुद में मुग्ध रहने से बचते हैं तो उसका यही कारण है। उनके यहाँ साज-सँवार या कविता के प्रति शास्त्रीय रूढ़ियों के लिए कोई जगह नहीं है। वे कविता को जीवन की जटिलता में से चुनते हैं इसलिए कविता उनके लिए नुमाइश नहीं है। हर जगह मनुष्यता की प्रतिष्ठा के लिए संघर्षरत् विमल का कवि कहीं-कहीं मनोविज्ञान की मदद से भी कविता की परतें खोलता है और उसे अन्तर्जीवन से जोड़ता है। निम्न मध्यमवर्गीय समाज की सच्चाई को उसकी पूरी समग्रता में पकड़कर उसके अंतर्विरोध, तनाव और टकराव को दृश्य से जोड़ना विमल की अपनी विशेषता है। इस जगह वे पूरे मनोयोग से सामाजिक सरोकारों के पैरोकार के रूप में सामने आते हैं। विमल में संवेदना विस्तार की क्षमता तीव्र है। वे छोटी-से-छोटी चीज को भी रोजमर्रा के अनुभवों से मिलाकर ऐसा अर्थ दे पाने में सिद्धहस्त हैं जिनसे कई स्तर खुल जाते हैं—

मैं सोचने लगा
अगली बार जब वह औरत फिर कभी
आएगी सपने में
पूछेगी इस तरह के ढेर सवाल

तो मैं क्या कहूँगा
कौन-सा झूठ चुनकर इस बार
पहले से रखना होगा।

शीर्षक कविता की इन पंक्तियों में विमल ने एक नया प्रयोग किया है। कविता सपने के बीच चल रहे कार्य-व्यवहार या संवाद से चलती हुई एक औरत की बातचीत के माध्यम से समग्र नारी-संसार की जड़ता को तो व्यक्त करती ही है, पुरुष-प्रधान समाज में नारियों की दीनता को भी सामने लाती है। पुरुष क्या झूठ चुनकर नारियों में सत्य का भ्रम पैदा करता है, क्या सपना और यथार्थ मिलकर एक सत्य नहीं देते और यह भी कि क्या सवाल का जवाब हम खोजते भी हैं कि नहीं। इस तरह के कई प्रश्नों को यह कविता हमारे सामने लाती है और एक सामाजिक सांस्थानिकता के विरुद्ध खड़ी होती है।

विमल के यहाँ संबंधों को नए सिरे से देखने की बेचैनी पाई जाती है। वे हमेशा स्वार्थी गठबंधन को हिकारत की नज़र से देखते हैं। 'खिड़की से झाँकते हैं' बिम्ब का प्रयोग करके कवि ने यहाँ जमीन से कट जाने की स्थिति पर व्यंग्य किया है और 'रसोईघर में कुछ जलने के' बिम्ब से कसैले संबंधों की शिनाख्त भी की हैं—

'हम जब कभी बैठते हैं
आगे वाले कमरे में
झाँकते हैं खिड़कियों से दूर
जीवन के बारे में
बातचीत के बीच अक्सर
होता है महसूस
रसोईघर में कुछ जल रहा है'

अत्यंत संक्षेप में अगर कहना चाहें तो कहेंगे कि विमल कुमार की कविताएँ बहुधर्मी हैं। और अनेक स्तरों पर अपना सार्थक हस्तक्षेप करती हैं। वे संबंधों के बारे में जितने चिंतित हैं उतने ही मनुष्यता विरोधी व्यवस्था से चिन्तित हैं। परंपरा, संस्कृति, राजनीति सब कुछ उनके यहाँ मौजूद हैं पर सबके अपने स्थल हैं और कवि की इनसे एक निश्चित अपेक्षा भी है। कहना न होगा कि इस अपेक्षा के साथ-साथ कवि में अपने नागरिक कर्त्तव्यों का बोध भी है जो उसके सजग रचनाकार को शक्ति देता है।

इस प्रकार हम देखते हैं कि कुमार अंबुज़, नवल शुक्ल और विमल कुमार समवयस्क होते हुए भी अलग-अलग तेवर के कवि हैं, जिनकी अपनी अलग-अलग दृष्टि है और चीजों को परखने की अपनी समझ। शांति, मैत्री और संबंधों की सार्थक उपस्थिति के ये कवि सार्थक हैं और बेहतर मनुष्यता की सुरक्षा के लिए संघर्षरत हैं।

तीन समवयसियों के बहाने

प्रगति सक्सेना हिन्दी कविता की उसी पीढ़ी का प्रतिनिधित्व करती हैं जिसका उदय नवें दशक के उत्तरार्द्ध में हुआ। इस यात्रा में कई प्रत्यावर्तन दिखाई देते हैं जिसकी छाप पूर्ववर्ती पीढ़ी में शायद खोजने से भी न मिले। लेकिन यह अजीब विडंबना है कि जिस भागमभाग और तात्कालिता का निषेध कविता का एक वर्ग करता रहा है, यह पीढ़ी ज्यादातर शिकार उसी की हुई है। जीवन की रंगतें, उसके आचरण, व्यवहार और दिन ब दिन फैलते व्यक्तित्व के आकारों के कारण कविता पारंपरिक अभिदानों पर लिखी भी नहीं जा सकती थी, लेकिन यह भी क्या ज़रूरी था कि तात्कालिक उत्तेजनाएँ ही कविता की संवेदना बन जायँ। रोजमर्रा के जीवन प्रसंग निश्चय ही व्यक्ति को निर्णायक घड़ी में ला छोड़ते हैं पर वे किसी शाश्वत मूल्य का निर्धारण करते हों, ऐसा कहना कठिन है। तब क्यों उन्हीं सामयिक धड़कनों को शब्द देने की ज़रूरत महसूस हुई? प्रश्न टेढ़ा है, जाहिर है, नई पीढ़ी जवाब देने में कतरायेगी या उससे बचे रहने के भी तर्क खोज ले। पर इस प्रश्न को विचार के लिए भी ज़रूर याद रखना चाहिए क्योंकि बिना इससे टकराये रचना को सामयिक तो बनाया जा सकता है, कालजयी नहीं बनाया जा सकता।

बहरहाल, अभी पिछे दिनों एक हिन्दी त्रैमासिक में मैंने प्रगति सक्सेना की कविताओं के बारे में यह कहा था कि शिल्प के स्तर पर उसमें न्यूनता है और यह भी कहा था कि उन्होंने अभी अपने मुहावरे नहीं साधे हैं। इन कमजोरियों को हमने कुछ उदाहरणों के द्वारा दिखाने की चेष्टा की थी। और अब भी इस पर अपनी राय बदलना नहीं चाहता। सपाटबयानी और विषयों की एकरुपता के प्रसंग में यद्यपि प्रमोद कौंसवाल का जिक्र मैंने किया था पर इस घेरे में प्रगति सक्सेना भी आती हैं और राकेश रेणु भी। जीवन को सहज रूप से न लेने के बजाय अवसाद और निराशा में ही अचानक आशा का चमत्कार प्रकट करना न केवल कविता की गंभीरता को ख़त्म करना है बल्कि संघर्ष और सृजनधर्मिता की ज़मीन को भी कमजोर करना है। यह रोग नए कवियों में आसानी से देखा जा सकता है।

पर इन सबके बावज़ूद अपने समय की हलचल और रोजमर्रा के जीवन की खोज-ख़बर निश्चय ही इन कविताओं में है और एक प्रकार से महीन संवेदना के ऐसे टँके भी हैं जो कहीं गहरे व्यक्ति को विचलित करते हैं। प्रगति की कुछ पंक्तियाँ हैं—

> लोग जो कुछ नहीं करते
> दरअसल आपसे स्नेह करते हैं
> और इसलिए चुप रहते हैं

यह सच है कि हम जिन्हें निपट नकारा मानकर तिरस्कृत करते हैं वे सचमुच प्रेम की थाती लुटाते हैं और उसी के बिना पर ज़िन्दगी गुज़ारते हैं। अनुभव की यह प्रामाणिक अभिव्यक्ति सही मायने में बहुत संजीदा मानी जा सकती है उस कवयित्री के लिए ख़ासतौर पर, जिसने यहाँ एक नए अनुभव को हमारे समक्ष रखा है। स्त्री और उसमें भी भारतीय स्त्री की यही वास्तविकता है कि वह खोने के लिए बनी है। उसकी नियति न केवल यथार्थ के जीवन में खोना है बल्कि सपने में भी खो जाना है। 'वह केश खोले स्त्री/जो आपके सपने में चलते-चलते यकायक खो गई' वस्तुत: ऐसी स्त्री है जो सबके सपनों में फिट बैठती है, पर उसकी त्रासदी यही है कि वह किसी की भी नहीं है। उसकी नियति में सिर्फ़ यही बदा है कि वह 'चुपचाप तकिए में सिर छुपा रो ले।' कविता की संवेदना को ऐसे तनावों के बीच से गुजारना जहाँ पाठक तिल-तिलकर गहरे बोध में उतरे, प्रगति की कुछ कविताओं की एक ख़ास विशेषता है।

पर प्रगति की अधिकतर कविताओं में प्रश्नाकुलता भी कम है और जीवन के किसी नितांत निर्मम क्षण के प्रति जिज्ञासा भी। उनमें बस जीवन को जैसे और जिस तरह महसूस किया गया है उसका प्रतिरूपण दिखाई देता है। यही कारण है कि ये कविताएँ एक सीमा के बाद अपने को दुहराती प्रतीत होती हैं। दुहराना मायने अनुभव का वही-वही बासी संसार दिखना जहाँ न बिंब का नयापन है और न अलग कहने की बेचैनी।

क्रिस्टोफर कॉडवेल ने जब यह लिखा था कि 'कविता वह है जो पढ़ने पर घटित होती है' तो उसका आशय यही था कि कविता के वाचन या पाठन की प्रक्रिया में व्यक्ति का मन अपनी भीतरी प्रक्रिया के साथ जुड़ जाता है।

प्रगति की कविताओं में एक ही संसार बार-बार आता है। एक लड़की का सादा जीवन, उसका प्रेम, उसके ख़तरे, उसके सपने, अचानक उसका टूटना और यकायक उसका अकेला होना। इसी पूरी यात्रा में प्रगति की कवयित्री जोख़िमों से कतराती है इसलिए कॉडवेल के कथन को अगर आधार बनायें तो कहेंगे कि कवयित्री कविता को पाठक के मन में घटित नहीं करती। ज़ाहिर है, कविता तभी घटित होगी जब नए जीवनानुभव या साहसिक उद्यम से आए अनुभव विस्तार से कविता बनेगी। आशय यही है कि एक भावुक दुनिया का भोला संसार प्रगति ने कुछ ऐसा बनाया है जो वास्तविक होते हुए भी आश्चर्य की तरह दिखता है। कदाचित् यही कारण रहा हो कि अपने पहले संग्रह को उन्हें 'आश्चर्य लोक' कहना पड़ा हो। प्रगति की थोड़ी-सी कविताएँ इस स्तर पर आश्चर्यजनक लगती हैं कि वहाँ स्वभाव और संस्कार की एकमेवता है। जांफीर की बाँसुरी पर लिखी हुई उनकी कविता बाँसुरी की तान को शब्दचित्रों में उतारती है और एक नए लोक को रचती है—

स्वर कोई पत्ता गिरा / या कोई आँसू
किसी ने डरकर हटा लिया
अपना हाथ

पर कुल मिलाकर प्रगति की कविताएँ वैयक्तिक संसार की ही कविताएँ हैं जहाँ संवेदना की इकहरी छवि दिखाई देती है। एक स्तर पर ये कविताएँ अपने वर्तमान को बाँटने का प्रयत्न हैं जहाँ शहरी मध्य वर्ग की लड़कियों का दुःख-सुख और राग-विराग मिलता है। कविता में एकरस चित्र इतने हैं कि बहुत बार पाठक ऊबता है और खीझ उठता है। कविताएँ तेज़ी से खुलती हैं...ठहराव या आकस्मिक स्थल शायद ही दिखें। फिर भी बहुत-सी कविताएँ उम्मीद जगाती हैं इससे इन्कार नहीं किया जा सकता।

प्रमोद कौंसवाल की कविताएँ जीवन और जगत के उथल-पुथल पर निर्मित हैं जिसमें कवि का अपना संसार है...सुख-दुख के संघातों का मार्मिक लोक लिए। प्रमोद में हर संजीदा भावों को शब्दों में पिरोने की प्रतिभा है और अपने भीतर की प्रतिक्रिया को अभिव्यक्त करने की शक्ति भी। पर इनके साथ दिक्कत यही है कि ये भागते प्रतीत होते हैं, कविता में अपेक्षित ठहराव की, संजीदा स्थलों को छोड़ने की या मौन देने की जो अपेक्षा की जाती है, उसे वे बराबर भूलते हैं। कवि का संवेदना जगत व्यापक है, वहाँ स्थानीयता भी है और सर्वाभौमिकता भी, लेकिन कई बार लगता है कि इस बेपनाह फैलाव से कवि से कविता की वल्गाएं कई जगह छूट-सी गई हैं। अनुभव की आँच में शब्दों के न पकने के यही ख़तरे होते हैं—

नमक मेरा गुस्सा है
जब तुम चिढ़ती हो तो
तुम्हारे भीतर नमक बौखलाता है

नमक का गुस्सा होना तो एक सीमा तक सही माना जा सकता है पर प्रेमिका के चिढ़ने पर उसके भीतर नमक के बौखलाने का मुहावरा न तो भाषा की दृष्टि से उपयुक्त है और न संवेदना की दृष्टि से। इधर कविता में अचानक क्रांति करने की जो धुन सवार हुई है, उसके शिकार प्रमोद भी हुए हैं। अवसाद से शुरू हुई कविताएँ तब अपनी शक्ति गवाँ बैठती हैं जब वे आकस्मिक रूप से सुखद संसार का सपना जगा देती हैं। विडंबना और त्रासद जीवन की व्यथा को उसकी संपूर्णता में प्रस्तुत करना जितना प्रभावकारी हो सकता है, उतना अचानक विस्मयकारी परिवर्तनों से संभव नहीं है। कुछ वर्ष पहले लड़कियों पर कविताएँ लिखने की आँधी सी आ गई थी। इस आँधी में युवा कवियों की ताजी पीढ़ी सबसे आगे थी। प्रमोद की ही एक कविता है—'लड़की'

वह लड़की खुलेआम बात करते डरती है
वह लड़की काँटों से डरती है
अपने पिता के विचारों से जूझती है
हिन्दुस्तान में रहकर वह लड़की खिलखिला
लेना चाहती है

और अचानक उसमें परिवर्तन आता है—

और फ़िलहाल वह अपनी पसंदगी तय कर सकती है—
हमक़दम भी हो सकती है
वह लड़की।

एक ही कविता में लड़की का खुलेआम बात करते डरना और फिर यकायक अपनी पसंदगी तय करने लगना उसके विडंबनापूर्ण ज़ीवन में अचानक चमत्कार हो जाने जैसा है। कविता में नारावाद का यह अत्यन्त ख़तरनाक प्रयोग है जो किसी भी स्तर पर रचना में अपेक्षित गहाराई नहीं आने देता।

इसके विपरीत प्रमोद ने जहाँ कहीं भी कविता को उसकी सहज स्वाभाविकता में पकड़ा है, वहाँ उसमें भावबोध की तीव्रता भी दिखाई देती है और शिल्पगत कुशलता भी—

तुम ठंडे पानी जैसे थे कभी
लगभग पिघलती बर्फ़
अब हो गये गर्म पानी
मैं बहुत खुश हुआ
वहाँ जब उसने
सचमुच खुशी से उछल पड़ा मैं
और उबलने लगा।

प्रमोद के काव्य कौशल का ज़रूरी हिस्सा वह लगता है जहाँ वे कविता को उसके पूरे विस्तार में उठाते हैं। इस विस्तार में पंक्तियाँ बिंबों के अन्वय में ही अर्थ दे पाती हैं। केवल बिंब या पंक्ति अर्थ में अक्षम होती है। यह उनकी निजी शैली हो सकती है जो समकालीन तकाज़ों को उसकी विडंबना के साथ उभारने में बहुत बार सफल प्रतीत होती है। प्रमोद की कविताओं की एक ख़ास खूबी दिखाई देती है—व्यंग्य वक्रता की। बहुत सीधे अंदाज़ में, कुछ-कुछ व्यंग्य करते प्रमोद हमारी व्यवस्था पर सीधी चोट करते हैं और पाठक को उद्वेलित कर देते हैं—

ताप लिए उस नौजवान ने
अपने पच्चीस साल
मिल गया उसे दुनिया का प्यार
अब उसे अपने हाथों पर
शक नहीं रहेगा
वह किसी भी समय
भाग सकता है घर से
देश से।

उम्र यहाँ आग है उस युवक के लिए, जिसने पच्चीस वर्षों तक उसे तापा है, प्यार पाया है,

उसने आग को तापा है, इसका विश्वास उसे अपने हाथों पर है और अब किसी भी समय इस आग से वह भाग सकता है।

भारतीय प्रजातांत्रिक व्यवस्था में युवकों की त्रासदी और मनोदशा को व्यक्त करती यह कविता निसंदेह अपनी तरल मार्मिकता और व्यंग्य की वक्रता के कारण प्रभावकारी बन पड़ी है। 'आत्मनिर्भरता' के लिए अब सिर्फ यही विकल्प बचा है कि यहाँ से भाग लिया जाय। इस कविता का एक दूसरा पक्ष यह भी है कि इसमें कवि ने भारतीय युवकों की पलायनवादी बीमार मानसिकता को भी खोला है। कवि की व्यंग्य वक्रता का एक और दिलचस्प उदाहरण गाँव की पृष्ठभूमि पर लिखी एक कविता है। कविता में गाँव की अंध-आस्था का तीखा चित्रण है और उस ढोंग का पर्दाफाश, जिसमें शांति की शपथ के बाद अशांति फैलती है तथा जिस अशांति के कारण, वे बदमाश शराबी हैं जो मंदिरों के पुजारी हैं—

पानी के स्त्रोत पर आज
झगड़े कुछ लोग
कुछ ने किया हमला
खेल खलिहानों पर तड़के
कुछ कटे भागकर
कुछ ने बचाया अपने को
उन शराबियों से
कल की पूजा में
जो पुजारी थे

प्रमोद की कविता की एक और अच्छाई यह है कि वे न तो निपट स्थानीय हैं और न सार्वभौमिक। जितना गाँव और उनका पहाड़ी जीवन उनके साथ है उतना ही विपुल वैविध्यता में फैला भारतीय समाज। हालाँकि यह कहा जा सकता है कि प्रमोद ने अपने अनुभव की व्यापकता को बहुत तीखा नहीं बनाया है। तीखा इस अर्थ में कि उसे उतना जीवंत बनाना रह गया है। उसमें थोड़े तराश के बाद भी तीखापन लाया जा सकता है। कवि के पास अभिव्यक्ति के लिए अपेक्षित भाषा है और शिल्प का अपना कौशल है पर उसमें अभी प्रौढ़ता की ज़रूरत है क्योंकि कई स्थलों पर कविताएँ अपने मूल लक्ष्य से भटक जाती हैं और भाषा की बाग़ भी ढीली पड़ जाती है।

इसके बावजूद प्रमोद कौंसवाल की कविताएँ अपने वय और पीढ़ी से पहचानी जाने वाली कविताएँ हैं जो कई स्तरों पर बहुत संभावनाशील हैं। गाँव-शहर के द्वैत से लेकर पहाड़ की जिन्दगी के यथार्थ सहित प्रमोद ने बहुत-से मानवीय प्रश्नों से जूझने की भी कोशिश की है। उनके यहाँ कुछ मानवीय भाव भी जीवंत बनकर उभरते हैं और मनुष्य के दर्प-दर्द को बहुत बारीकी से उकेर देते हैं। इस तरह के भाव में 'हँसी' को लिया जा सकता है जिसके

अनेक कोणों को छूते हुए कवि ने आँसू, जुगुप्सा और व्यंग्य के त्रिकोण को निभाया है। यहाँ एक और बारीकी की ओर ध्यान देना ज़रूरी लगता है, वह यह कि प्रमोद के यहाँ कुछ कविताओं को छोड़ 'बेमतलब' के सपनों से गुरेज़ है। सीधे और अपने मूल शक्ल में यहाँ जीवन का यथार्थ आता है और पाठक को छूता हुआ झटके देता है। सब ओर यहाँ एक तलाश है, कुछ पाने की या जो खो गया है उसे हासिल करने की। अपनी कुछ खामियों के बाद भी इसी कारण ये कविताएँ प्रभावित करती हैं।

उम्र में कुछ अधिक होने के बावजूद राकेश रेणु, प्रमोद कौसवाल और प्रगति सक्सेना के मुकाबले कम प्रसारित-प्रकाशित कवि रहे हैं। इस लिहाज़ से देखने पर उनकी कविताएँ अलग अनुभव की कविताएँ लगती हैं जहाँ जितने रोज़मर्रा के जीवन प्रसंग हैं उतने जीवन को गहरे प्रभावित करने वाले कारकों पर जूझने की ज़रूरत शायद नहीं समझी गई। वैसे भी किसी कवि को किसी ख़ास साँचे में रखकर देखना न तो संभव है और न काम्य ही है। यहाँ देखना यही है कि राकेश रेणु ने अपने पहले कविता संग्रह 'रोजनामचा' में जो विषय उठाए हैं वे कहाँ तक निभ सके हैं।

जैसा कि नाम से ही स्पष्ट है 'रोज़नामचा', रोज़मर्रा की सारणीबद्ध जीवन की तस्वीर की ओर इशारा करता है। कवि का लोक एक निश्चित परिधि में नियोजित है इसलिए अनुभव विस्तार और विषय वैविध्य की कविताएँ यहाँ नहीं हैं पर यह आश्चर्यजनक लगता है कि रेणु अपनी छोटी-सी दुनिया में बेहतर कारीगरी के नमूने दिखा गये हैं। लगभग चालीस कविताओं के इस संग्रह में रेणु ने एक चौथाई कविताएँ संबंधों पर लिखी हैं, जिनमें एक मोहक मिठास के साथ-साथ कसैली कड़ुवाहट भी दिखाई देती है। 'पिता के लिए' लिखी उनकी कविता यहाँ द्रष्टव्य है—

> बड़ा जीवट का आदमी था
> जिन्दगी भर जला
> दैन्य की आग में
> लेकिन जला नहीं कभी वह
> लड़ा-गिरा फिर उठा
> लेकिन हारा नहीं कभी वह।

एक मध्यवर्गीय पिता की यह तस्वीर निश्चय ही मार्मिक है जो दैन्य की आग में जलते हुए न जला और जो लड़कर गिरते हुए न हारा। पर क्या सचमुच यह उसकी जीत है? नहीं! और कविता भी अपने कथ्य में यही कहती है। पर इस ढंग से कि कविता की आंतरिकता से पाठक एकमेव हो उठे और फिर उद्वेलित भी।

इसी तरह माँ पर लिखी गई एक कविता में रेणु ने माँ को पारंपरिक सांस्कृतिकता का प्रतीक बनाकर ऐसे प्रस्तुत किया है कि एक रूढ़ि की तरह लिखी इस तरह की अधिकांश

कविताएँ इकहरी लगने लगती हैं—

किस दिन खिलाते हैं पखेओं बैलों को
छठ के बाद
किस दिन होगी गोवर्धन पूजा
कि सुबह उठकर
नहाना होगा किस दिन बगैर बोले
× × × ×
अब जबकि तुम चली गई हो माँ,
कौन बताएगा यह सब।

कवि के इन प्रश्नों में एक मृत भारतीय माँ और उसके साथ संकटासन्न हमारे रिवाज़ों और सांस्कृतिक अधिकरणों के नष्टप्राय हो जाने की चिन्ता देखी जा सकती है। यह कविता इसलिए भी ज्यादा व्यंजक हो गई है कि एक शाश्वत संबंध के स्वार्थ और स्वगत से ऊपर उठकर कवि ने यहाँ एक मूल्य के अंत को देखा है। पीछे की उद्धृत कविता और इस कविता में यद्यपि कविता के कई जरूरी प्रतिमान अपने ठोस रूप में स्थित दिखाई नहीं दे सकते पर अनुभव के नयेपन और मार्मिक स्थलों की पहचान के कारण ये कविताएँ सहज ही बाँधती हैं।

राकेश रेणु की कविताओं का एक बेहतर पक्ष यह है कि उनके यहाँ रोज़मर्रा के जीवन प्रसंग में भी लोक अनुशासनों और पारिवारिक मुहावरों से पगी भाषा में ऐसी संवेदना मिलती है जो घरेलू जीवन की लय में ले जाकर मुग्ध करती है। 'लालटेन' की कुछ पंक्तियाँ हैं—

कभी-कभी चुपचाप
मैं कम करता हूँ इसकी रौशनी
तभी सुनता हूँ बाबूजी की आवाज
जलने दे इसे
जब तक कि अँधेरा है
जलने दे इसे
जब तक कि जगे हुए हैं लोग

कविता बहुत सपाट है और अलग से इसे सँवारने की कोई कोशिश कवि ने भी नहीं की है। पर जैसा कि होता है, कथ्य में अगर सधा हुआ अनुभव जुड़ता है तो सृजनात्मक संवेदना यूँ ही उठ आती है। लालटेन का जलते रहना विवेक और सत्य के जगते रहने का प्रतीक बन गया है। और सचमुच ही प्रतीक अनजाने ही बहुत सार्थक हो गया है। पर सारी संभावनाओं के बावजूद कविता जगत में अपनी पहचान पुख़्ता करने के लिए रेणु को बहुत साधने की ज़रूरत है क्योंकि भाषा का शैथिल्य उनकी काव्यगत मार्मिकता को रोकता है। सुगठित शिल्प

का न होना कविता के कसाव में व्याघात पैदा करता है तथा कविता का ज्यादा बोलना कई स्थलों पर कविता की ताकत को कम करता है। कविता के मार्मिक स्थलों की पहचान के प्रति सतर्क रहने के बावजदू रेणु में बिम्बों की रचना और उनके प्रयोग की कुशलता नहीं दीख़ती जिसके कारण वे अपने को लंबा ले जाते हैं। बावजदू इसके 'रोजनामचा' शृंखला की कविताओं सहित 'आतंक के विरुद्ध', 'वसंत', 'नज़ीर के लिए', 'मेरा गाँव' जैसी कविताएँ रेणु की संभावना का पता देती हैं और उनमें पल-बढ़ रहे सामाजिक सरोकार के एक पैरोकार की अनुभूति भी। समकालीन कविता के इस दौर में ये तीनों कवि अपने-अपने क्षेत्र में निश्चय ही एक लकदक दुनिया की ओर बढ़ रहे हैं जिसका निर्णय अभी समय को देना है।

समकालीन कविता पर एक नोट

समकालीन कविता अपने दौर की न उतनी चर्चित कविता है न विवादास्पद, जितना कि पूर्ववर्ती दशकों की कविताओं के साथ था। इसका कोई विशेष कारण खोजने जाने की जरूरत नहीं है। इसका स्पष्ट कारण यही है कि इस कविता ने नवें दशक की उस गुपचुप और निस्तेज स्थितियों को अपनी अभिव्यक्ति के लिए चुना जिसका बहुत बाद तक कोई प्रभाव लक्षित होता नहीं दिखाई दिया। इधर जिस तीव्रता से स्थितियाँ बदलती गई हैं, उन्हें हड़बड़ी से पकड़ने की धुन के कारण इस कविता के आचरण पर सरलीकरण और इत्मीनान जैसे मुहावरे को लागू किया गया।

कविता की भारतीय परम्परा बहुत लंबी है। उसने उतार-चढ़ाव के अनगिनत मोड़ देखे हैं। *तार-सप्तक* के प्रकाशन के बाद कविता का स्वरूप हिन्दी में जितनी तेजी से बदला वह बहुत दिलचस्प है। क्या ही सुखद संयोग है कि इसी वर्ष *तार सप्तक* के प्रकाशन का पचासवाँ वर्ष पूरा हुआ है। कविता की प्रयोगधर्मिता, निरन्तर सत्य का अन्वेषण और एक अलग ढंग से समय तथा समाज को देखने-दिखाने की उसकी कोशिश चाहे जितनी विवादस्पद रही, यह तो निर्विवाद ही है कि आगे की कविता ने उससे अपने विकास के बहुत से सूत्र लिये। भले ही कुछ आलोचकों ने इस धारा को पुष्ट करने में सफलता पा ली कि *तार सप्तक* प्रगतिवादी आंदोलन के प्रतिरोध का एक तरीका था, लेकिन सच्चाई यही है कि उसने हिन्दी कविता को समय की उस नब्ज़ से जोड़ने में मदद दी जो हमारी जनता के सरोकारों से जुड़ती है।

प्रयोगवाद और फिर नई कविता के निर्धारण के बाद कविता की ज़मीन का विस्तार हुआ। प्रतिमानों का निर्धारण भी सम्भव हुआ तथा इससे उसकी सीमाएँ भी स्पष्ट हुई। कहने की आवश्यकता नहीं है कि इन्हीं सीमाओं के कारण बाद की कविता में आंदोलनों की बाढ़ सी आ गई। देश की स्थितियाँ तब खुद भी इतनी संक्रमित थी कि आगे-पीछे सब कुछ निरर्थक सा लगने लगा था। सपनों के बनने और टूटने से प्रभावित हुआ सातवाँ दशक नए सिरे से सपने बनाने और जीने की प्रस्तावना लेकर आया। लेकिन वह भी नई कविता के उन प्रतिमानों की उपेक्षा न कर सका जो *तार सप्तक* के प्रकाशन से समाने आये थे। यह समय कविता की आलोचना के लिए भी महत्त्वपूर्ण था जब विजयदेव नारायण साही, अज्ञेय, लक्ष्मीकांत वर्मा और जगदीश गुप्त की स्थापनाओं से नामवर सिंह की भिड़ंत हुई और *कविता के नये प्रतिमान* संभव हुए। इसी दौरान नगेन्द्र की रसवादी दृष्टि के परखचे उड़े और बहुत सटीक

न सही, पर एक बेहतर काव्यालोचन सामने आया जिसके आलोक में हम आज समकालीन कविता पर बात करने तथा उसकी सीमाओं को खोज पाने में समर्थ हैं।

आठवें दशक की कविता खीझ और अकुलाहट से पैदा हुई। कांग्रेसी शासन के शरारतपूर्ण व्यवहार ने जनता और बुद्धिजीवियों दोनों को क्रुद्ध कर डाला। इसकी परिणति आपातकाल में हुई। जिसके बाद कविता के सरोकार में भारी फर्क आया। लेकिन यह सहज ही लक्षित किया जा सकता है कि इस दौरान कविता की स्थिति बहुत सुखद नहीं थी। यह अकारण नहीं है कि एक बड़े तबके ने कविता और उसकी भूमिका को संदेहास्पद बताया था तथा उसके बने रहने पर भी आपत्ति प्रकट की थी। बाद में स्थिति सुधरी। कवियों ने अपने सरोकार फैलाए, फिर भी यह कहना आपत्तिजनक नहीं लगना चाहिये कि इस पूरी प्रक्रिया में कविता का स्तर बहुत गिरा। मुक्तिबोध के निधन के बाद अज्ञेय, शमशेर, रघुवीर सहाय, नागार्जुन तथा केदारनाथ सिंह, श्रीकांत वर्मा आदि ही परिदृश्य पर दिखाई पड़ते रहे। कुछ अंतराल के बाद अशोक वाजपेयी का प्रवेश हुआ जिनके काव्य-सरोकार बिल्कुल अलग थे।

जब हम आठवें दशक की कविता पर विचार करते हैं तो यह हैरानी होती है कि उसमें ऐसा नया नहीं है जो पूर्ववर्ती कविता से उसे अलगा सके। उसमें बदलते हुए समय की अनुगूँजे तो हैं, पर बुनियादी रूप से जो फासला दिखाई दे, वैसा एकदम नहीं है। एक लिजलिजापन तथा कभी-कभी उद्वेग और उत्तेजना की इस कविता ने बाद की यानी कि नवें दशक की कविता को बहुत गहरे प्रभावित किया है। अरुण कमल, आलोक धन्वा जैसे कवियों के यहाँ प्राय: यह शिकायत नहीं रही है, लेकिन उन्होंने अपने समय की कविता को इस हद तक प्रभावित नहीं किया कि उसका ठंढापन जाता।

नवें दशक की कविता के बारे में जैसा आरंभ में कहा गया है, न वह चर्चित है न विवादास्पद। उस पर सिर्फ सरलीकरण और दुनिया-जहान से इत्मीनान के आरोप लगते रहे हैं। हमें उन आरोपों को गिनाने की जरूरत नहीं है, फिर भी उसके कुछ खास बिन्दुओं पर चर्चा करना ज़रूरी होगा। इस प्रक्रिया के तहत इस बात की उपेक्षा भी बेमानी होगी कि उसकी सार्थक भागीदारी को हम नकार दें। यह दौर कई मायनों में दिलचस्प है जिसमें एक आरोप उसमें *एक-सापन* का लगाया जाता है। एक कवि अपनी कविता के लिए जिस विषय का चुनाव करता है, वह विषय प्राय: आम हो जाता है और उस पर थोक के भाव कविताएँ लिख दी जाती हैं। यह कुछ हद तक सच है, लेकिन इतना लक्षित किया जा सकता है कि एक ही विषय पर लिखी जा रही कविताओं में दृष्टि और तर्क के अलग-अलग कोण हैं जो अमूमन अलगाए जा सकते हैं। पर यह सच लगता है कि किसी विषय-विशेष पर चर्चित कविता के बाद ही कवियों का ध्यान अचानक उस ओर आ पड़ता है। ऐसे अनेक विषय बड़े दिलचस्प हैं, मसलन-घर, लड़कियाँ, प्रेम, प्रतीक्षा और सम्बन्ध। कहीं-कहीं तो स्थिति इतनी मुश्किल हो जाती है कि इन कविताओं के बीच अंतर करना कठिन हो जाता है। इसका सीधा सम्बन्ध

भाषा और शिल्प से जुड़ता है। अधिकांश नये कवियों ने न तो अपनी शैली विकसित की है और न अपनी कविता के मुहावरे बनाये हैं। इन आरोपों की सच्चाई को कुछ उदाहरणों द्वारा परखा जा सकता है।

अधेड़ औरतें झूलती हैं/जैसे टँगी हो किसी तार पर
अधेड़ औरतें/बच्चों को बहुत प्यारी लगती हैं
उन्हें गोद में उठाकर/सैर करा लाती हैं

(प्रगति सक्सेना)

इस वक्त चाहता हूँ/कोई मुझसे करे सवाल
अब और नहीं दबा सकता/बेचैनी महसूस कर रहा हूँ

(मोहन राणा)

इन दोनों कविताओं के कथ्य में अंतर है, पर भाषा और कविता के शिल्प के स्तर पर भयानक समानता है। शब्द एक जैसे बैठे हैं। और दोनों में सूक्ति बन जाने वाली प्रगीतात्मकता का दबाव है। पहली कविता अधेड़ औरत की निरर्थक होती उपस्थिति का हवाला है तो दूसरी कविता अपने स्वगत में निरी उत्तेजना का बखान। यह तो एक सामान्य-सा उदाहरण है। समकालीन कविता में इसकी इतनी अधिकता है कि उसके भविष्य को लेकर कई सवाल उठ खड़े होते हैं। नामवर सिंह ने भी जब बिंब की जगह सपाटबयानी की प्रस्तावना की थी तो उस समय ऐसी स्थिति की कल्पना भी न की होगी। उन्हीं के शब्दों में—*कविता में बिंब वास्तविकता से साक्षात्कार का ही सूचक नहीं होता, प्राय: वह वास्तविकता से बचने का एक ढंग भी रहा है। काव्यभाषा के लिए भी बिंब-योजना हानिकर सिद्ध हुई है। इन कमजोरियों को दूर करने के लिए ही कविता में तथाकथित सपाटबयानी अपनाई जा रही है,* जिसमें फिलहाल काफी संभावनाएँ दिखाई देती हैं (कविता के नये प्रतिमान, पृ. 131)।

इस उद्धरण और दो कविताओं के उदाहरण से यह समझना कठिन नहीं है कि इस कथित सपाटबयानी में कितनी संभावना है या फिर यह जीवन की वास्तविकता से कितना निकट है। अब कथ्य के तहत कुछ कविताओं को देखें। कुछ समय पहले *लड़की* विषय को लेकर कविताओं की बाढ़-सी आ गई। कुछ पंक्तियों में कविता शुरू होकर अचानक जिस तरह पैंतरा बदलने लगती है, उससे विस्मय हो उठता है–

फिर नहीं बोल पातीं/मन की बातें/छोटे शहर की लड़कियाँ
भूचाल हैं/सपनों में/लावा गर्म बहता/गहरी सुरंगों वाला आसमान रोता है/
रोती हैं/तो बीच कमरे खड़े-खड़े/जाने किन कोनों
में दुबक जाती हैं/जहाँ उन्हें कोई नहीं पकड़ सकता।

(लाल्टू)

वह लड़की खुलेआम बात करते डरती है/
वह लड़की काँटों से डरती है/हिन्दुस्तान में रहकर वह लड़की
खिलखिला लेना चाहती है। (प्रमोद कौंसवाल)

दोनों कविताओं में अद्‌भुत समानता है—न केवल भाषा-शिल्प के स्तर पर बल्कि कथ्य के स्तर पर भी। दोनों ही जगह लड़कियों के जीवन की विडंबनाएँ चित्रित हैं, सिर्फ बीच के बिंब बदल गये हैं। एक कविता में वे बोल नहीं पातीं *मन की बातें* तो दूसरी में *खुलेआम बात करते डरती हैं।* यह अवसाद दोनों ही जगह अचानक एक सुखद आशा में बदल जाता है जब लाल्टू लिखते हैं—*एक दिन पौ सी फटेंगी/छोटे शहर की लड़कियाँ* और प्रमोद कौंसवाल लिखते हैं—*और फिलहाल वह/अपनी पसंदगी तय कर सकती हैं/हम कदम भी हो सकती है/वह लड़की* । पौ सी फटना और पसंदगी तय करना उसकी विडंबनापूर्ण जीवन में यकायक चमत्कार हो जाने जैसा है। शेष कविता में कुछ नहीं है। कविता में नारावाद का यह अत्यन्त खतरनाक रूपान्तरण है जिसे आलोचक कवि की दृष्टि की तारीफ करेंगे और यह निर्णय देते नहीं अघायेंगे कि इन कविताओं में अपने समय की तीखी सच्चाई को पकड़ने की कोशिश है और इनमें जनवादी पक्षधरता है। यह तो हुई समकालीन कविता में एक रोग की तरह फैली *सतही समानता* की समस्या पर टिप्पणी।

यह अकारण नहीं माना जा सकता कि कुँवर नारायण जैसे वरिष्ठ कवि ने इन्हीं प्रवृत्तियों की प्रतिक्रिया में कहा *कि इन दिनों कविता इतनी समीक्षा प्रेरित लिखी जा रही है कि जीवन से सीधे जुड़ाव का स्थान कहीं कथ्य और विषय का रूढ़िबद्ध पालन और भाषा का ठहराव न ले ले।* कुंवर नारायण की यह आपत्ति निराधार नहीं है। काव्यरूढ़ियों और सतही ध्यानाकर्षण से प्रेरित होकर कवियों ने कविता को एक तरह से उसकी क्रांतिकारी भूमिका से अलग कर दिया है।

कुछ आलोचकों को समकालीन कविता का संसार ही अवास्तविक प्रतीत होता है। लेकिन मैं ऐसा नहीं मानता। उसमें युगबोध का तीखा अहसास न भी हो तो भी उसमें अपने समय की बहुत सी उलझनें टँकी हैं। लेकिन उसकी समस्याएँ दूसरी हैं। ऐसी ही एक समस्या है *हैरत में डालने वाली* कला की। इसकी अधिकता इतनी है कि कविता में खोज की प्रक्रिया गायब सी हो गई है। रमेशचंद्र शाह जब कविता में *प्रश्नाकुलता* की माँग करते हैं तो उनका आशय यही होता है। अशोक वाजपेयी भी जिस *अपूर्व निर्धारित* की बात करते हैं, उसका सम्बन्ध भी इसी से जुड़ता है। लेकिन प्रश्न तो यह है कि कविता में जब जीवन के संघर्ष चित्रित होंगे, कवि अपने को गला-खपाकर उसमें से कुछ चाहेगा तब तो ऐसा सम्भव है। यह कविता ऐसा नहीं करती है यह कहना अधिकांश कवियों पर जायज ठहरता है।

> जिद्द एक बटन ही तो है/जो किसी काज़ में फिट नहीं होता
> ईश्वर के कोट से यह गिरा/बच्चे ने इसको घूरे से उठाया
> और बना डाला/दुनिया का पहला पहिया। (अनामिका)

नवें दशक की इस चर्चित कविता में जिद्द को इतना सर्वव्यापी बनाना, चाहे कविता के अर्थ विस्तार और उसके सरोकार को जितना विस्तृत करता हो, पर इसमें कविता की निहित संवेदना को क्षति से इन्कार नहीं किया जा सकता। और वैसे भी बच्चे की जिद्द में समूचे ब्रह्मांड

को समो देना भी क्या बारीकी है। यह तो मात्र एक उदाहरण है। समकालीन कविता के अधिकांश नवोदित और महत्त्वाकांक्षा के मारे हुए कवि इसी चमत्कार को करने में व्यस्त हैं, गोया वह कविता-जगत में कोई नया तूफान खड़ा करने वाले हैं। यह आश्चर्यजनक सच्चाई है कि जिस सातवें दशक की कविता पर टिप्पणी करते हुए विपिन कुमार ने ये कहा कि *नये कवि के सामने आज प्रश्न यही है कि क्या उल्टी मेज में ताजमहल देखा जा सकता है?* तो लगता है कि समकालीन कविता पर यह बहुत सटीक टिप्पणी है।

मलयज ने जिस *समय का विवेक* को कविता के लिए सबसे महत्त्वपूर्ण माना और जिस *आत्मसजगता* को कुँवर नारायण ने प्रस्तावित किया, वह प्रकारांतर से कविता में कवि की अपनी सुचिंतित दृष्टि की माँग थी। लेकिन आलम यह दिखाई देता है कि कविता को दर्शन की सीमा में धकेलकर समकालीन कवि विचार और वितर्क से च्युत हो गये हैं। इसका एक प्रबल कारण यह भी है कि उनके सामने न कोई सपना है और न कुछ पाने की उत्कंठा केवल सुगबुगाहट से गुजरते हुए वे मानो कविता से चिकोटी काटने का काम लेते हैं। भारतभूषण अग्रवाल पुरस्कार प्राप्त कविता *अयोध्या 91* को अगर देखा जाय तो लगेगा कि अनिल कुमार सिंह ने इस कविता में आत्मसजगता के नाम पर सूक्तिपरकता और तात्कालिकता से काम लिया है—

जिन्दगी की भागदौड़ है इस शहर में
तमाम अन्य शहरों की तरह ही
श्मशान नहीं हो पाते इलाके
सियारों के फेंकरने से
चालू राजनीति का गर्भपात नहीं है अयोध्या!

इन पंक्तियों से आप अंदाजा नहीं लगा सकते कि कवि का मंतव्य है क्या। सभी शहरों की तरह ही अयोध्या भी है। *सियारों* यानी सांप्रदायिक खेल के खिलाड़ियों के चीखने से वह वीरान नहीं बन सकेगा। फिर अचानक यह कि *चालू राजनीति का गर्भपात नहीं है अयोध्या* कहकर कवि ने बहुत क्षुद्र तर्क गढ़ लिया है। तर्क तो बेतुका है ही, ऊपर की पंक्तियों से कहीं उसका तालमेल भी नहीं बनता। गर्भधारण हो तब तो गर्भपात। या कि सारे शहर चालू राजनीति के गर्भपात हैं और अयोध्या इससे बरी है। युगबोध का यह बहुत सस्ता-सा जुमला है, जिससे समकालीन कविता की संवेदनात्मक दिवालिएपन का बोध होता है।

अज्ञेय ने जब कविता को *अभिव्यक्ति* से अधिक *संप्रेषण* माना था तो इसका आशय यही था कि कविता पाठकों की पहुँच के बाहर न जाय, कवियों को इसका यत्न करना चाहिये। कविता के नाम पर अन्वितिहीन पदावलियों और मनगढ़न्त तर्कों का सहारा लेकर कवियों ने जनता के बीच उसे अस्वीकृत कर दिया है। कविता का यह दौर इसलिए ज्यादा बदनाम है कि उसने इस अकवितावादी बोध से मुक्ति पाने की कोशिश नहीं की।

समकालीन कविता की एक प्रबल कमजोरी है, उसमें आंतरिक लयात्मकता का अभाव।

कविता की स्फीति में शब्दों का ऐसा संयोजन कि जिसमें पंक्तियाँ एक दूसरी से अन्तर्गुंथित हों और कविता तीर की भाँति अपने लक्ष्य की ओर बढ़ती जाय। अज्ञेय, मुक्तिबोध, शमशेर, केदारनाथ सिंह और अशोक वाजपेयी की कविताएँ देखें तो मालूम होगा कि यहाँ के गद्य में अन्तवर्ती लय का प्रयोग है। जिस तरह आज सपाट और संवेदनहीन कविताओं का चलन जोर पकड़ रहा है, उससे कविता के सौंदर्य और उसके रूप दोनों को लेकर गंभीर खतरे की संभावना बढ़ गई है। अंर्स्ट फिशर ने कविता के रूप और अंतर्वस्तु पर विचार करते हुए लिखा था—*नवीनता, द्वन्द्वात्मकता में कविता के अंदर शब्दों की अंत:क्रिया में और इस तथ्य में होती है कि प्रत्येक शब्द न केवल एक अंतर्वस्तु का संप्रेषण करता है बल्कि अपने-आप में भी एक अंतर्वस्तु होता है। इस प्रकार वह मानो स्वायत्त यथार्थ बन जाता है* (कला की जरूरत, पृष्ठ 181)।

समकालीन कविता अपनी इसी प्रवृत्ति के कारण *कविता न होने* की शिकायतें झेलती है। इसका ख़ास कारण यही है कि तत्काल प्रचार और यश कमाने के चक्कर में कवियों ने प्रयोग तथा परंपरा का वह सूत्र छोड़ रखा है जिसकी बुनियादी धारणा में ही कविता की इस समस्या का समाधान दिखाई देता है। इसे कुछ उदाहरणों से समझा जा सकता है। उद्धरित किए जा रहे कवि सर्वथा नये हैं।

झूठ के चमकीले/आवरण से रहित
नंगा लहुलूहान सच/यदि तुम पा भी गये
तो उसका सामना करने वाला/पौरुष हरिश्चन्द्र (शिप्रा दीक्षित)
तुम कहाँ पाओगे?

संबंधों का/यह गणित
समझ नहीं/आता कि
जो तुम/चाहते हो
वही होने पर/फिर उससे
तुम विरत/क्यों हो जाते हो? (रेखा व्यास)

मैं नहीं समझता कि इन कविताओं को देखने के बाद कुछ कहने की जरूरत रह जाती है। इन सपाट-सी कविताओं को अगर गद्य में लिख दिया जाय तो क्या कोई इन्हें कविता कहेगा? दोनों ही कविताओं में भ्रम में डालने वाले बयान हैं और एक बैडौल आत्मालाप है। कविता लिखने की इस जल्दबाजी को भी हमारे संपादक बहुत आसानी से बेहतर कविता होने का प्रमाण दे देते हैं। आप हैरत में पड़ सकते हैं कि ये दोनों कथित कविताएँ समूचे देश के प्रतिनिधित्व का दावा करने वाली *समकालीन भारतीय साहित्य* पत्रिका के अंक 46 में प्रकाशित हैं। इस हालत को देखकर लगता है कि 'कविता के सौंदर्यशास्त्र' की कितनी आवश्यकता है और एक सीमा तक प्रौढ़ विवेक की मांग की भी। भाषा, शिल्प और भाव

की लापरवाही से भला कविता होती भी है या नहीं, यह कम उत्तेजक प्रश्न नहीं है।

समकालीन कविता को लेकर इसी तरह परिवेश और ईमानदारी के सवाल भी उठाये जाते हैं। यह सवाल हर युग की रचना के लिए उतना ही प्रासंगिक है जितना कि आज। लेकिन दु:खद सत्य यही है कि कुछ कवियों को छोड़ दिया जाय तो आज जो स्थिति है उसमें इस सवाल का उत्तर मिलता नज़र नहीं आयेगा। इसका खास कारण यही है कि जीवन-व्यवहार और समाज व्यवहार के अनुभव को जिस तरह पचा-पगाकर व्यक्त करने की जरूरत थी, वैसा हुआ नहीं। *कविता के नये प्रतिमान* में जब नामवर सिंह *जाने हुए का पहचाना हो जाना* कहते हैं तो उसका संदर्भ यहीं से जुड़ता है। आगे वे इसी को स्पष्ट करते हुए तथ्य का संदर्भ अर्थ से आलोकित हो जाना कहते हैं। अधिकतर कवियों के साथ यह दिक्कत है तो इसीलिए कि वे कविता को जीना नहीं चाहते। जब तक जीवन में कविता नहीं होगी, तब तक कविता में भला जीवन कहाँ से आयेगा। इसका उदाहरण एक अत्यंत चर्चित कविता *प्रेमपत्र* से, जिस पर एक प्रतिष्ठित कविता पुरस्कार भी मिला। कविता है :

> प्रलय के दिनों में/सप्तर्षि मछली और मनु
> सब वेद बचायेंगे/कोई नहीं बचायेगा प्रेम पत्र। कोई रोम बचायेगा/कोई मदीना
> कोई चाँदी बचायेगा/कोई सोना
> मैं निपट अकेला/कैसे बचाऊँगा तुम्हारा प्रेमपत्र। (बद्रीनारायण)

कवि की समूची आकुलता का केन्द्र है प्रेम पत्र। एक निपट नितांत रोमैंटिक संस्कार का प्रेम पत्र। जब प्रलय होगा, तब सब कोई अपने-अपने लक्ष्य को बचाने का प्रयत्न करेगा। पर निपट अकेला कवि प्रेम पत्र बचा कैसे पायेगा। भावुकता और उत्तेजना का ऐसा दिलचस्प समारोह और कहाँ मिलेगा। प्रेमपत्र भी न बचा पाने की आशंका से आप दयावान भले हो जायें, कवि के इस पुरुषार्थ पर गर्व नहीं कर सकते। कविता से प्रेमिका एकदम गायब है। अगर वह इसमें शरीक होती तो संभावना बन सकती थी कि कवि अपने निपट अकेलेपन से बच जाता। फिर हम कवि की ईमानदारी पर ही क्यों न सवाल उठावें कि यह कथन और *प्रेमपत्र* बचाने की प्रक्रिया में उसकी बेचैनी एकल स्वगत है? यह अत्यंत खेदजनक है कि इस कविता में निहित रोमैंटिक संस्कारों का न तो जायज़ा लिया गया और न उस पर टिप्पणी की गई। इसका परिणाम यह हुआ है कि समकालीन कविता अपनी प्रकृति में इतनी विशृंखल हो गई है कि उससे एक स्वस्थ बोध की माँग करना भी अराजक हो गया है।

परंपरा, इतिहास बोध और संस्कृति से कटा हुआ कविता-जगत कल समय से बाहर होता हुआ दिखाई दे तो आश्चर्य नहीं होना चाहिए। परंपरा के जीवंत मूल्य और सांस्कृतिक उपादानों की नैतिक छवियाँ सातवें दशक से ही गायब हुईं। इतिहास को मापना उसने तो बहुत पहले ही छोड़ दिया था। यह इसलिए भी हुआ कि हमारे कवियों में वैयक्तिकता का बोध भी धीरे-धीरे गायब होता गया है। जब तक व्यक्तिता का बोध अपने भीतर सजगता से नहीं उठेगा तब तक आत्मालोचन की प्रक्रिया चल ही नहीं सकती। इलियट ने इसीलिए कहा था—

परंपरा की जीवंत उपलब्धियों का सृजनात्मक उपयोग तभी संभव है जब सजग वैयक्तिक बोध की आवश्यक शर्त को हम स्वीकार करें।

एक तरह से इन्हीं स्थितियों से दो-चार हमारे समकालीन कवि अगर कविता में संवेदना और जातीय अस्मिता के बोध से कटते जा रहे हैं तो इसका निदान क्या हो। इतना ही नहीं, इन कवियों में विसंगत जीवन का वह बोध भी उस संजीदगी से नहीं है जिसने जीवन और उसके व्यवहार को नितांत कटु बना दिया है। कितना विचित्र लगता है कि यह बोध भी उन विरले लोगों की कविता में मिलता है जो अत्यंत थोड़े हैं और यह कविता का संसार इतना व्यापक है। एक छोटा-सा उदाहरण—रिश्तों के बदलते स्वरूप पर बहुत-सी कविताएँ लिखी गई हैं, पर उससे पैदा हुई विडंबना और नैतिक सवालों पर विचार करने की जरूरत महसूस नहीं की जाती।

अभी तक हमने समकालीन हिन्दी कविता के परिदृश्य पर फैली कुछ समस्याओं का जिक्र किया। ये समस्याएँ और भी हो सकती हैं। इन पर लगातार विचार करना भी संभव है और इन्हें टाला जाना भी। पर हिंदी कविता के कथित आलोचकों की तरह हर हाल और हर सूरत में केवल अच्छाइयाँ नहीं खोजी जा सकतीं। समय के बदलने के साथ जिस तरह जीवन प्रक्रिया की गति तेज हुई है, उसके बरक्स यह अपेक्षा कोई ज्यादती नहीं है कि कविता की सर्जन प्रक्रिया में भी तेजी आये। केवल उत्तेजन संवेदनों से कविता की पहचान सुरक्षित नहीं होती। विचार और वितर्क में अपने समय को भविष्य के तहत देखने और लगातार अनुभव-विस्तार से ही यह संभव है कि कविता का आधार मजबूत हो। अब हमारे सामने वह कविता है, जो नवें दशक की कविता का प्रतिनिधित्व कर रही है। इनकी विशेषताओं को रेखांकित करते हुए हम यह प्रयास करेंगे कि उनकी कमजोरियों को भी दिखा सकें।

भाषा के स्तर पर सतर्क और कविता को उसकी आंतरिकता में पकड़ने की कला में सिद्ध कुमार अंबुज की कविताएँ जीवन यथार्थ से सीधा साक्षात्कार कराती हैं। उनकी कविता के मुहावरे अपने हैं तथा शैली भी उन्होंने खोज ली है। अपने समय की भायवहता में उनकी आत्मसजगता रूढ़ होते जीवन की स्थिति पर टिप्पणी है। संकट से दो-चार होने और बदले में पाये गए वरदान रूपी शाप से कवि निरंतर आक्रांत है। फिर भी साहस यह कि वह अतुकांत जीवन की तुकें खोजना चाहता है—

मेरे पास शेष थी सिर्फ
दो स्वप्नों के बीच की अनिद्रा
जहाँ कुछ वरदान थे मेरे पास
शाप की तरह पीछा करते हुए
कुल मिलाकर एक अतुकांत जीवन था
जिसकी तुकें ढूँढ़नी थीं।

एक छोटी-सी कविता में बिंबों की गत्यात्मकता देखते बनती है दो स्वप्नों के बीच

की अनिद्रा आज के समय में मनुष्य की असमंजस में पड़ी मन:स्थिति का चित्रण करता है। जीवन की वास्तविकता से कवि का साक्षात्कार बहुत गहरा है।

कुमार अंबुज की कविता में नवें दशक की कविता में उस व्याधि से बचाव की सफल कोशिश दिखाई देती है जो आमतौर पर पैली है, जिसकी चर्चा की जा चुकी है। पीछे हमने परंपरा, इतिहास और संस्कृति से विच्छिन्नता की चर्चा की है। कुमार अंबुज की केवल एक और कविता के जरिए हम यह बताना चाहेंगे कि एक ही कविता के तहत कवि ने इसे साधा है और *किवाड़* के माध्यम से पारंपरिक घर की पूरी स्थिति व्यक्त कर दी है। *किवाड़* की यह बहुचर्चित पंक्तियाँ—

ये सिर्फ किवाड़ नहीं हैं/जब ये हिलते हैं/माँ हिल जाती है
और जौकस आँखों से/देखती है क्या हुआ?
मोटी साँकल की चार कड़ियों में/एक पूरी उमर और स्मृतियाँ
बंधी हुई हैं/जब साँकल बजती है/बहुत कुछ बज जाता है घर में
ये पुराने हैं/लेकिन कमजोर नहीं
जब ये नहीं होंगे/घर/घर नहीं रहेगा।

इस एक ही कविता में अंबुज ने जिस तरह शब्दों को साधा है, वह दिलचस्प है। *किवाड़* घर का पर्दा है। उसका हिलना किसी के आगमन या किसी विपदा का सूचक है। परंपरा का ऐसा संश्लिष्ट प्रयोग कि जिससे यथार्थ अपनी विराटता में प्रकट हो, इस कविता को महत्त्वपूर्ण बनाता है। स्पष्ट है कि यह कविता मनुष्य को उसकी पूरी संवेदना सहित हिला डालती है।

वस्तुत: नवें दशक की कविता में अपनी खास जगह बनाने वाले अंबुज ने अपने विचार और विवेचन को कविता के गहरे भावबोध से जोड़ा है। लेकिन यह रेखांकित करने की बात है कि अंबुज में संभावना और संघर्ष की उस प्रक्रिया का अभाव खटकता है जिसे कविता-आलोचना की भाषा में *सृजनात्मक-आवेग* कहते हैं।

विमल कुमार ने नवें दशक की कविता को व्यंग्य और विडम्बना के बोध के कारण प्रभावित किया। मनुष्य और उसकी स्वतंत्रता, अधिकार तथा अपने यथार्थ को नितांत गहरे पकड़ने वाले विमल भाषिक लाक्षणिकता के कारण भी महत्त्वपूर्ण हैं—

जब मैंने देखा झल्लाने पर
आप देख रहे हैं सिर्फ टुकुर-टुकुर हमारा मुँह
आप मुझे प्यारे लगे
और मन किया कि आपको चूमूँ
पर यह सोच
आ गये आंखों में आँसू
आपको एक दिन खा जायेगा भेड़िया।

गौर करने की बात यह है कि समकालीन कविता जिस सहजता और सतहीपने के लिए बदनाम हो रही है, विमल ने उसी सहज संरचना में इस कविता को बुना है जिसमें सहजता है और उसकी आंतरिक निर्मित में व्यंग्य तथा विडंबना के परस्पर घुलाव, भाषा की लाक्षणिकता के कारण कविता की संवेदना सघन हो गई है। संकट से अबोध मनुष्यता के संघर्ष की विडंबना को जिस बारीकी से विमल उद्‌घाटित करते हैं, वह इस दशक की कविता का एक अहम पक्ष है। इस स्तर पर वे कहीं धूमिल तथा कहीं रघुवीर सहाय की परंपरा से जुड़ते हैं। उनकी हाल की कविताओं में जो एक भावुक और सस्ता सा समाधान दिखाई पड़ने लगा है, उससे यह खतरा बढ़ गया है कि क्या अब वे भी नवें दशक की कविता की उस अंधी दौड़ में तो शामिल नहीं हो रहे हैं जहाँ रोमानी भावुकता का बाजार गर्म है।

नवल शुक्ल का कविता-संसार महानगरीय त्रासदी से जितना आक्रांत है, उतना ही गांव की मिट्टी से संपृक्त भी। आक्रोश और बेचैनी भी उनकी कविताओं में हैं। यहाँ स्मृतियों की गहरी पकड़ है और मानवीय संबंधों की तह तक जाने की कोशिश भी। एक कविता—

मैं अपने पिता/और उनके पिता के बारे में
जानने के बाद/अपने बारे में सोचता हूँ
और ठहर जाता हूँ

यहां तीन पीढ़ियों को एक साथ उपस्थित कर नवल ने समय और जीवन की जटिलता को ढोते परिवार की त्रासदी व्यक्त की है। सरोकार में शामिल कवि की यह अंतर्दृष्टि यथार्थ के बारीक पर्यवेक्षण का नमूना है। सांप्रदायिक उन्माद के इस दौर में ईश्वरत्व और सामाजिकता के अंत:सबंधों की अगर खोज में दिलचस्पी हो तो नवल की इस कविता को देखना चाहिये, जहाँ लोक और शास्त्र दोनों को गुपचुप चुनौती देते हुए कवि ने युगबोध की संजीदगी को महसूस किया है —

किसी भी लड़ाई में/ईश्वर कभी नहीं मारा गया
उसके पास थे सबसे अधिक अस्त्र-शस्त्र और ईश्वरत्व

देवीप्रसाद मिश्र की कविताएँ अपने समय की सुधियों से बनी हैं। इसलिए उनके यहां जीवन की अत्यंत घनी संवदेनाओं के टाँक हैं। *मेहरारू* शीर्षक से लिखी उनकी कविता इसीलिए यादगार कविता है कि उसमें बहुत संयत ढंग से रूढ़ समाज-व्यवस्था का तिरस्कार है—

इस तरह हंसों की सीमित तरह से
बिना अधिक हँसे बिना अधिक बोले
बिना निगाहों को सीधा मिलाए
तुम हो
यह परदा हिलाकर बता दो।

जिसे कविता में *विसंगति बोध* कहा जाता है। यह कविता उसी का बेहतर उदारण है।

औरत होना अपने आप में निर्जीव वस्तु होने जैसा है जो जरूरत पड़ने पर संकेत में अपने होने के बोध को साबित करे। व्यंग्य, कटाक्ष और तिरस्कार की यह प्रवृत्ति देवी प्रसाद की सजग काव्यदृष्टि के कारण है। उनकी कविता में विचार का दायरा बड़ा होता है जहाँ निरंतर एक संघर्ष के तहत उसका विस्तार होता जाता है।

मैं कमीज पहनता हूँ तो जैसे/कवच पहनता हूँ
मैं घर से निकलता हूँ तो जैसे/युद्ध के लिए

यह दौर अपने दहशत से इतना आक्रांत करता रहा है कि मनुष्य की सारी संवेदना कुंद होती गई है। इस समाज-व्यवस्था में भारतीय लड़की का सब कुछ सपने ही होते हैं—यूँ ही घटित होते पल की तरह। गगन गिल का आगमन हिंदी कविता के समकालीन दौर के लिए इस स्तर पर एक उपलब्धि रहा कि उन्होंने कविता में जिस यथार्थ को चित्रित किया वह सर्वथा नया था। नारी यातना, घुटन, बेबसी और अनाचार की ऐसा कारूणिक चित्र आठवें दशक और उसके पहले की कविता में भी शायद ही मिले—

वह उसे चाहेगी/पाप की तरह/पुण्य की तरह
और अपनी देह में लौट जायेगी/गुम चोट की तरह

गगन के यहाँ बाद में जो लगातार दोहराव मिलता गया, उससे एक बात बहुत सफाई से प्रकट हुई। वह यह कि जीवन को उसके विविध स्वरूप में न जाँचने का यही परिणाम होता है कि व्यक्ति निरंतर एक समान ध्रुव पर चक्कर काटता चला जाता है।

बद्रीनारायण, बोधिसत्व, हरिश्चन्द्र पाण्डेय आदि कवियों ने अपनी कविताओं में नये भावबोधों को अपने-अपने ढंग से पकड़ा। लेकिन कविता में चमत्कार और आकस्मिक रूप से विस्मय पैदा करने की स्थिति से वे अपने को मुक्त करने में सफल होते नहीं दिखते। बद्रीनारायण का जिक्र पहले किया जा चुका है। फिर भी उनके दूसरे स्तर पर बात करें तो पायेंगे कि उनके यहाँ भोजपुरी शब्दों में सूक्तिपरकता का जोर ज्यादा है—

दुलारी धिया/दिन भर धान उसीनने की हड़िया बन
चौमुँहे चूल्हे पर धिकोगी/अकेले में कहीं छुपके
मैके की याद में दो-चार धार फोड़ोगी।
सास-सुसर के पाँव धो पीना। दुलारी धिया

बोधिसत्व कविता में विचार लेकर आते हैं। एक तर्क युक्ति में रचा-बसा कविता-जगत नए जीवन-बोध की प्रस्तावना करता है। इस दृष्टि से इस दौर में बोधिसत्व का आगमन कविता में नयी ताजगी का सूचक है। पर वे भी चमत्कार से अपने को बचाते नहीं लगते :

धूल में सनी/कभी धूप में चमकती
यदि मिले वह अचानक/अचंभे में डालती हुई
उसे मत समझ लेना लावारिस

संजय चतुर्वेदी ब्योरों में विडंबना के तार जोड़नेवाले ऐसे कवि हैं जहाँ व्यंग्य का नितांत

तीखा स्वरूप मिलता है। एक सीमा तक इनकी भाषा और शैली पर विष्णु खरे की कविताओं का सीधा असर है और वे विमल कुमार की सरहद में दाखिल होते भी दिखाई देते हैं। लेकिन व्यंग्य का सृजनशील उपयोग वे बखूबी करते हैं—

संसार में अजीबोगरीब चीजों के प्रमाण उपलब्ध हैं
जैसे अयोध्या का इस्लाम से संबंध होना
*   *   *
एक बात और जो दिलचस्प हो सकती है
ऋग्वेद में एक जगह संजय चतुर्वेदी का उल्लेख मिलता है।

इस दौर की कविता में एकांत श्रीवास्तव और निलय उपाध्याय का होना अपने-आप में एक सुखद सच से कम नहीं है। दोनों ने ही कविता में अपनी सार्थक उपस्थिति दर्ज की है। एकांत रोजमर्रा के जीवन को जिस बारीकी से पकड़ते हैं वह सर्वथा जीवन-यथार्थ के समग्र बोध का परिचायक होता है। इस हड़बड़ी वाले दौर में बदलते हुए समय को उसकी जटिलता में पकड़ना उनकी खास खूबी है। एकांत का कविता-जगत दुविधा और तनाव के बीच बहुत मासूमियत से जीने की राह निकालने की कविता का जगत है—

फूलों की आत्मा में बसी खुशबू की तरह
जीना है अभी बहुत-बहुत बरस
पानी की आँखों में पूरब का सपना बनकर
उगना है अभी बहुत-बहुत बरस।

इसी तरह निलय उपाध्याय की कविताओं में अपने वक्त की अनुगूँज को बहुत शिद्दत से महसूस किया जा सकता है। परंपरा और अपनी लोक संस्कृति से प्रेम का यह कवि जीवंत शब्दों में सहज तथा मर्मबेधी कविताओं की सर्जना करता है। व्यंग्य, वक्रता, विडंबना, त्रासदी और तीव्र संवेदना का यह कवि लोक प्रचलित मुहावरे में कविता की आंतरिक, लयात्मकता का कायल है।

मक्खन की डली
गोभी के फूल सी मेरी बेटी
भीतर कभी आग लगे तूफान के झोंके आएं
तो मेरी बात जरूर याद रखना
कि अच्छा नहीं होता
औरत के मुँह में दाँत होना।

निलय इस मायने में परिवार के भी कवि हैं कि उनके यहाँ पारिवारिक जवाबदेहियों का ऐसा बोध है जो अपनी अभिव्यक्ति में हमें एक ही साथ परिवार-व्यवस्था के साथ-साथ इस तंत्र के खिलाफ भी खड़ा कर देता है—

कल/चुप हो गये पिता
गंगा में डुबकी मारकर
कि जहां बाप डूबता है
बेटा तैरना सीखता है।

इसके अतिरिक्त भी समकालीन हिंदी कविता में अन्य बहुत से कवि हैं, जिनकी कविता में काफी संभावनाएँ निहित हैं। इस क्रम में हेमंत कुकरेती, कृष्णमोहन झा, महेश आलोक और पंकज चतुर्वेदी का नाम उल्लेखनीय है। इन कवियों के यहाँ कविता की भाषा, उसके शिल्प और उसके विविध भावरूपों पर बहुत तरह के प्रयोग लक्षित किए जा सकते हैं।

हेमंत कुकरेती के रोजमर्रा के अनुभव शब्दों में ऐसे टँकते चलते हैं मानो वहाँ जीवन के भविष्य की कोई राह खोजे जाने की तीव्र आकांक्षा है—

अपना मौसम
समाप्त होने का एक ही रास्ता है
शक की उम्मीद है इसमें
जिन्दा होना मुश्किल है
जन्म लेना आसान

कृष्णमोहन झा की कविताएँ गहरे भावबोध से तादत्म्य की कविताएँ हैं जहाँ सादगी में जीवन के अनुभव अपनी तीव्र संवेदना के साथ व्यक्त होते हैं। पीछे हम जिस *प्रश्नाकुलता* और *खोज* की चर्चा कर आये हैं, कृष्णमोहन की कविताएँ उसका बहुत वाजिब उदाहरण हैं। ईश्वर से प्रार्थना नहीं बल्कि अनुरोध करता हुआ कवि देखिए किस तरह पुनर्जन्म को भी चाहता है, क्योंकि अपने नष्ट होने के खिलाफ उसे यह भी मंजूर है—

कहीं न कहीं यह मानते हुए
कि पुनर्जन्म की बात सिर्फ एक उम्मीद है
हमेशा के लिए नष्ट हो जाने के खिलाफ
मैं फिर भी करता हूँ इसकी कामना
देना
यदि संभव है पुनर्जन्म
यदि तुम संभव हो।

महेश आलोक की कविताएँ वाचाल अधिक हैं, संवेदनात्मक कम। संभव है, ये कविताएँ कालांतर में अपनी जगह सुरक्षित करायें। पर समकालीन कविता के इस दौर में ये कविताएँ जितनी शाब्दिक क्रीड़ा लग सकती हैं, उतनी आनुभूतिक नहीं। ये कविताएँ भाषा के चालू मुहावरों से अलग हैं और यहाँ बिंबों की भी सघनता है। लेकिन उद्वेग और उत्तेजना की अधिकता के कारण ये कविताएँ अनुभव और संप्रेषणीयता दोनों के लिए चुनौती हैं। वक्त बताएगा कि ये इस चुनौती का जवाब देती हैं या अपने आतंक से ही अपदस्थ हो जाती हैं—

सिक्का कविता की ये पंक्तियाँ—

मैंने उसे सड़क पर देखा
उसकी साँस पर लगातार हमला कर रही थी आदमी की ताजा गंध
और वह परेशान था
*　　　*　　　*
मैं अभी कुछ सोच ही रहा था कि
ट्रक और बस और तिपहियों का रेला गुजर गया
उसके भीतर से
मैं सड़क की ईर्ष्या और चालाकी भाँप गया था
और चकित था कि पृथ्वी
इस खेल में शामिल है।

पंकज चतुर्वेदी का प्रवेश हिन्दी कविता में अभी तत्काल ही हुआ है। लेकिन उनकी कविताओं में एक चमक लक्षित की जा सकती है। भाषा की त्वरा में एक संगीत सी लय के बीच कवि को मिलन और बिछोह की याद ज्यादा सताती है। अपने से संवाद करते समय कवि की पंक्तियों में रोमानी भावुकता का लेश यद्यपि है, पर इस बात से इन्कार करना संभव नहीं कि उसमें संभावनाएँ हैं और कविता को गहराई से तलाशने की खोजी दृष्टि भी—

एक मीठे स्वीकार से अनुप्राणित
उस मिलन के बाद
यह छूँछा विछोह
यह सूनी-सूनी सी
निष्फल होती सी लगती
असंगत सी बेचैनी
अनधिकृत सी प्रतीक्षा लगता है कि जैसे मैं तुम्हारे घर आया हूँ
और तुम—
दरवाज़े को खुला छोड़कर
न जाने कहां चली गई हो!

इस तरह हम देखते हैं कि नवें दशक की कविता में जहाँ बहुत सी समस्याएँ हैं, वहीं कुछ कवियों में इसकी संभावाएँ भी निहित हैं। कविता के परिदृश्य पर जो अधिकांश कवियों का निरर्थक सा घेरा व्याप्त है, उसे तोड़ने की जरूरत है। फिर भी यह संतोष के साथ कहा जा सकता है कि नवें दशक की हिंदी कविता पूर्ववर्ती दशकों की कविता के मुकाबले चाहे उत्कृष्ट न हो, पर अपनी विविधवर्णिता में वह ज्यादा सफल है और इस स्तर पर वह संतोष दे सकती है।

अनुभव में पगा भारतीय समाज

'अनुभव की अद्वितीयता और अर्थ की साधरणता—प्रतिभा के ये दो इष्ट हैं, या कहा जाये कि इन दो ध्येयों का योग ही उसका इष्ट है। जिस प्रक्रिया से यह योग सिद्ध होता है, वही रचना प्रक्रिया है।'

—अज्ञेय

अज्ञेय की उपर्युक्त पंक्तियाँ प्रतिभा और रचना प्रक्रिया को स्पष्ट करने के लिये निर्विवाद रूप से उपयुक्त हैं। और बतौर उदाहरण जिस कवि को यहाँ रखना ज़्यादा समीचीन है, वे हरभजन सिंह हो सकते हैं। पंजाबी कविता के इस शिखर कवि ने न केवल पंजाबी कविता को मानक स्वरूप दिया वरन् भारतीय कविता को एक अलग क़िस्म का मिज़ाज़ दिया। उनकी कविता अपने सही स्वरूप में बहुत सहज और गंभीर भावों का वहन करती है। अपनी धरती, हवा और तमाम डूबते-उतराते जीवन के परिदृश्य उनकी कविताओं में साक्षात् दिखाई देते हैं। हरभजन की यही खूबी उन्हें भारतीय कविता की परंपरा से जोड़ती है तथा आगत वक़्त की धड़कनों से। उनकी ग्यारहवीं कविता पुस्तक 'चौथे की प्रतीक्षा' में हरभजन की यही प्रौढ़ विवेक की छवि दिखाई देती है और जिसमें वे बार-बार स्मृतियों में लौट-लौटकर आज की स्वध्वंसी संस्कृति से क्षुब्ध होते हैं तथा रिश्तों के माध्यम से उससे निज़ात पाने का उपक्रम करते हैं। औरों की तरह माँ उनके लिए सिर्फ़ करुणा की प्रतिमूर्ति ही नहीं, एक उम्मीद भी है जो अजन्मे में भी एक आस सँजोये है कि वह जग के दुःख का निवारक होगा—

> माँ प्रतीक्षा में है/उनके लिये/जो अभी नहीं जन्मे
> देशहीन कालहीन सर्वथा अयोग्य/आशा है कभी उनमें से ही
> कोई एक/करेगा जग का दुःख

हरभजन के इसी संग्रह में एक कविता है—'दीवार'। यह बहुअर्थी और बड़े कैनवास की कविता है। कविता अपने तेवर में हर दीवार को गिरा देने के पक्ष में है, पर चुपके-चुपके। अपने भाव वह पाठक के जेहन में उतारती है और धीरे-धीरे दीवार की सुराखें आँखों में तैरती जाती हैं! कविता अपने मिज़ाज़ में सहज है, पर एक-एक कर खुलती जाकर वह अपने में अर्थ का एक विशाल फ़लक तैयार करती है—

> आज फिर सूरज के साथ-साथ/एक दीवार उदय हुई है
> उभरती जायेगी/ऊँची और ऊँची दोपहर तक
> सूरज ढल जायेगा/अस्त हो जायेगा
> दीवार नहीं ढलेगी/अस्त नहीं होगी
> कहीं कोई दीवार उभर रही है/चुपचाप, अचेत, अदृश्य

हरभजन सिंह की कविताएँ शोर नहीं करतीं और न ही उनमें बड़बोलापन है। उनकी खूबी बस इसी में है कि चुपके से वे संवेदना पर चोट करती हैं और आप तुनक पड़ते हैं। हम बहुत कुछ ऐसा करते हैं जिसके लिये लगातार संकोच होता रहता है। फिर भी हमें छुप-छुपकर कर लेना आता है—छुपकर, झिझककर और लगभग शर्माते हुए। मन में उत्साह होते हुए भी हम क्यों नहीं उसे सार्वजनिक करते हैं? व्यवहार और विचार की इसी खतरनाक दुरभिसंधि को हरभजन ने ऐसे कह डाला है—

मैं कैसे हो जाऊँ नंगा निश्शंक निरोल तुम्हारे लिये
कैसे उदय हो सकेगी तू भी निस्संकोच मेरे लिये
एक दूसरे के लिए बने हम
एक दूसरे से छिपते-झिझकते हैं
क्योंकि कोई देख रहा है

हरभजन सिंह की कविताओं में हिन्दी कवियों की तरह परंपरा न दिखावे की वस्तु है और न रस्मअदायगी की। बल्कि उनकी कविताओं की खुराक है, जहाँ से वे जीवन लेती हैं और पूरी ताक़त से बेपनाह फैले तमाशे को चिन्दी-चिन्दी बिखेर देती हैं—

दरिया मर रहा है/आँखों का पानी उतर रहा है
आँखों के नीचे दल-दल दिखाई देने लगी है
जिसमें न तैर सकते हैं/न डूब

गुरु नानक के पदों में दरिया न केवल नदी है, बल्कि वह साधु-समाज का मित्र भी है। उसकी मृत्यु हो रही है, मतलब साधु भी अब अंतिम दौर में हैं जिसके समानांतर लोगों की आँखों से शर्म उतर रही है। यही है 'अनुभव की अद्वितीयता और अर्थ की साधारणता' जिसे अज्ञेय ने बार-बार प्रश्न की तरह उठाया पर ज़्यादातर इसके विपरीत ही पाया। बहुधा कवियों को यह भ्रम रहता है कि भारी-भरकम शब्दों और बे सिर-पैर के बिम्बों में वे कुछ भी कह जायेंगे—वाहवाही मिल जायेगी, पर सुखद यही है कि एक सीमा के बाद उनकी ख़बर तक नहीं होती। हिन्दी कविता में यह रोग बहुत पुराना है। नयी कविता आन्दोलन के बाद पैदा हुए बहुत से दुरान्दोलन इसी बल पर हो-हल्ला करते रहे हैं।

बहरहाल, हरभजन में सामयिक प्रश्नों से टकराने और उससे दो-चार होने की प्रवृत्ति बहुत मिलती है। पर उनकी टकराहट क्रांति करने या सब कुछ बदल डालने की फ़िज़ूल फ़तबेबाज़ी नहीं होती बल्कि ख़ुद से ही स्वगत करने, अपने को हालात में डाल देने की होती है जिससे पाठक तत्काल संवेदित हो उठता है और प्रतिरोध में उसकी भौंहें तन जाती हैं। बहुत कुछ नियति को स्वीकार कर लेने पर भी हरभजन चुप्पी तोड़ते प्रतीत हो सकते हैं और एक तरह से चुनौती बनकर उठ खड़े होने की ललकार करते भी—

जिस दिन समाचार पत्र बताये/दूर किसी नगर में हलाक़
गिनती बहुत मेरे जैसों की/धुआँ-धुआँ सुलगता हूँ

तपता हूँ, उबलता हूँ/तो भी चुपचाप बिना खौफ़
घर से बाहर निकलता हूँ

अपने वातावरण को शब्दों में जब्त करने की अद्‌भुत प्रतिभा हरभजन सिंह में है, यथा— 'घरों के भीतर/मात्र वीरानी है, अजनबी-सी ख़ामोशी है/कमरों में से गुज़रती हवा/जैसे रेत में रेंगते साँप।' पंजाब के विगत आतंक और अभी हाल-हाल में हुई स्थिति की बहुत साफ़ तस्वीर यहाँ दिखाई देती है। यहाँ स्पष्ट चित्रात्मकता है और बिम्बों में साफ़-सुथरी चमक। कई बार इन कविताओं में शब्दों की गतियों से रंग उभर आते हैं और एक पेंटिंग की शक्ल बनती प्रतीत होती है। जिन्होंने अमृता शेरगिल के चित्रों को देखा है और भवेश सान्याल के उन चित्रों को भी, जिनमें मातम मनाते घर के लोग शव की तरह बेज़ार दिखते हैं वे सचमुच इन पंक्तियों में तार-तार हुए शोकाकुल लोग आसानी से दिखाई दे जायेंगे जिन्हें बेटों की मौतों ने तोड़ दिया है और अपनी मौत से पहले उन्हें देखने की उम्मीद में वे शवों-से बैठे हैं—

लगता है/घरों की ओर जानेवाले सभी रास्ते खो गये
अड़ोस-पड़ोस से/बेटे जो भी बाहर जाते हैं
पलटकर घर नहीं आते/घरों में अकेले माँ-बाप के
चेहरों पर झुर्रियाँ उग आई हैं/घरों में बैठे शवों-से लोग
मरने से डरते हैं/मरने से पहले प्रतीक्षा करते हैं

हिन्दी में लड़कियों पर बहुत-सी कविताएँ लिखी गई हैं, पर अधिकांश ने उसकी रंगतों पर पच्चीकारी की है और उसके सपनों में डूबने-उतराने की। लेकिन जब हरभजन लड़की पर बात करते हैं तो उसकी गुमशुदा ज़िन्दगी को खोलते हैं जहाँ उसका संगदिल सिर्फ़ दोपहर का सूरज होता है। दुनिया में घटित हालात उसके लिए सपने से ज़्यादा कुछ नहीं होते—

उसकी उम्र एक लम्बी दोपहर है
    सिर्फ़ दोपहर
उसके घर दोपहर के समय एक सूर्य आता है
और उसके तन में तत्ती तल्ख छपाकी बिखेरकर
    चला जाता है।

हरभजन की कविता में मिथकों का आधुनिक संदर्भ देखते बनता है। मिथकों की आधुनिक प्रस्तुति में वे हिन्दी के नागार्जुन और अज्ञेय के करीब बैठते हैं जहाँ नाम-रूप के समानांतर प्रश्नों के घेरे होते हैं और उसमें घिरते जाते चरित्र पाठक को नये अर्थ-संदर्भ से दिप्त करते हैं। 'प्रतिभारत' कविता की ये पंक्तियाँ निश्चय ही परंपरा के सृजनशील उपयोग का अच्छा उदाहरण हैं—

अब तो अभिमन्यु पैदा होता है
    किसी भी अन्य बच्चे की तरह

चक्रव्यूह के अंदर
वह युद्ध करता है बिना तेग, बिना ढाल, बिना रथ
उसे तो यह भी पता नहीं
कि वह युद्ध कर रहा है
कि वह चक्रव्यूह के अंदर है
कि इसके बाहर निकलने का कोई रास्ता भी हो सकता है

हरभजन सिंह की कविता की यह यात्रा वास्तव में वैविध्य और बहुस्तरीयता से संपृक्त है जहाँ भाषा पर्याप्त प्रौढ़ तथा शब्दों में अपेक्षित धार दिखाई देती है। कविता में यत्र-तत्र लय भी है और एक संवेदनशील कवि की मार्मिक संवेदना भी। यह रेखांकित करने वाली बात है कि इन कविताओं में तात्कालिकता का दबाव नहीं है और न ही आयोजित क़िस्म की जन संवेदना का ताना-बाना। एक औसत भारतीय के दु:ख-दर्द में शामिल कवि का अपना लोक लम्बे अनुभव से बना है जहाँ शब्द-शब्द तुल-तुलकर रखे जाते हैं। पंजाब के जीवन का अनुभव कहीं से भी हिन्दी पाठक के लिये बेगाना नहीं लगता बल्कि ऐसा लगता है कि कवि ने अपने अनुभव में भारतीय समाज को घुला दिया है। इन कविताओं की सार्थकता इसीलिए सिद्ध है।

ख़ामोशी बेजुबाँ नहीं होती

उर्दू शायरी की जो परंपरा ग़ालिब, इकबाल और फैज़ से होती हुई आज तक पहुँची है, उसमें अहमद फ़राज़ की अहम भूमिका है। फराज़ की शायरी रोमानीपन और ताज़ातरीन शिनाख़्त के संधिस्थल पर खड़ी है। यही कारण है कि पाकिस्तानी हुकूमत ने उनकी लगातार उपेक्षा की और खुद उनको जलावतनी की जिंदगी जीने पर विवश होना पड़ा। फ़राज़ को इससे परेशानी नहीं हुई, ऐसा नहीं कहा जा सकता। लेकिन इस वजह से उनकी शायरी थक गयी, यह भूलकर भी मानने लायक नहीं है। उनकी शायरी की शुरूआत पाकिस्तान बनने के साथ ही हुई। लेकिन इस मुल्क ने ऐसे अदीब शायरों को बर्दाश्त करने से गुरेज़ किया। इनके सहित उनके नामवर शायरों, मसलन—फ़ैज़ और जहीर को भी एक झूठे मुकदमे में फँसाकर इनकी आवाज़ों को दबा देने की कोशिश की गयी, लेकिन फौजी तानाशाही के मंसूबे कामयाब नहीं हो सके। इन तमाम मुश्किलों की वज़ह यही थी कि फ़राज़ हुकूमत की प्रशस्ति गाने से परहेज करते रहे।

इसकी उन्हें भारी कीमत चुकानी पड़ी, लेकिन बतौर शायर वे बराबर लिखते रहे और आज स्थिति यह है कि वे तमाम उपेक्षाओं के बावजूद जाने जाते हैं। आलोच्य उर्दू कविता संग्रह दर्द आशोब उनकी ताज़ी किताब है, जिसमें ग़ज़ल, नज़्म और चुनिंदा गीत शामिल हैं। हिंदी में इस किताब का आना हिन्दी-उर्दू भाषियों की आपसी एकता से परिचित कराने की दिशा में बहुत महत्वपूर्ण है।

बहरहाल, फ़राज़ की किताब पर लौटें। 'दर्द-आशोब' का हिन्दी अर्थ होता है—पीड़ा की हलचल। प्रस्तुत किताब की मूल संवेदना पीड़ा है, जो कई स्तरों पर शायर को पीड़ित करती है।

> हरेक बात न क्यूँ ज़हर-सी हमारी लगे
> कि हमको दस्ते-ज़माना से ज़ख्मकारी लगे।

फ़राज़ हकीकत को खोलने वाले शायर हैं, उनमें बनावटीपन देखना नामुमकिन है। अपने हालात से वे हर लमहा संजीदा रहते हैं। मगर उम्मीद की लौ हमेशा जलती रहती है—

> कौन आता है, मगर आस बनाए रखना
> उम्र-भर दर्द की शमाओं को जलाए रखना।

मगर फ़राज़ के इस संग्रह से गुज़रते हुए यह बराबर लगता है कि उनमें इताशा और नाउम्मीदी भी कम नहीं है। बल्कि कहना यह चाहिए कि उम्मीद से अधिक है। अगर इस

नाउम्मीदी को कोई उर्दू शायरी की खामियत कहकर टाल दे तो उसे कमज़ोरी माना जायेगा। फ़राज़ यहाँ तक लिखते हैं—

जमीं पे अब नहीं उतेरगा कोई पैगंबर
जहाने-आदमो-हव्वा सँवारने के लिए।

तो पढ़कर इस कदर मायूसी होती है कि लगता है, शायर अब यह मानकर बैठ चुका है कि अब उसकी उम्मीद का सूरज फिर नहीं निकलने वाला। तो शायर शायरी क्यों करे। यह बात दिमाग में उठती है। लेकिन आगे चलकर फ़राज़ अपने को सँभाल लेते हैं और कह उठते हैं—

हमीं को तोड़ने होंगे सनम क़दांमत के
हमीं को अब नया इंसान ढालना होगा।

अहमद फ़राज चूँकि उर्दू शायरी की परंपरा से जुड़े हैं, इसलिए उर्दू-फारसी की रोमानियत उनकी शायरी की जान है। उसमें अगर आम आदमी की ज़िंदगी देखें तो मायूसी हाथ लगेगी। उसमें मुहब्बत, दोस्ती, आशंका, दर्द और तनहा ज़िंदगी जीने की विवशता अधिक मिलेगी। कहना न होगा कि यही वह मकाम है जो उर्दू शायरी को व्यापक बनने से रोकता है। पाकिस्तान या बांग्लादेश में उर्दू शायरी की जो आक्रामकता मिलती है, वह कुछ लोगों तक सीमित है, जिन्हें इत्तफाकन प्रगतिशील काव्यधारा से जोड़कर देखने की परिपाटी चल पड़ी है। उर्दू की पारंपरिक शायरी में हालात के सवाल क्यों नहीं आए या उनमें आवाम की पीड़ा का जायजा क्यों नहीं लिया जाता, यह अलग विषय है। जाहिर है, इस पर बहस करने की गुंजाइश यहाँ नहीं है। फिर भी, ऐसा लगता है कि इसकी खास वज़ह उर्दू-फ़ारसी का रचना विधान और उसकी सख्ती है। जाहिर है, काफ़िए और रदीफ़ पर ज़िंदगी आसानी से नहीं उतर सकती।

अहमद फ़राज़ पर भी यह बात लागू होती है। लेकिन जहाँ तक फ़राज़ की निगाह गयी है, पहले वहाँ तक की सैर ही ज़रूरी है। कहा जाता है कि फ़राज़ तथाकथित कलावाद से विद्रोह करके अपना रास्ता बनाते हैं। यह बात बहुत सटीक नहीं लगती। पाकिस्तान या यों कहें कि लगभग पूरी उर्दू शायरी में प्रेम और प्रिय से बिछोह का प्रचलन बहुत पुराना है। यह प्रचलित धारणा आज भी उसी रूप में मौजूद है। उर्दू का कलावाद इसी को अहम बनाए रखने की वकालत करता है। अहमद फ़राज़ इससे अलग नहीं जा सकते थे, नहीं गये—

अब के हम बिछड़े तो शायद कभी ख़्वाबों में मिलें

या—

करूँ न याद, मगर किस तरह भुलाऊँ उसे

जैसे शेरों में बखूबी देखा जा सकता है। कुछ लोग इसमें आशावादी रुख देख लेते हैं, तो देखें। मगर यह तय है कि प्रेम और उसकी पीडा से अलग इसमें कोई दूसरी चीज़ नहीं है। यह अलग बात है कि फ़राज़ की शायरी केवल कला के सिद्धान्त के लिए या कला पर ही

नहीं हुई। फ़राज़ ने यह कोशिश ज़रूर की कि वे व्यर्थ के पचड़ों से निकले और यथार्थ को आवाज़ दें। इसमें उन्हें कामयाबी भी मिली; मगर नाकामियों से कम, लेकिन कामयाबी इतनी महँगी साबित हो गई कि उन्हें देश से ही हटना पड़ा। अगर उनकी स्थितियों का जायजा लें तो स्पष्ट होगा कि इसमें उनका दोष उतना नहीं है, जितना देखकर लगता है।

अहमद फ़राज़ अपने देश को अपने सपनों-सा देखना चाहते थे। यह वह सपना था जिसे हर साहित्यकार देखता है। लेकिन वह सपना फौजी तानाशाही के कदमों तले रौंद दिया गया। फ़राज़ की शायरी का अधिकांश हिस्सा सपनों के बनने और बिखर जाने की दास्तान है—

यहाँ गुल-ए जुनूँ पर कमंद पड़ती है
यहाँ कमल की ज़बाँ पर है नोक खंजर की।

यही कारण है कि फ़राज़ की विद्रोही चेतना आगे न जाकर रोमानियत की धारा की ओर मुड़ गई।, जिसके परिणामस्वरूप उन्होंने व्यक्ति और व्यक्ति के सुख-दुख को महसूस किया और रूप दिया उनकी शायरी में प्रेम, वियोग, तड़प, कसक, इंताज़ार और छटपटाहट की इतनी तीव्रता मिलती है कि अन्यत्र उसे खोज पाना शायद संभव नहीं है। कहना तो यह भी चाहिए कि व्यक्तियोचित वृत्तियों का जितना बारीक पर्यवेक्षण फ़राज़ ने किया है, उतना कहीं नहीं मिलेगा।

रंजिश ही स़ही दिल ही दुखाने के लिए आ
ये आख़िरी शर्मा भी बुझाने के लिए आ

और—

न इंतज़ार की लज्ज़त न आरजू की थकन
न आँसुओं की तलब है न रतजगों की जलन

इसी प्रकार इस संग्रह में शामिल गीतों और नज़्मों में भी इन्हीं खूबियों का पता चलता है—

देखे ही नहीं वो लबो-रुख़सार वो गेसू
बस एक खनकती हुई आवाज़ का जादू

नज़्म की कुछ पंक्तियाँ भी—

मुझे, जिसे आँधियों की यूरिश (आक्रमण)
खिज़ां के तूफाँ न छू सके थे
जुदा न करे दे।

अहमद फ़राज़ ने उर्दू-फ़ारसी की शास्त्रीयता की रक्षा की है। कोई ऐसी रचना इस संग्रह में नहीं मिलती जिसमें यह शास्त्रीयता दिखाई न दे। उनकी अधिकांश ग़ज़लें उर्दू की जिन मुख्य बहरों पर हैं उनमें हज़ज-रज़ज, रमल और मुसरह शामिल हैं। उनकी ग़ज़लों की यह खूबी है कि वे काफ़िए (तुक) पर आधारित हैं। उनकी ग़ज़लों में रदीफ़ (शब्द साम्य) भी

अच्छे बन पड़े हैं। उनकी रचनाओं की यह भी विशेषता है कि उनमें मनमाने ढंग से कथन या भाव का आरोपण नहीं मिलता। ग़ज़लों और दूसरी रचनाओं में मतले से मक़ते तक एक ही भाव की व्यंजना मिलती है, जिसे बीच के शेर पुष्ट करते चलते हैं। अहमद फ़राज़ की शायरी की यह भी खासियत है कि उनकी ग़ज़लों का एक शेर भी पूरी ग़ज़ल के भाव को ला देता है। मिसरा (शेर की एक पंक्ति) तो और भी तीव्रता से आता है—

बदनाम यूँ हुए कि बदन पर क़बा न थी

इस प्रकार हम पाते हैं कि अहमद फ़राज़ का यह संग्रह अपनी तमाम सीमाओं के बावजूद बेहद गंभीर बन पड़ा है। उर्दू परंपरा को आगे बढ़ाते हुए फ़राज़ अपने तेवर और तल्खी को बचाए रखने में क़ामयाब होते हैं। ख़ामोश होकर अन्याय की प्रशंसा करना उन्हें रास नहीं आया, लेकिन वे जब यही बात कहते हैं तो व्यंग्य की एक मीठी कटार सामने हो आती है। सचमुच ख़ामोशी बेज़ुबाँ नहीं होती।

मानवीय संवेदना के महीन टाँके

विष्णु खरे हिन्दी कविता के परिदृश्य पर अलग और बिलकुल अपने ढंग के अकेले कवि हैं। ऐसा नहीं है कि वे हिन्दी कविता की परंपरा से अलग पड़ते हैं, पर यह ज़रूर है कि उन्होंने अपनी लीक खुद बनाई है जिसके धुँधले निशान साठोत्तरी कविता से बने थे। 'एक ग़ैर रूमानी समय में' संग्रह के लगभग चौदह वर्षों बाद उनका यह संग्रह 'सबकी आवाज़ के पर्दे में' आया है। यह महज इत्तेफाक नहीं है कि विष्णु खरे की कविताएँ हमें ज़रूरी ब्योरों की दुनिया में ले जाती हैं। ऐसे ब्योरे जो हमारी दिनचर्या में रोज घटित होते हैं। इनमें हमारी संवेदना के महीन टाँके मिलेंगे जो हमारी धार को और तेज बनाते हैं। जो लोग कविता जैसी विधा में इन ब्योरों के विरोधी हैं वे यह कहते पाए जाते हैं कि इससे कविता की अर्थवत्ता बाधित होती है। पर वे यह भूल जाते हैं कि जिन चीजों का हम रोज-ब-रोज सामना करते हैं, नियंत्रित होते हैं उससे हमारी जीवन-शैली ही नहीं, मनुष्यता भी परिभाषित होती है।

उपभोक्तावादी युग के इस भागमभाग माहौल में जिन चीजों से हमारा साबका पड़ता है उनका सृजनशील उपयोग और उसके रेशे-रेशे से खुद को बावस्ता करके अपनी संवेदना को शब्द देना और ऐसे कि उसमें हम बगैर जोड़-घटाव के डूबते चले जाएँ और उबरें तो पाएँ कि हम होने न होने के बीच में घिरे हैं, विष्णु खरे की कविता की विशेषता है। एक बड़ी कविता 'बँगले' की कुछ पंक्तियाँ :

> उसके बाद आएगा अठमंजले होटल सम्राट का मोड़
> जिसके गुसलखानों के फर्शों को दिन भर चमकाने के बाद
> चौपड़ा कवात्रा होतचंदानी ऐंड असोसिएट्स बिल्डर्स ऐंड कंट्रैक्टर्स के
> बिहारी मेवाती छत्तीसगढ़ी मजदूर सामने झाड़ियों में निबट रहे होते हैं

इस ब्योरे में ही कथ्य की बेबाकी है जिसके लिए कवि को बिंब की ज़रूरत नहीं है और न 'निबटना' जैसी अभद्र शब्दावली से परहेज की आवश्यकता। कवि जो चाहता है, उसे कहना जानता है, भले ही आपकी संभ्रांत मानसिकता को आघात लगे या आप तुनककर कविता के कुसंस्कार की दलीलें देने लगें।

विष्णु खरे की कविताओं के केंद्र में 'घर' है जिसकी तलाश वे शिद्दत से करते हैं। ऐसा 'घर' जिसे वे बसा सकें और वह उन्हें जीवन दे। लेकिन नगरीय संस्कृति में घर का सपना पूरा कहाँ होगा। इस दृष्टि से इस संग्रह में कई कविताओं को देखा जा सकता है। मसलन 'बँगले', 'घर' और 'दिल्ली में अपना फ़्लैट बनवा लेने के बाद एक आदमी सोचता है'।

इन कविताओं में कवि ने अपने सचमुच के घर की स्मृति को ताजा किया है और एक ऐसे आंतरिक बोध को अभिव्यक्ति दी है जो निरंतर विडंबनाओं में लुप्त होता रहा है। इस स्तर पर '"एक आदमी सोचता है' एक उत्कृष्ट और व्यंजक कविता है।

यह विचित्र लग सकता है कि स्थूल रूप से विष्णु खरे की कविताओं में परंपरा नहीं पाई जाती। पर उसकी बहुत महीन गुत्थियाँ वहाँ मौजूद हैं जहाँ वे परंपरा को न सिर्फ अपनाते हुए चलते हैं पर उसकी नए सिरे से व्याख्या भी करते हैं और प्रश्न खड़ा करते हैं। परंपरा की इस तरह की व्याख्या कहीं और संभव नहीं। वहाँ चाहे कृष्ण से द्रौपदी के संबंध की व्याख्या हो या महाभारत के बाद लापता सैनिकों के बारे में प्रश्न हो। इसी तरह एक कविता है, 'लालटेन जलाना' लालटेन जलाने की प्रक्रिया में आप देख सकते हैं कि उसमें एक सामान्य आदमी की पारिवारिक जिंदगी अपने समूचेपन में मौजूद है।

विष्णु खरे की काव्य भाषा सामान्य बातचीत, खीझ, आक्रोश और गुर्राहट भरी भाषा है जिसमें आप संवाद करते कवि को पाएँगे। यह कहीं-कहीं आपको यहाँ तक चौंका सकती है कि आप कविता को कविता न मानकर रिपोर्ट मान बैठें। इस तरह के खतरे यहाँ अक्सर मौजूद मिलेंगे। पर जीवन के छोटे-छोटे अनुभव जब व्यक्ति-जीवन की तकलीफों को किसी बड़े कैनवास पर उतारते हैं तो आप तिलमिलाहट भरे इनकार के साथ भी उसे कविता मानने को मजबूर होंगे। ऐसी कविता, जो जीवन के अनुभव और यथार्थ की खबर से बनी है और जिसका एक-एक शब्द संजीदगी से गोदा गया है, अनुभव के अपने जीवनव्यापी विस्तार में। यही कारण है कि ये कविताएँ विषयों को लेकर व्यापक फैलाव लिये हैं। एक मनुष्य का निपट, नितांत, निजी संघर्ष का शायद ही कोई कोना हो जो यहाँ प्रकाशित होने से रह गया हो। ये एक सच के बड़े सच में घटित होने की दास्तान हैं।

विष्णु खरे की कविताओं के इसी बोध को देखकर लोग कहते हैं कि उनमें अखबारी भाषा में सनसनीखेज वाकयात हैं। यह तो ठीक है, पर शायद ही किसी ने ध्यान दिया हो कि इन वाकयात के पीछे कितनी गहरी संवेदना है और जिसकी बुनियाद में कितना गहरा मानवीय सरोकार काम कर रहा है। विष्णु खरे की कविता की यही ज़मीन अपनी जमीन है, जहाँ वे टुकड़ों-टुकड़ों में बँटे जीवन के अनगिन विस्तार को बाँधते हैं और इसमें उनकी यह कोशिश होती है कि वे आदमी की हर गतिविधि को पकड़कर उसकी वस्तुस्थिति को खोल सकें। इस स्तर पर वे हिन्दी कविता की बहुछविता के कवि हैं और उनका यह संग्रह इस दृष्टि से सार्थक और सुखद उपलब्धि है।

उपन्यास

उपनिवेशवाद और भारतीय उपन्यास

उपन्यास आधुनिक युग की सबसे सशक्त विधा है जिसका उदय यूरोप में और अंग्रेजी भाषा में हुआ। यह वह समय था जब यूरोप में उथल-पुथल का दौर चल रहा था। विभिन्न समाजों के पुराने मूल्य टूट रहे थे और वहाँ नए मूल्यों की स्थापना हो रही थी। मूल्यों के इस नए-पुराने द्वंद्व के परिणामस्वरूप उपन्यास प्रकाश में आया। इसको अगर हम दूसरे शब्दों में कहना चाहें तो कह सकते हैं कि तत्कालीन समय और समाज की जटिलताओं को उसकी संपूर्णता में अभिव्यक्त करने की कोई दूसरी विधा कारगर नहीं रह पाई थी। इसीलिए जब इयान वाट अपनी पुस्तक 'उपन्यास के उदय' में यह कहते हैं कि अंग्रेजी उपन्यास तत्कालीन परिस्थितियों की उपज था तो यही बात प्रमाणित होती है। यहाँ यह कहना आवश्यक प्रतीत होता है कि उपन्यास का उदय अंग्रेजी समाज में इन्हीं द्वंद्वों के बीच सत्रहवीं शताब्दी के मध्य में होता है। उपन्यास के उदय में डेफो, रिजर्डसन और फील्डिंग की भूमिका सबसे प्रभावी मानी जाती है।

भारत में उपन्यास के उदय की स्थितियाँ यूरोप के ठीक विपरीत थीं। उपनिवेशवादी दासता के कारण भारत की हालत खस्ता थी। अंग्रेजी समाज में उपन्यास का उदय उस समय हुआ जब यूरोप में औद्योगिकीकरण की धूम मची थी और वहाँ एक ऐसा मध्यवर्ग पैदा हो चुका था जो वहाँ के तत्कालीन समाज को हर स्तर से प्रभावित कर रहा था। इसके ठीक विपरीत, भारत में औद्योगिकीकरण की प्रक्रिया केवल दिखावा थी और यहाँ सामंती व्यवस्था के समानांतर एक ऐसी व्यवस्था हावी हो रही थी जो भारतीय समाज का निर्ममता से दोहन कर रही थी। इसके परिणामस्वरूप जो मध्यवर्ग भारत में बना वह न तो पश्चिम से तालमेल बिठा पा रहा था और न भारत की बुनियादी संस्कृति से जुड़ता था। यह वर्ग सिर्फ़ पश्चिमी संस्कृति के प्रचार-प्रसार का माध्यम बन सकता था और वही बना। भारत में दिनानुदिन बढ़ रही सामंती व्यवस्था के कारण उपन्यास का उदय संभव न था। लेकिन जैसे-जैसे अंग्रेजी सरकार ने सामंती व्यवस्था के प्रभुत्व को समेटना प्रारंभ किया यहाँ बन रहे मध्यवर्ग ने तेजी से स्वयं को भारतीय स्थितियों में ढालना शुरू किया। परंतु इस मध्यवर्ग की विडंबना यही थी कि यह न तो पश्चिम से सीधे जुड़ पाता था और न भारतीय संस्कृति से। इस तरह का पहला मध्यवर्ग बंगाल में बना। इसी समय माइकेल मधुसूदन दत्त का नाटक 'क्या इसी को सभ्यता कहते हैं?' प्रकाश में आया। इस नाटक में हिन्दू धर्म की रुढ़िवादिता पर तीखा प्रहार है और नवनिर्मित मध्यवर्ग की मानसिकता पर व्यंग्य। पर विडंबना ये है कि इस नाटक में

भी उपनिवेशी दासता पर कुछ नहीं मिलता। कहना न होगा कि बंगाल में पैदा हुआ यह मध्यवर्ग उपन्यास के उदय में सहायक हुआ। चूँकि बंगाल में पत्र-पत्रिकाओं का प्रकाशन भी देश में सबसे पहले शुरू हुआ, इसलिए यूरोप में आई हलचल का सीधा प्रभाव वहीं पड़ा। ऐसा माना जाता है कि बंगाल के निवासी प्यारेचंद मित्र का 'अलालेर घरेर दुलाल' पहला भारतीय उपन्यास है। यह उपन्यास वहाँ से निकलने वाले 'मासिक पत्र' में धारावाहिक छपा था जो 1858 में पुस्तकाकार प्रकाशित हुआ।

बंगाल में मध्यवर्ग के उदय के साथ ही भारत के दूसरे प्रान्तों में ऐसी ही स्थितियाँ बनने लगीं। मध्यवर्ग के फैलाव से दूसरी भारतीय भाषाओं में भी अपने समय की तीखी हक़ीक़तों को व्यक्त करने की विधा के रूप में उपन्यास लेखन का क्रम शुरू हुआ। बंगाल के बाद महाराष्ट्र वह दूसरा प्रान्त था जहाँ मध्यवर्ग तेजी से उभरा और उपन्यास-लेखन की संभावनाएं बनीं। इतिहासकार विश्वनाथ काशीनाथ राजवाड़े ने अपने 1902 में लिखे लेख 'कादंबरी' में इस बात की पुष्टि की है। यहाँ यह ध्यान देना आवश्यक है कि आरंभ में उपन्यास के प्रति जिन लोगों की रुचि थी उनमें मुख्य रूप से जमींदार, रियासतदार तथा ईनामदार शामिल थे। यही कारण है कि उपन्यासों का आरंभिक स्वरूप सतही मनोरंजन तक सीमित था। उस समय बड़े लोग उपन्यासकारों को अपने संरक्षण में रखते थे और उन्हें पर्याप्त वेतन भी देते थे। वेदविद् लक्ष्मण शास्त्री हल्वे का उदाहरण यहाँ प्रासंगिक है जिन्हें खंडेराव होल्कर से उपन्यास लेखन के लिए तनख्वाह मिलती थी।

इस उदाहरण से यह बात आसानी से समझ में आ सकती है कि संरक्षण में पल रहे उपन्यासकार क्या लिख रहे होंगे। उन दिनों लिखे जा रहे उपन्यासों का उद्देश्य या तो मनोरंजन था और नहीं तो पश्चिम के रहस्यमय वातावरण की पुनरावृत्ति। इन उपन्यासों में रुचि लेने वाला और इनके उदय में प्रभावी भूमिका निभाने वाला मध्यवर्ग चूँकि उन लोगों से बना था जो या तो बड़े-बड़े जमींदार थे और नहीं तो अंग्रेजपरस्त मुलाजिम, इसलिए न तो उनकी रुचि में कहीं यथार्थ था और न प्रकृति में। यही कारण था कि भारत में उस समय अंग्रेजी के घटित उपन्यासों के अनुवाद की धूम मची हुई थी। उस समय दुर्भाग्य यह भी था कि हमारे यहाँ अंग्रेजी के दोयम दर्जे के उपन्यास ही उपलब्ध थे। उन उपन्यासों को अंग्रेजी समाज में भी हिक़ारत की नज़र से देखा जाता था। लेकिन हमारे यहाँ बड़ी रुचि के साथ हिन्दी, मराठी, गुजराती तथा बंगला में इनका अनुवाद होता था। उस समय जिस अंग्रेजी उपन्यास के अनुवाद का ज़्यादा जोर था, वह था—जी. डब्ल्यू. एन. रोनाल्ड का 'लन्दन रहस्य'। इसके अनुवाद की धूम से तत्कालीन उपन्यास लेखन का यथार्थवादी दौर बुरी तरह आतंकित था। भारत में उपन्यास की कोई परंपरा तो थी नहीं, यह कारण भी इस दुर्दशा का मुख्य कारक था। भारत में कथा की बहुत समृद्ध परंपरा थी पर चूँकि उपन्यास नयी विधा था और भारतीयों की रुचि और संस्कार कथा की प्राचीन परिपाटी से बँधे थे इसलिए भारत में उपन्यास को अपना स्वरूप स्थिर करने में बहुत समय लगा। यहाँ इस बात पर भी गौर करने की ज़रूरत है कि उपन्यास के नामकरण की समस्या कैसे हल हुई।

भारत में कथा की पुरानी परंपरा रही है जिसे 'आख्यायिका' कहा जाता रहा है। लेकिन इस आख्यायिका के भी अनेक नाम रहे हैं। जाहिर है, उपन्यास का आरंभिक स्वरूप भी आख्यायिका के मूल विधान से भिन्न रहा है। इसकी खोज में अनेक शब्दों का सहारा लिया गया। मराठी भाषा में उपन्यास के लिए 'कादंबरी' कहा गया तो गुजराती में 'नवल कथा'। नवल कथा नाम से ही स्पष्ट है कि इसमें कथा या आख्यायिका की पुरानी परंपरा से हटकर नवीनता या नूतनता का आग्रह है और संकेत भी। 'उपन्यास' नाम का सर्वप्रथम प्रयोग बंगला में हुआ। 1862 में भूदेव मुखर्जी ने अपनी पुस्तक 'ऐतिहासिक उपन्यास' में इस नाम का जिक्र किया था। इसी के प्रभाव पर जब बंकिम ने अपनी रचनाओं को 'उपन्यास' कहा तो यह नाम बहुत लोकप्रिय हुआ जो बाद में हिन्दी सहित अन्य भारतीय भाषाओं में भी प्रचलित हो गया।

इसमें कोई संदेह नहीं कि हिन्दी में उपन्यास नाम और उसका स्वरूप बंगला से ही आया है जो बंगला में अंग्रेजी के 'नॉवेल' से प्रभावित है। पर जैसा कि हमारे यहाँ होता रहा है—बुरी-भली किसी भी परंपरा या उन्मेष को अतीत से जोड़कर देखा जाता है और घोषित कर दिया जाता है कि यह तो हमारी परंपरा से ही संभव हुआ है। ऐसी घोषणाएँ तब भ्रामक सिद्ध होती हैं जब ऐसा केवल भ्रमवश या पूर्वग्रहों के दबाव में आकर किया जाता है। यह भ्रम आगे जाकर टूटा। हमारे यहाँ इस समय तक ठीक-ठीक गद्य का विकास नहीं हो पाया था। हिन्दी सहित अन्य भारतीय भाषाओं की हालत इस स्तर पर एक जैसी थी। लेकिन वह काल कविता की समृद्धि का काल अवश्य था।

जैसा कि स्पष्ट है, संस्कृत में गद्य के दो रूप पाए जाते हैं—कथा और आख्यायिका। जाहिर है उपन्यास का स्वरूप इससे बहुत भिन्न है। उर्दू के दास्तान, किस्सा और अफसाना से भी इसका अंतर इसी तरह से है। लेकिन भारतीय उपन्यास का आरंभिक दौर जब अंग्रेजी उपन्यासों के अनुकरण से थमा तो दूसरे चरण में वह संस्कृत की कथा-परंपरा की ओर लौटा। इसका परिणाम यह हुआ कि विभिन्न भारतीय भाषाओं, यथा—बंगला, मराठी, गुजराती और हिन्दी आदि में पंचतंत्र, हितोपदेश, कथा सरित्सागर, बैताल पचीसी आदि के अनुवाद का जोर पकड़ा। इससे लाभ यह हुआ कि उपन्यास के रूप को भारतीय चेतना से जोड़कर उसे भारतीय बनाने में मदद मिली। भारत में उपन्यास लेखन का क्रम तो अंग्रेजी अपन्यासों के अनुकरण पर ही शुरू हुआ। पर धीरे-धीरे इस स्थिति में सुधार आता गया। प्रेस, प्रकाशन और पत्र-पत्रिकाओं के प्रकाश में आने से उपन्यास-सर्जना में अचानक तेजी आई और विधा के रूप में भी इसे लोगों की ओर से व्यापक लोकप्रियता हासिल हुई। यह कहना शायद गलत न होगा कि पत्र-पत्रिकाओं के माध्यम से ही भारतीय भाषाओं में गद्य का वह रूप बन पाया जिससे उपन्यास की पूर्व-पीठिका तैयार हो सकी। पत्रिकाओं में इन उपन्यासों के क्रमिक प्रकाशन से पाठकों के बीच वह लोकप्रिय हुआ और कालांतर में स्वतंत्र साहित्य विधा बन पाया।

बंगला के बंकिम से लेकर उड़िया के फकीर मोहन सेनापति, उर्दू के रतननाथ सरशार, मराठी के हरिनारायण आप्टे तथा हिन्दी के देवकीनंदन खत्री के उपन्यास पहले पत्रिकाओं में धारावाहिक छपे और बाद में पुस्तक की शक्ल में आए। इस हलचल का नतीजा यह हुआ कि विभिन्न भारतीय भाषाओं में इन उपन्यासों के लिए स्वतंत्र पत्रिकाएँ तक निकलने लगीं। हिन्दी में किशोरीलाल गोस्वामी की 'उपन्यास' तथा बंगला में 'बंगदर्शन' सरीखी पत्रिकाएँ इसका अच्छा उदाहरण हैं।

वस्तुत: यह काल भारतीय उपन्यासों के उदय की भूमिका का काल है। इसलिए कि अभी उपन्यास अपनी पहचान नहीं बना पाए थे। विभिन्न भारतीय भाषाओं के उपन्यासों में पहचान के लिए संघर्ष जारी था। अनुकरण और मौलिकता के इसी द्वंद्व में भारतीय उपन्यास तब अपनी पहचान बनाने में समर्थ हुए जब उनमें भारतीय परिवेश का यथार्थ उद्घाटित होने लगा। उपनिवेशवादी शोषण और दमन के खिलाफ आवाज उठने के साथ ही भारत की पुरातन समाज-व्यवस्था की रूढ़ियों और जड़ताओं पर सीधा प्रहार होता है, तब से ये उपन्यास, भारतीय उपन्यास कहलाने के अधिकारी होते हैं। इसको अगर दूसरे शब्दों में कहना चाहें तो कह सकते हैं कि जब से भारतीय उपन्यासों में स्वत्व की खोज की प्रक्रिया शुरू होती है, तब से भारतीय उपन्यास अपनी ज़मीन से जुड़ते हैं। यहाँ हम मुख्य भारतीय उपन्यासों के विकास की प्रक्रिया का क्रम दे रहे हैं—

भाषा	उपन्यास	लेखक	वर्ष
हिन्दी	रानी केतकी की क़हानी	इंशाअल्ला खाँ	1801
बंगला	प्रतापादित्य चरित्र	रामाराव बसु	1801
उर्दू	बागोबहार	मीर अम्मन	1801
हिन्दी	नासिकेतोपाख्यान	सदल मिश्र	1803
बंगला	अलालेर घरेर दुलाल	प्यारेचंद मित्र	1858
मराठी	मुक्तमाला	लक्ष्मण मोरेश्वर हल्वे	1861
बंगला	दुर्गेशनंदिनी	बंकिमचन्द्र चटर्जी	1865
बंगला	कपाल कुंडला	बंकिमचन्द्र चटर्जी	1866
उर्दू	फ़साना-ए-आज़ाद	रतननाथ खरथार	1868
गुजराती	कर्णघेलो	तुल्जाशंकर मेहता	1868
उर्दू	मिरातुल उर्स	नज़ीर अहमद	1869
हिन्दी	देवरानी जेठानी की कहानी	पंडित गौरीदत्त	1870
बंगला	विष वृक्ष	बंकिमचंद्र चटर्जी	1873
हिन्दी	भाग्यवती	पं. श्रद्धाराम फुल्लौरी	1877
हिन्दी	निस्सहाय हिन्दू	राधाकृष्णदास	1881
हिन्दी	परीक्षा गुरु	लाला श्रीनिवास दास	1885

मलयालम	मार्तण्ड वर्मा	सी. वी. रमन पिल्लई	1891
हिन्दी	चंद्रकांता	देवकीनंदन खत्री	1891
उड़िया	बिबासिनी	रमाशंकर राय	1891
तमिल	पाँच कमलाम्बम्	बी. आर. इराजम अय्यर	1893
हिन्दी	चंद्रकांता संतति	देवकीनंदन खत्री	1896
उर्दू	उमराव जान अदा	मिर्ज़ा हादी रुसवा	1899
गुजराती	सरस्वतीचन्द्र	गोवर्धन राम	1900
असमी	मोनोमोटी	रजनीकांत बारदोलाई	1900

इस सूची से स्पष्ट हो जाता है कि उपन्यासों का विकास भारतीय भाषाओं में धीरे-धीरे होता है। इस धीमी गति में भी साधना और संघर्ष की भूमिका महत्त्पूर्ण रही है। इसी के परिणामस्वरूप उपन्यास निरंतर विकसित होता गया और आज वह काफी समृद्ध स्थिति में है। आरंभिक भारतीय उपन्यासों में तीन मुख्य प्रवृत्तियाँ देखने में आती हैं—

समाज सुधार और उपदेश,

इतिहास फंतासी के माध्यम से नैतिक चेतना के विकास का प्रयास,

और समकालीन समाज का यथार्थपरक चित्रण।

'परीक्षा गुरू' जैसे हिन्दी के उपन्यासों में पहली प्रवृत्ति दिखाई देती है। दूसरी प्रवृत्ति बंकिम और देवकीनंदन खत्री के उपन्यासों में मिलती है। बंकिम ने इतिहास के माध्यम से नैतिक चेतना के विकास का प्रयास किया तो खत्री ने फंतासी और तिलस्मी स्थितियों के माध्यम से। तीसरी प्रवृत्ति उड़िया के फकीर मोहन सेनापति के उपन्यासों में मिलती है। यही प्रवृत्ति बाद में भारतीय भाषाओं के उपन्यासों की मुख्य प्रवृत्ति बन जाती है। जिसके प्रवक्ता प्रेमचंद से लेकर माणिक बंद्योपाध्याय, यू. आर. अनंतमूर्ति आदि बनते हैं और इसे ही बुनियादी स्तर प्राप्त है। इन प्रवृत्तियों की तह में जाने पर मालूम होता है कि उपदेश आरंभ में भारतीय उपन्यासों की मुख्य शर्त ही बन गया था। बंकिम और शरत् के यहाँ भी इससे परहेज नहीं मिलता। नैतिक जागरण की प्रवृत्ति जैसे हिन्दी में रही, वैसी ही अन्य भाषाओं में भी रही। इस दिशा में बंकिम से लेकर हरिनारायण आप्टे, क. मा. मुंशी, राहुल सांकृत्यायन, हजारी प्रसाद द्विवेदी, वृन्दावनलाल वर्मा तक ख्यात-प्रख्यात लेखकों की कतार मिल जाएगी।

जिसे मिथक या फंतासी कहा जाता है और जिसके आधार को लेकर हिंदी में देवकीनंदन खत्री के 'चंद्रकांता संतति' और 'भूतनाथ' आदि उपन्यास रचे गए उन्हें अगर गौर से परखा जाय तो मालूम होगा कि उसकी मूल संवेदना खोई हुई वस्तु की खोज ही है। यह खोई हुई वस्तु भारत का स्वत्व है। यही भारत की स्वाधीनता है। खजाना और राजकुमारी के प्रतीक गुलाम भारत में भारतीयता ही हो सकता है। राजकुमार का उन्हें प्राप्त करने का प्रयत्न और निरंतर खंडहर. किला और जंगलों से गुजरकर नाना यातना सहना ब्रिटिश अत्याचार के प्रतीक हैं। ऐसा ही महसूस होता है। 'आनंदमठ' तो इतिहास और फंतासी का मिलाजुला रूप है।

खत्री के उपन्यास में इतिहास नहीं फंतासी का जोर है। खत्री का 'तारा' नामक उपन्यास इस दिशा में उल्लेख्य है। जिसमें वे चौंकाते नहीं, वास्तविकता का पता देते हैं। लोकप्रियता कोई सस्ती और चीज नहीं होती, वह पाठकों के रागात्मक संबंध से बनती है। खत्री के उपन्यास यदि पाठकों में बहुत लोकप्रिय हुए तो इसका मुख्य कारण यही है कि ये उपन्यास पाठकों की आशाओं-आकांक्षाओं की पूर्ति करते थे। इसलिए कहा जा सकता है कि 'आकांक्षा जब इतिहास में प्रवेश करती है तो उपन्यास का जन्म होता है।' *

भारतीय उपन्यास तब पूर्ण विकसित होता है जब वह 'यथार्थवादी चित्रण' के तीसरे चरण में प्रवेश करता है। इस चरण का आरंभ उड़िया के फकीर मोहन सेनापति के उपन्यास 'छ: बीघा जमीन' से होता है। इसमें स्त्री सहित मजदूर और मध्यवर्ग साक्षात् होते हैं। यहीं से भारतीय उपन्यास का क्रांतिकारी दौर शुरू होता है। कहना न होगा कि यहीं से भारतीय उपन्यासों की भारतीयता का प्रारंभ भी होता है। स्पष्ट है कि किसान की जिंदगी का साक्षात्कार ही भारत का साक्षात्कार है। भारत का किसान एक ओर तो औपनिवेशिक दासता से सबसे अधिक पीड़ित और शोषित था तो दूसरी ओर वह अपने ही देश के सामंतों के द्वारा लूटा जा रहा था। फकीर मोहन सेनापति ने अपने उपन्यास के माध्यम से किसानों के जीवन का सजीव चित्रण कर एक नई यथार्थवादी परंपरा का प्रारंभ किया।

यही वो परंपरा थी जिसको हिंदी में प्रेमचंद ने पुख्ता आधार दिया और 'गोदान' जैसे अमर उपन्यास की रचना की। फिर तो यह प्रवृत्ति उपन्यास लेखन का आधार ही बन बैठी। बंकिम सहित दूसरे आरंभिक उपन्यासकारों से यह प्रवृत्ति छूटी तो नहीं थी, पर उनके कथ्य की अपनी सीमाएँ और संस्कार थे। यहाँ यह ध्यान में रखना आवश्यक है कि बंकिम के ही उपन्यासों ने औपनिवेशिक दासता से मुक्ति की दिशा में जोरदार पहल की। शिल्प तथा अंतर्वस्तु के स्तर पर स्वत्व की पहचान की प्रक्रिया बंकिम के उपन्यासों से ही सामने आती है। 'आनंदमठ' का स्वाधीनता आंदोलन में सर्वाधिक प्रभाव डालना यह प्रमाणित करने के लिए काफी है कि बंकिम अपनी रचनाओं के माध्यम से भारतीय अस्मिता की लड़ाई लड़ रहे थे। उन्होंने भारतीय अतीत की गौरवपूर्ण गाथा को अपनी कृतियों का आधार बनाकर तत्कालीन साहित्यिक परंपरा को भारतीय स्वरूप देने में सहायता पहुँचाई।

यहाँ यह स्मरण दिला देना ही काफी है कि उपन्यास के आरंभिक दौर में, भारतीय उपन्यास लेखन का क्रम 'ईसाई मिशनरियों' की ओर से शुरू हुआ था। इसके लेखकों में वे हिन्दू शामिल थे जो हिन्दू अत्याचारों की प्रतिक्रिया में ईसाई हो गये थे। इन उपन्यासों में भारतीय समाज व्यवस्था की जड़ता और अवैज्ञानिकता का विरोध दिखाई देता है। इन्हें 'ईसाई उपन्यास' नाम से याद किया जाता है। इन उपन्यासों से जो यथार्थवादी चेतना पैदा हुई वह भी बाद के उपन्यासों के लिए उर्वरक बनी। ऐसे उपन्यासों में 'प्रतापादित्य चरित्र' (रामाराव बसु)-1801 और बाबा पद्म जी का 'यमुना प्रयत्न' (1857) उल्लेख्य हैं।

---

* डॉ. मैनेजर पाण्डेय का कथन

इस प्रकार हम पाते हैं कि यूरोप में जिस तरह व्यक्तिवाद आया और वह वहाँ की जड़ सामूहिकता के विरुद्ध खड़ा हुआ। और जिसके परिणामस्वरूप वहाँ उपन्यास का उदय संभव हो सका। उसी प्रकार भारत में भी औपनिवेशिक दासता के प्रति असंतोष और विद्रोह की चेतना लेकर उपन्यास तब उदित होते हैं जब वे पूरी तरह अपनी ज़मीन से जुड़ते हैं। मिथकों और निरर्थक कथाओं की परिधि से निकलकर जब आधुनिकता और परंपरा का तीखा द्वंद्व चलता है तो समझ में आता है कि व्यक्ति अपना निर्माता तो है ही समाज का भी है। यहीं से उपन्यास अपना स्वत्व प्राप्त करते हैं। जैसा कि मिशेल जेराफा ने लिखा है—'उपन्यास ऐसी कला है जिसमें मनुष्य सामाजिक और ऐतिहासिक दृष्टि से निरूपित होकर सामने आता है।'

भारत की विभिन्न भाषाओं में जब सामाजिकता और ऐतिहासिकता के द्वंद्व में परीक्षण का क्रम आरंभ होता है तो सही मायने में उपन्यास भारतीय होना शुरू करते हैं। उपनिवेशवाद की प्रतिक्रिया से पैदा हुआ भारतीय उपन्यास इसी तरह आगे बढ़ा है और आज वह काफी संतोषजनक स्थिति में है।

मछुआरों के जीवन पर दो भारतीय उपन्यास

भारतीय उपन्यासों में किसान जीवन और नगरीय पृष्ठभूमि के अतिरिक्त भारतीय समाज के विविध पक्षों पर पचास के दशक के बाद लिखना आरंभ हुआ। भारतीय उपन्यासों में आंचलिकता का यह प्रभाव बाहर से नहीं आया। वह देश के भीतर फैले सामाजिक जीवन की विकृतियों, व्यामोहों और स्वप्नभंग की स्थितियों से बना। हिन्दी में आंचलिक उपन्यासों का आरंभ नागार्जुन के बलचनमा से हुआ जिसमें मिथिला क्षेत्र की ज़िन्दगी के अलग-अलग पहलू तो खुलते ही हैं किसान और सामंत का संघर्ष भी दिखाई पड़ता है। लेकिन फणीश्वरनाथ रेणु का मैला आँचल हिन्दी उपन्यासों की परंपरा का ऐसा उपन्यास बन सका जो बलचनमा के बाद लिखा जाकर भी भाषा, संस्कृति और अंचल विशेष के जीवन को उसकी संपूर्णता में उतार पाया और इस प्रकार उसे आंचलिकता के साथ-साथ स्वातंत्र्योत्तर भारत की सृजनशीलता भी प्रकट हुई। लेकिन आंचलिकता की इस हवा में हिन्दी में जो उपन्यास धड़ा-धड़ लिखे गए उनमें समाज के अनछुए पक्षों पर कम बल दिया गया, एक ही विषय की पुनरावृत्ति अधिक हुई। इस दृष्टि से हिन्दी में विविध अनछुए प्रसंगों पर जो थोड़े-बहुत उपन्यास आए उनमें 'वरुण के बेटे' (नागार्जुन, 1957), 'कब तक पुकारूँ' (रांगेय राघव, 1957-58), 'सागर, लहरें और मनुष्य' (उदयशंकर भट्ट, 1956) शामिल हैं। आंचलिकता को आधार बनाकर लिखे गए उपन्यासों की संख्या तो अधिक है, पर विषय की विविधता नहीं है।

इसके समानांतर अन्य भारतीय भाषाओं के उपन्यासों में सामाजिक जीवन का लगभग हर पक्ष दिखाई देता है। इस दृष्टि से बाङ्ला, ओड़िया, मराठी, मलयाळम आदि भाषाओं के विशाल साहित्य को देखा जा सकता है। पाँचवें दशक में मलायाळम में मछुआरों के जीवन से तादात्म्य करके लिखा गया तकषी शिवशंकर पिल्लै का उपन्यास 'मछुआरे' (चेम्मीन) इस दृष्टि से भारतीय साहित्य का एक उत्कृष्ट उपन्यास है। कहना न होगा कि भारतीय समाज व्यवस्था में मछुआरों की अपनी भूमिका है। इनका जीवन जितना जटिल, सपाट और रूढ़ है उतना ही व्यंजक भी। पुरानी मान्यताओं और नए जीवन के द्वंद्व से ये लगातार जूझते रहे। फिर भी इनके जीवन प्रसंगों को अनदेखा किया जाता रहा है। मलयाळम में तकषी ने इनके संपूर्ण जीवन की जटिलताओं को, उनकी मान्यताओं को एक प्रेम-कथा की पृष्ठभूमि पर गहराई से चित्रित किया है।

हिन्दी में मछुआरे लोगों के जीवन पर दो उल्लेखनीय उपन्यास लिखे गए हैं—वरुण

के बेटे (नागार्जुन) और 'सागर, लहरें और मनुष्य' (उदयशंकर भट्ट)। उनमें कथा और आंतरिक तनाव के स्तर पर वैषम्य है। नागार्जुन का उपन्यास वरुण के बेटे में मछुआरों के संघर्ष को कथा का आधार बनाया गया है। यहाँ वरुण के बेटे में सामाजिक चेतना का स्वर तीखा है तथा वे अपनी समस्याओं से जूझने को तत्पर हैं। मछुआरों के संघर्ष की भूमि खुरखुन, मोहन माँझी से लेकर मछुआ संघ के लोगों तक फैली है जिससे क्रांति की आग में धधक रही मधुरी निकलती है और चुल्हई तथा मंगल के प्रेम-प्रसंगों से होते हुए वह मंगल को सतघरा के ज़मींदारों के खिलाफ़ संघर्ष करने को प्रेरित करती है। उपन्यास में मछुआरों के सांस्कृतिक जीवन की छवियाँ नगण्य हैं तथा भाषा, भाव और संवेदना के स्तर पर ये मछुआरे बौद्धिकता और जागरूकता से भरे दिखाई देते हैं।

इसके विपरीत, उदयशंकर भट्ट अपने उपन्यास 'सागर, लहरें और मनुष्य' में बंबई के निकट वरसोवा के मछुआरों की ज़िदगी को उनकी सांस्कृतिक लय में पकड़ते हैं तथा पुरानी मान्यताओं और नए जीवन संदर्भों के तनाव से ऐसा वातावरण निर्मित करते हैं कि वरसोवा का समस्त मछुआ जीवन अपनी तमाम अंतर्विरोधी जड़ताओं के साथ साक्षात् हो उठता है।

इस तरह तकषी के 'मछुआरे' के समक्ष हिन्दी में सागर, 'लहरें और मनुष्य' ही ऐसा उपन्यास है जो कई प्रवृत्तियों में समान है तथा प्रेम-कथा की बुनियाद पर मछुआरों की जीवन-प्रक्रिया का खुलासा करता है।

'कब तक पुकारूँ' नटों के जीवन की जटिलताओं पर आधारित है। इसमें प्रसंगवश ही दूसरी जातियों के लोग आ सके हैं और अपनी संरचना में भी यह रोमानी उपन्यास है जो नटी की लड़की चंदा से ठाकुर पुत्र नरेश की शादी कराता है। फिर भी नट-जीवन के द्वंद्वों का उभार यहाँ बखूबी मिलता है। तकषी और भट्ट के उपन्यासों को तुलनात्मक दृष्टि से परखने का एक कारण यह भी है कि ये दोनों उपन्यास तात्विक और परिवेश के स्तार पर अलग होते हुए भी अपने-अपने क्षेत्रों के मछुआरों के कुंठित भविष्य पर सवाल खड़े करते हैं। केरल के समुद्रतटीय मछुआरों की ज़िंदगी में सभ्यता और आधुनिक चेतना का दख़ल तक नहीं है। वे अपने संस्कारों और रूढ़ परंपराओं से इतने चिपके हुए हैं कि उससे उबर पाना असंभव-सा प्रतीत होता है। एक ऐसे भारत में जहाँ आज भी इस तरह के समाज मौजूद हैं जिनकी समूची जीवन प्रक्रिया आदिम जीवन प्रक्रियाओं की याद दिलाती हो, वहाँ भला किस तरह की प्रजातांत्रिक व्यवस्था हो सकती है। तकषी की सृजनशीलता केवल इतनी ही नहीं है कि उन्होंने उस समाज की पूरी प्रक्रिया को बारीक़ी से पकड़ा है। जब महानगरीय संत्रासों की कशमकश में व्यक्ति लगातार अकेला पड़ता जा रहा है, जब नगर और गाँव के जीवन के द्वंद्व से व्यक्ति और परिवारों का अस्तित्व संकट में पड़ गया हो, तब भी देश में ऐसी आदिम मानसिकता वाली जातियाँ हैं और इन जातियों में मछुआरे जाति के लोगों के जीवन-संघर्ष को उन्होंने तादात्म्य स्थापित करके चित्रित किया है।

भट्ट का उपन्यास मछुआरों की इस आदिम जीवन शैली से अलग होकर भी उनकी

मान्यताओं और अंतर्विरोधी जड़ता में समान है। यहाँ नए और पुराने मूल्यों की टकराहट है जिसमें रूढ़ संस्कार भी हैं और नए होने की चेतना की छटपटाहट भी। उदयशंकर भट्ट 'नए मोड़' और 'शेफ़ालिका' उपन्यासों के छपने पर हिन्दी में व्यक्तिवादी उपन्यासकार कहे गए थे। उन्हें एकांगी रोमानीपने का लेखक भी कहा गया था। शायद इसी कारण 'सागर, लहरें और मनुष्य' जैसे संश्लिष्ट जीवन-चित्र के उपन्यास की सूचना सिर्फ़ इतिहासों में दर्ज की गई। लेकिन मछुओं की जीवन-कथा को, नगर और गाँव को, एक-दूसरे के संपर्क में ला कर भट्ट ने जिस प्रकार उनके जीवन की एकांगिकता की दरारों को पकड़ा है और बदलाव की प्रक्रिया का चित्रण किया है, वह परिस्थितियों की अनिवार्यता के साथ-साथ पूँजीवादी यातना का दस्तावेज़ भी है।

तकषी की करुत्तम्मा, भट्ट की रत्ना और नागार्जुन की मधुरी अपने-अपने दायरे में क़ैद होना अगर न स्वीकार करतीं तो इसके पीछे उत्पीड़न और शोषण की वह लम्बी परंपरा है जो नारियों को सदियों से पीसती रही है। यहाँ यह खुलासा कर देना प्रासंगिक है कि तकषी की करुत्तम्मा जिस सहजता और स्वाभाविकता में अपने पिता का विरोध करती है, विधर्मी परीकुट्टी के प्रति राग रखती है और शादी के बाद भी पति-पत्नी से अपने और परीकुट्टी के संबंधों के बारे में बता देना चाहती है, वैसी सहजता भट्ट की रत्ना में नहीं है। वह तो स्वार्थी संबंध बनाती है और यशवंत, माणिक तथा धीरूवाला के संबंधों को लेकर बहुत कम स्थलों पर तनावग्रस्त दिखाई देती है। उसका विरोध रूढ़ परंपराओं से तो है, प्राचीन जीवन-शैली से भी है, पर अचानक बड़ी होने की ललक उसे हास्यास्पद बनाती है और पूँजीवादी दलदल में जा धँसती है। पूँजीवादी यातना और लगभग निगल जाने वाली संस्कृति के ख़िलाफ़ वह सुगबुगाती भी नहीं। नागार्जुन की मधुरी तो इन सबसे अलग संचित क्रांति की महिला है। वह सहज महिलाओं से अलग दिखाई देती है, इसलिए वह विश्वसनीयता की कसौटी से दूर जा पड़ती है। यहाँ हमें पहले 'मछुआरे' की कथा को देखना होगा।

केरल के समुद्रतट पर चेम्पन अपनी पत्नी चक्की तथा पुत्रियाँ करुत्तम्मा और पंचमी के साथ रहता है। वह ग़रीब है तथा अपेक्षाकृत चालाक भी। उसकी पत्नी चक्की बहुत परिश्रमी है जो दिनभर मछली के टोपे को लेकर गाँव-गाँव घूमती है। फिर भी, ग़रीबी बनी रहती है। उसी तट पर अब्दुल्ला का पुत्र परीकुट्टी भी रहता है जो मछलियों का व्यापार करके रोज़ी-रोटी चलाता है। चेम्पन की बेटी करुत्तम्मा और अब्दुल्ला का बेटा परीकुट्टी बचपन के साथी हैं जो साथ-साथ खेल कर बड़े हुए हैं। उम्र बढ़ने के साथ उनमें परस्पर आकर्षण बढ़ता जाता है। वे किसी भी तरह नाव की ओट में रोज़ मिलते हैं और हँसते-बोलते हैं। एक-दसूरे से मिले बिना दोनों को चैन नहीं आता। इसी बीच करुत्तम्मा के कहने पर परीकुट्टी ने उसके पिता को नाव और जाल खरीदने के लिए कुछ पैसे उधार दिए और कुछ बोरी मछलियाँ भी चुरा कर दीं जिससे चेम्पन नाव और जाल खरीदने में सफल हो गया। उसके बाद उस की दरिद्रता किनारे लग गई पर उसने परीकुट्टी का कर्ज़ वापस नहीं किया। करुत्तम्मा अपनी

माँ चक्की से परी का पैसा लौटाने का आग्रह करती रही पर पैसा न लौटा। इधर परी और करुत्तम्मा के संबंध को लेकर मछुआरों में तरह-तरह की बातें शुरू हो गईं। इसका परिणाम यह हुआ कि चेम्पन ने परी करुत्तम्मा के मिलने पर पाबंदी लगा दी। करुत्तम्मा परी से प्यार करती थी लेकिन वह उसे भूल भी सकती थी। पर क़र्ज की वापसी न होने से परी का व्यापार लड़खड़ा गया और उसकी हालत ख़स्ता हो गई। उसके इस हाल का ज़िम्मेदार स्वयं को मानकर करुत्तम्मा ने यह मान लिया कि वह उसी की है। परी को न पैसा मिला और न करुत्तम्मा मिली। वह वियोग में रात-रात भर समुद्र तट पर विरह का गीत गाता और इधर करुत्तम्मा सिसकियाँ लेती।

लोक-लाज और मछुआरों के भय से चेम्पन ने दूर के एक मछुआरे युवक पलनी से करुत्तम्मा की शादी कर दी। करुत्तम्मा पलनी के यहाँ गई और दिन गुज़ारने लगी। लेकिन वहाँ भी धीरे-धीरे परीकुट्टी के साथ विधर्मी संबंध की अफ़वाह आ पहुँची। इधर चक्की के मरने के बाद चेम्पन ने पाम्पी से शादी की जिसके पास पहले से ही गंगादत्त नामक एक लड़का था। उस लड़के की शैतानी को लेकर पति-पत्नी में झगड़ा होता रहता। चक्की के मरने के बाद चेम्पन की हालत बहुत अच्छी नहीं रह गई थी। पंचमी भागकर करुत्तम्मा के घर गई जहाँ उसकी गोद एक लड़की से भरी थी। परी भी घूमते-घूमते करुत्तम्मा के यहाँ आ धमका। उसने उसे पुकारा और उधर समुद्र में तूफ़ान आ गया जिसमें पलनी की नाव फँस गई। वह बहुत देर तक तूफ़ान से लड़ता रहा और अंत में दम तोड़ दिया। और इधर करुत्तम्मा और परीकुट्टी एक दूसरे के होकर समुद्र तट पर मृत पाए गए। दूसरे रोज़ सब सामान्य हो गया।

'मछुआरे' की इस कथा-सृष्टि में तकष़ी ने इस लोक मान्यता का आधार लिया है कि अगर मछुआरे की पत्नी चरित्रहीन है तो वह पति सहित पूरे समाज को नष्ट कर देती है। इस मान्यता को तकष़ी ने ज्यों का त्यों स्वीकार किया है जो अटपटा लगता है। उनके इस उपन्यास के सभी पात्र इस अंधविश्वास से गहरे स्तर पर प्रभावित हैं। इतना ही नहीं, लेखक का पक्ष स्पष्ट भी नहीं होता। लेकिन इससे अलग मछुआरे में केरल के समुद्र तट पर बसे मछुआरों की संस्कृति, रीति-रिवाज, जीवन-शैली तथा अंधविश्वास के दूसरे पक्ष खुलकर सफ़ाई से सामने आते हैं। यह बात तो और भी स्पष्ट है कि ये मछुआरे 'समुद्र सेवा' के अतिरिक्त कुछ भी करना नहीं चाहते। वे समुद्र माता की संतान हैं इसलिए यही सेवा उनकी नियति है।

उदयशंकर भट्ट का उपन्यास 'सागर, लहरें और मनुष्य' बंबई के पास समुद्र तट पर बसे बरसोवा गाँव के मछलीमार कोलियों के जीवन को लेकर लिखा गया है। इसकी कथा में विट्ठल और वंशी की बेटी रत्ना केन्द्रीय पात्र है। वह सामान्य मछुआ लड़कियों से अलग है। माँ-बाप की ये तमन्ना है कि रत्ना खूब पढ़े-लिखे और नाम करे। रत्ना बचपन में बहुत चुहल करती रहती है और सहेलियों के संग इठलाती फिरती है। वह सयानी होकर कॉलेज में पढ़ती है और बड़े-बड़े सपने देखती है। इस बीच वह अपने नाना के पुत्र यशवंत के साथ

घूमती है। एक दिन समुद्र तट पर विट्ठल एक अधमरे युवक माणिक को देखता है और घर ले आता है। कुछ दिनों के इलाज के बाद वह स्वस्थ हो जाता है और रत्ना से उसके संबंध बनते हैं। कुछ दिनों बाद दोनों की शादी हो जाती है। लेकिन माणिक से रत्ना की नहीं बनती। वह घर लौट आती है और धीरूवाला से संबंध बनाती है जिसके परिणाम स्वरूप वह गर्भवती भी हो जाती है। उपन्यास का अंत अत्यंत नाटकीय है जहाँ डॉ. पांडुरंग उसके जीवन में अचानक आता है और उसे पंचगनी सैर के लिए ले जाता है और बाद में रत्ना को पुत्र सहित अपना लेता है। इस अपनाने में उपभोक्ता संस्कृति के आगे पारंपरिक संस्कृति का हथियार डालना ही है।

इस प्रकार यह उपन्यास रत्ना के जीवन को अत्यंत नाटकीय मोड़ देकर समाप्त हो जाता है। उपन्यास के आरंभ से अंत तक कई ऐसे प्रसंग आते हैं जिनमें मछुआरों के जीवन के विविध पहलू सामने आते हैं। लेकिन उपन्यासकार की बेरुख़ी के कारण उनमें वैसी गहराई नहीं आ पाई है जिस तरह तकषी के यहाँ मौजूद है। अब यहाँ इन दोनों उपन्यासों के विभिन्न पक्षों पर विचार किया जाए जिससे असमानता और समानता के सूत्र खुलकर सामने आ सकें।

तकषी का उपन्यास मछुआरे केरल के समुद्र तट पर बसे मछुआरों के जीवन के विविध पात्रों को तीव्र संवेदनात्मक धरातल पर उपस्थित करने के कारण उत्कृष्ट बन पड़ा है। उपन्यास घटना-प्रधान ही है पर उपन्यास वाह्य और आंतरिक यथार्थ को उसके अंतर्विरोधों में प्रस्तुत कर सजीव हो गया है। इसके विपरीत, भट्ट का उपन्यास 'सागर, लहरें और मनुष्य' घटना प्रधान होते हुए भी मछुआरों के जीवन को सहज सूत्रों में नहीं बाँधता, इसलिए यथार्थ का स्वर हल्का है। इन दोनों उपन्यासों में जो समानता पहले दिखाई देती है—वह है जाति विशेष के जीवन के रीति-रिवाज, आचार-व्यवहार के आधार पर कथा रचने का यन्त्र। लेकिन कथा-वस्तु की प्राथमिक असमानता गाँव और क़स्बे की है। 'मछुआरे' में मछुआरों के रीति-रिवाज, संस्कार, धार्मिक विश्वास आदि का चित्रण बहुत सजीव है। उपन्यास में मछुआरों के जीवन की छोटी-छोटी सूचनाएँ भी प्रकाशित हुई हैं जिससे पाठकों के समक्ष मछुआरों की एक पूरी दुनिया उपस्थित हो जाती है। इसके समानांतर भट्ट के उपन्यास 'सागर, लहरें और मनुष्य' में भी कोलियों के वाह्य तथा भीतरी संघर्ष के चित्र प्रस्तुत हैं। इनके जीवन के विविध रंगों को उभारने में भट्ट ने काफ़ी श्रम किया है। यहाँ भी मछुआरों के सामान्य जीवन के चित्र जुटा कर उन्हें सजीव किया गया है। कोलियों के उत्सव और समारोहों के कुछ चित्र तो बेहद अच्छे हैं। इनके साथ-साथ कोलियों के धंधे की विभिन्न समस्याओं, आर्थिक कठिनाइयों आदि का चित्र भी कम प्रभावकारी नहीं।

इस परिवेश की सृष्टि में दो तत्वों का योग है—एक तो लरजता-गरजता समुद्र का चित्र और दूसरा इसकी खनकती बंबइया हिन्दी। वरसोवा के पास के समुद्र की मंद और कभी तेज़ तूफ़ानी गर्जन समूचे उपन्यास में सुनाई पड़ती है। माणिक का समुद्र से संबंधित वर्णन तो और भी उल्लेख्य है। और यह कहना शायद ग़लत नहीं है कि ऐसा चित्र हिन्दी में पहली

बार आया है। दूसरा तत्व है—भाषा। भट्ट के इस उपन्यास में अधिकांश पात्रों की भाषा खनकती 'बंबइया हिन्दी' है जिसके बीच मराठी को जोड़कर उपन्यासकार ने अद्‌भुत मणिकांचन प्रयोग किया है। एक प्रसंग की बातचीत देखिए—

'रत्ना तुम इदर किदर क्या करताय। दीखताय जैसे सिनेमा का कोई अपने प्रेमी का इंतज़ार करता होयेंगा। कितना चांगलाय ए सब।'

जब यशवंत पास आ गया तो रत्ना ने कहा,

'तुमने ओ महाभारत का कथा सुनाय यशवंत?'

'कौन कथा?'

'ओ मत्स्यगंधा का।'

'तेरे कू मत्स्यगंधा बनने का क्या?'

'हम जानता माँगताय, कइसा होयेंगा ओ मत्स्यगंध?' रत्ना ने यशवंत से पूछा

(सागर, लहरें और मनुष्य—पृ. 15)

किन्तु इन सबके बावजूद उपन्यास में सहज और स्वाभाविक स्थितियाँ नहीं बन पाई हैं। अर्थात् भाषा से लेकर जीवन-व्यवहार की सारी प्रक्रियाएँ अनिवार्य रूप से पात्रों के साथ जुड़ नहीं पाई हैं। इसका मुख्य कारण यही है कि भट्ट ने इस उपन्यास को स्त्री-पुरुष संबंधों की समस्या से बाहर निकालने की कोशिश कम की है। यही वज़ह है कि रत्ना से जुड़े प्रसंगों के अलावा दूसरे प्रसंग गौण और थोपे हुए लगते हैं। कहना न होगा कि इससे रत्ना की वास्तविकता भी कहीं-कहीं सतही हो जाती है। और तब बंबई के शहरी जीवन की प्रस्तुति तो एकदम निरर्थक हो जाती है। फिर भी गाँव और शहर के द्वंद्व से जिस बदलाव की प्रक्रिया और परिस्थिति की अनिवार्यता को उपन्यासकार ने सूचित करना चाहा है, वह सफल है।

इसके विपरीत, 'मछुआरे' में तकषी ने शुरू से अंत तक स्वाभाविकता बनाए रखी है। उसमें मछुआरों के जीवन के अंतरंग क्षण और दिनचर्या की प्रक्रियाएँ बहुत सहज रूप से चित्रित हैं। वर्णन की साफ़-सुथरी और सुनियोजित प्रविधि के चलते इस उपन्यास में जो प्रभाव पैदा होता है, वह कहीं भी असहज नहीं रहता। 'मछुआरे' में रीति-रिवाजों से लेकर सामूहिक जीवन की समस्याओं तक की सारी स्थितियाँ, चाहे वह अस्तित्व से जुड़ी हों या आर्थिक बदहाली से, एक-एक कर सफ़ाई से खुलती हैं और पाठकों को अभिभूत कर देती हैं। समुद्र में आए दिन तूफ़ानों के वर्णन से लेकर समुद्र माता की अभ्यर्थना, मान्यताएँ आदि इस तरह से चित्रित हैं कि उन्हें मछुआरों के जीवन से अलगा कर नहीं देखा जा सकता। इसका कारण यही है कि तकषी ने कथा की स्वाभाविकता के विरुद्ध अनावश्यक छेड़छाड़ नहीं की है जबकि भट्ट के यहाँ छेड़छाड़ कुछ अधिक ही है। 'मछुआरे' चूँकि अनुवाद के माध्यम से हिन्दी में आया है, इसलिए उसकी भाषा पर बहुत नहीं कहा जा सकता। फिर भी, भाषा की सहजता, कोमलता और चित्रमयता कम प्रभावशाली नहीं है—

समुद्र में न तूफ़ान उठा, न आँधी आई। उल्टे ऐसा लगा कि समुद्र माता मंद पवन के सहारे, लहरों में हिलोरें पैदा करते हुए उन के बुलबुलों के ऊपर सफ़ेद फेनों के ज़रिए मुस्करा रही हो।

क्या इस तरह का प्रेम-नाटक उस समुद्र तट पर इसके पहले भी नहीं खेला गया था?

परी को जो कुछ कहना था, पूछना था, सब एक प्रश्न के रूप में मुखरित हो उठा, 'तुम मुझसे प्रेम करती हो करुत्तम्मा?'

बिना सोचे-समझे करुत्तम्मा ने जवाब दिया, 'हाँ!'

'मछुआरे' में प्रयुक्त चित्र और स्थितियों को गहराई से सामने लाने वाली भाषा की यह सहजता प्रभावकारी है। पूरे उपन्यास में मछुआरों के जीवन के तमाम उतार-चढ़ाव ऐसे आते हैं जैसे एक-एक कर शृंखला चित्र उभरते हैं। इससे उपन्यास में आया परिवेश मछुआरों के जीवन के अनेकानेक प्रसंगों से निनादित हो उठा है। सर्वत्र एक मोहक दुनिया बिछी हुई है जिस पर मछुआरों के के राग-विराग, ईर्ष्या-द्वेष तथा जीवन-संघर्षों की तमाम घटनाएं घटती जाती हैं। पूरा उपन्यास नाव, जाल, मछली, समुद्र, पतवार और मछुआरों के बीच चलने वाले हालातों से भरा पड़ा है। लेकिन जैसा कि मैंने आरंभ में संकेत किया है, उपन्यासकार ने रूढ़ मान्यताओं की बुनियाद पर ही पात्रों की सृष्टि की है और उन्हीं मान्यताओं पर समापन भी। इसलिए मछुआरों के संस्कारों की दुविधा से उपन्यास अंत तक तनावग्रस्त रहता है।

'सागर, लहरें और मनुष्य' की रत्ना चालाक और पढ़ी-लिखी महत्वाकांक्षी युवती है जबकि मछुआरे की करुत्तम्मा अनपढ़ और भोली। रत्ना के प्रेम-संबंध में सर्वत्र स्वार्थ है पर करुत्तम्मा में सहज समर्पण। भट्ट ने रत्ना को स्वाभाविक रूप से बढ़ने नहीं दिया और यशवंत, माणिक और धीरूवाला के साथ उसके संबंधों को सही बताने की कोशिश की है जिससे रत्ना पाठकों की सहानुभूति खो देती है। उपन्यास का अंत तो एकदम नाटकीय हो गया है। जबकि मछुआरे की करुत्तम्मा के साथ शुरू से अंत तक पाठकों की सहानुभूति है। उसमें कहीं भी असहजता नहीं आती। करुत्तम्मा से पलनी की शादी के बाद परी से करुत्तम्मा का देह-संबंध कराना और उसके समानांतर तूफ़ान की सृष्टि करना, हालाँकि यह मान्यताओं की स्वीकृति पर ही संभव है। एक तरफ़ पलनी का मरना तो दूसरी तरफ़ करुत्तम्मा और परीकुट्टी का मरा पाया जाना शुद्ध सृजनशील यथार्थ का उदाहरण है। एक हिन्दू मछुआरे की लड़की की शादी एक मुस्लिम लड़के से नहीं हो सकती और होगी भी तो मछुआरा समाज उसे सहन नहीं कर सकता, इससे तकषी बखूबी परिचित हैं। और उस समय (1950 के आसपास) जब हालात और भी जटिल थे। इसलिए उपन्यासकार ने अंतर्धर्मी संबंध दिखा कर यहाँ निश्छल प्रेम की जो कथा बुनी है और उस कथा में पूरे मछुआरे समाज को उसकी जटिलताओं में पकड़ा है, वह बेजोड़ है।

भट्ट के उपन्यास 'सागर, लहरें और मनुष्य' में सहजता पर नाटकीयता आ गई है, खास

कर, रत्ना के चरित्र और उपन्यास के अंत में यह प्रवृत्ति हावी है। दूसरी बात जो खटकती है वह है, यथार्थ पर आदर्श का लचर लेप। इससे उपन्यास की संरचना के तार ढीले हुए हैं। एक बात और खटकती है कि भट्ट के इस उपन्यास में 'मछुआरे' की अपेक्षा मछुआरों के जीवन की जटिलता तथा अन्तर्विरोध सफ़ाई से नहीं खुले हैं। इससे तो कहीं-कहीं पाठकों का विश्वास भी डिगने लगता है। विट्ठल नामक ग़रीब मछुआरा, जो दब्बू और जाहिल व्यक्ति है, पत्नी वंशी के परिश्रम पर जीता है। वह बेटी रत्ना को कॉलेज में पढ़ाता है तथा उसे महान देखना चाहता है, यह बात गले नहीं उतरती। फिर भी परंपरा और आधुनिकता के इसी तनाव से उपन्यास आगे बढ़ता है।

मछुआरे के पात्र सहज और प्रासंगिक हैं। चेम्पन स्वार्थी और मतलबी मछुआरे के रूप में आया है जबकि चक्की पतिभक्त और परिश्रमी औरत के रूप में सामने आती है। करुत्तम्मा निश्च्छल और भोली युवती है। उसके मन में परी और पलनी के बीच के संबंधों को लेकर तनाव उभरता है। परीकुट्टी निस्वार्थ और भले युवक के रूप में आता है। यहाँ यह बात अवश्य कही जा सकती है कि पलनी का चरित्र बिलकुल नहीं खुला।

शिल्प के स्तर पर दोनों उपन्यास घटना प्रधान हैं। दोनों उपन्यासों में भाषा के स्तर पर एकता इस अर्थ में है कि ये सहज और प्रसंगानुकूल हैं। वर्णन का कौशल अगर भट्ट के यहाँ ज्यादा प्रभावकारी है तो तकषी के यहाँ चित्रमयता। परिवेश के स्तर पर दोनों उपन्यासों में असमानता बंबई और केरल को लेकर है।

'मछुआरे' में मछुआरों की हालत यह है कि वे परिश्रम न करें तो भूखों मरें। ग़रीबी का आलम यह है कि कोई उधार अनाज तक नहीं देता। ये मछुआरे अजीब दुविधा में हैं। धार्मिक मान्यताओं के दबाव में वे बुरे-भले का विवेक खो चुके हैं। वे समुद्र माता की संतान हैं और जीते जी उन्हें इन्हीं की सेवा करनी है, इस मान्यता के कारण वे दूसरे काम नहीं करते और न ही संघर्ष का रास्ता तैयार होता है। इसी में घटवार की अपनी हुकूमत है। वही तय करता है किसके पास नाव होगी, किसके पास जाल। किसकी लड़की कहाँ ब्याही जाएगी और किसका लड़का कहाँ! कौन मछली का व्यापार करेगा और कौन मज़दूर का काम। हर मछुआरे में धार्मिक कट्टरता व्याप्त है। नारी पतिव्रता है इसकी कसौटी व्यवहार नहीं उसके पति का ज्यादा दिन जिंदा रहना है। चेम्पन से लेकर अच्चन, औसेप्प, गोविन्दन, कादरी, मोतलाली और चक्की के जीवन-व्यवहार में भी इस प्रवृत्ति की कट्टरता दिखाई देती है।

'सागर, लहरें और मनुष्य में' मछुआरों की स्थिति भिन्न है। ये मछुए तकषी के मछुआरे से अच्छी दशा में हैं। इसका कारण बंबई की निकटता है। केरल के मछुआरे जहाँ पत्नियों पर भारी पड़ते हैं वहीं बंबई के मछुआरे पत्नियों का भय मानते हैं। जीवन-स्तर और व्यवहार में अंतर होने के बावजूद समुद्र माता की मान्यता और पत्नी की पतिव्रता की अवधारणा यहाँ भी उसी तरह है। लेकिन घटवार की वह हुकूमत नहीं है। हर आदमी अपना काम करने को स्वतंत्र है। पीने और झूमने की परिपाटी केरल में नहीं है, पर बंबई में है।

इस प्रकार हम देखते हैं कि 1887 में अप्पुनेटुंङ्ङरि के पहले मलयाळी उपन्यास 'कुंतला' की परंपरा को सी. वी. रामन पिल्लै, काराट्ट अच्युतमेनन आदि की तरह तकषी ने भी भागे बढ़ाया है। तकषी पर बहुत दिनों तक मोपाँसा की शैली का प्रभाव रहा। पर वे भारतीय स्थितियों में इतने रमे हैं कि यथार्थ का बारीक पर्यवेक्षण हो सका। भट्ट ने व्यक्तिवादी चिन्तन से स्वयं को मुक्त कर 'सागर, लहरें और मनुष्य' में मछुआ जीवन की कथा की पृष्ठभूमि पर जिस तनाव की सर्जना की है वह बदलाव की प्रक्रिया का तनाव है।

इन दोनों उपन्यासों की अंतर्वस्तु की पड़ताल करने पर यह स्पष्ट होता है दोनों उपन्यासों में, अपने-अपने स्तर पर तमाम असमानताओं और पारिवेशिक भिन्नताओं के बावजूद आने वाले कल की समस्याओं को वर्तमान की समस्याओं से मिलाकर दिखाने की कोशिश की गई है। इसके दोनों जगह अलग-अलग रूप हैं। तकषी में अस्तित्व और पुरानी मान्यताओं का संघर्ष है तथा भट्ट में अस्तित्व-अनस्तित्व के बीच संघर्ष है। तकषी के उपन्यास के पात्रों में रूढ़ मान्यताओं के बावजूद एक गहरी हताशा और असंतोष की गहराई है। घटवार के सामंती प्रतीक के माध्यम से तकषी ने जड़-व्यवस्था का आतंक दिखाया है और यह भी स्पष्ट किया है कि रूढ़ मान्यताओं के संस्कार में ढली करुत्तम्मा जाति और संप्रदाय को प्रेम के आगे महत्त्व नहीं देती। वह अगर पिता के प्रस्ताव और आदेश का खुला विरोध नहीं करती तो सिर्फ़ इसलिए कि परीकुट्टी उसकी मदद का संकेत नहीं देता। पात्रों के भीतर का आक्रोश और खीझ कभी भी और किसी भी वक्त अपनी जकड़बंदियों के खिलाफ खड़े हो सकते हैं।

भट्ट के पात्रों में वह तिलमिलाहट और खीझ नहीं है लेकिन गाँव और शहर के तनाव से बदलाव की प्रक्रिया से वे बेखबर नहीं है। रत्ना का लगातार महत्त्वाकांक्षी होने की निरंतरता में संबंध बनाते जाना और अचानक डॉ. पांडुरंग का हो जाना नए-पुराने के द्वंद्व में उपभोक्तावादी रुख की जीत का उदाहरण है। वह न मछुआरिन रही है न शहरी बन पाई। यह दुविधा यह सूचित करने के लिए काफ़ी है कि बदलते हुए समाज में अपने स्वत्व की रक्षा और पहचान को सुरक्षित करके एक निश्चित जीवन शैली अख्तियार करने के बीच कितना बड़ा संघर्ष है। दोनों उपन्यासों में समस्या की निरंतरता और पात्रों का लगातार उससे जूझते जाना दो भिन्न स्तरों पर होकर भी इस अर्थ में समान है कि वहाँ जीवन का संघर्ष है और इसी स्तर पर दोनों में आंतरिक एकता प्रकट होती है जो भारतीय साहित्य के वैविध्य की एकता ही है।

जैनेन्द्र की प्रासंगिकता का प्रश्न

आज के इस कठिन समय में, जब संस्कृति के दूसरे क्षेत्रों की तरह हिन्दी साहित्य भी भयावह संक्रमण के दौर से गुज़र रहा है, जैनेन्द्र जैसे पूवर्ज कथाशिल्पी का याद आना स्वाभाविक है। जैनेन्द्र की देन को केवल एक खाने में रखकर देखने से जो मुश्किलें आती रही हैं या जिनसे उन्हें लगभग अप्रासंगिक तक कहा जाता रहा है, उससे अब मुक्त होकर जैनेन्द्र को देखने की ज़रूरत आ पड़ी है। जैनेन्द्र ने अपने समय की चिन्ताओं को परखा था और इसी के अनुरूप साहित्य और चिन्तन के क्षेत्रों में सार्थक काम भी किया। यह कहना शायद अतिकथन लगता हो, पर सच्चाई यही है कि अकेले जैनेन्द्र ने जितने स्तरों पर काम किया, उतना काम बहुत कम लोगों का है। यह कम युगान्तरकारी काम नहीं था कि प्रेमचंद के जीते-जी और हिन्दी कथा साहित्य की मुख्य धारा के समानांतर जैनेन्द्र ने नयी परंपरा ही शुरू कर दी। 'परख', 'सुनीता' या 'त्यागपत्र' उस समय लिखे गये उपन्यास हैं जब भारत गुलाम था और हर स्तर पर देश अंग्रेजों से जूझ रहा था। अपने स्तर पर जैनेन्द्र ने इन उपन्यासों के माध्यम से ऐसी नारी सृजित की जो आनेवाले भारतीय समाज में अपनी भूमिकाएँ निभा सके। ये नारियाँ आज देखने से वायवीय भले लगने लगें, पर इनकी भूमिकाएँ आज के सामाजिक जीवन में बखूबी देखी जा सकती हैं। इन नारियों के अपने प्रश्न हैं, अपनी नैतिकता है और दुनिया-जहान को देखने की अपनी दृष्टि भी है। आज नारियों पर जो लिखा जा रहा है, उसके बहुत सारे सूत्र जैनेन्द्र के साठ वर्ष पहले के लेखन में आसानी से मिल जाते हैं। जैनेन्द्र की प्रासंगिकता का यह एक सबल प्रमाण है।

जैनेन्द्र के लेखन का ज़्यादा हिस्सा उन रचनाओं का है जिसमें वे परिवारों के टूटने की समस्या से जूझते हैं। तीस और चालीस के दशक में जैनेन्द्र ने देखा था कि पश्चिम के लगातार संपर्क और औद्योगिक विकास के कारण दुनिया भर में आश्चर्य का विषय बने हमारे परिवार टूट जायेंगे। परिवारों का टूटना केवल एक ढाँचे के टूटने का प्रश्न नहीं था वरन् एक सहिष्णु व्यवस्था के टूटने का प्रश्न भी था। जैनेन्द्र ने उपन्यासों और कहानियों में इसके खतरनाक पहलुओं की ओर ध्यान आकर्षित किया और इसके भयानक परिणामों के प्रति सावधान किया। एक सीमा तक 'परख' और शेष दो उपन्यास—'सुखदा' और 'कल्याणी' इस समस्या से जूझते देखे जा सकते हैं। यह दिलचस्प है कि जिस जैनेन्द्र को हाशिये पर रखने की कोशिशें होती रही हैं उसी लेखक ने अपने पहले ही उपन्यास 'परख' में एक बाल विधवा की समस्या उठाई और उसे प्रेम करने तथा सामान्य नागरिक-जीवन जीने देने की ज़ोरदार पहल की।

आज के समय में यह कोई क्रांतिकारी काम नहीं है, पर साठ-पैंसठ वर्ष पहले इसका बहुत महत्व था। जिस 'त्यागपत्र' को पढ़ते हुए जैनेन्द्र पर बार-बार यह आरोप लगा कि वे यथास्थितिवादी लेखक हैं; वह 'त्यागपत्र' प्रखर व्यवस्था विरोधी उपन्यास है क्योंकि वहाँ पूरी तरह से जड़ समाज-व्यवस्था के प्रति तिरस्कार है। मृणाल समाज की दुर्व्यवस्था का शिकार होकर भी उसकी मंगलकामना में टूटती रहना चाहती है, तो ऐसा करके भी वह उसकी आरती नहीं उतारती बल्कि उसे तिरस्कृत करती है। प्रमोद का भी जज़ी से त्यागपत्र देना यही सिद्ध करता है कि वह उस व्यवस्था को मंजूर नहीं कर सकता, जिसमें रहकर वह अपनी बुआ तक के साथ भी न्याय नहीं कर पाता।

यह अजीब विडंबना है कि जैनेन्द्र को देखने-परखने में हमेशा पूर्वग्रह से काम लिया जाता रहा। जैनेन्द्र को ग़लत ढंग से ही देखने का परिणाम है कि इतने बड़े कथाकार पर आज भी ठीक-ठाक सामग्री उपलब्ध नहीं है। यह तथ्य है कि किसी भी बड़े भारतीय लेखक की तरह जैनेन्द्र की रचनाएँ व्यापक मानवीय सरोकारों को लेकर चलती हैं जिसमें हमारे सामाजिक जीवन के बहुत-से प्रश्न एक साथ मिलते हैं। इन प्रश्नों में नारी स्वाधीनता, पुरुष के उत्तरदायित्व, स्त्री-पुरुष सहकार और परिवार, विवाह, प्रेम, त्याग, राजनीति जैसे अनगिनत प्रश्न शामिल हैं जिन पर जैनेन्द्र ने न केवल लिखा है बल्कि चरित्रों के संघर्ष से एक सुगठित जनमत भी बनाया है। जैनेन्द्र ने व्यापक मानव-जीवन की अंतरंगता में जाकर यह भी देखने की चेष्टा की है कि वस्तुत: मनुष्य जीवन में मुक्ति के बोध का क्या स्तर है और क्या स्थिति है। 'मुक्तिबोध' के बहाने जैनेन्द्र ने जीवन की जटिलता में व्यक्ति के इसी काम्य पुरुषार्थ और आकांक्षा को विश्लेषित किया है। यह भी कम रोचक तथ्य नहीं है कि जिन राजनीतिक प्रश्नों पर आज भारत और दुनिया भर के देशों में गरमागरम बहस छिड़ी हुई है, उन्हें संपूर्णता में जैनेन्द्र ने 'जयवर्द्धन' नामक उपन्यास में देखने का प्रयत्न किया है। राष्ट्र, राज्य, प्रजातंत्र, शांति, राष्ट्र और धर्म, धर्म की सीमा, वर्गभेद जैसे प्रश्न यहाँ बार-बार उठते हैं और उनका समुचित समाधान मिलता है। जैनेन्द्र की समकालीन प्रासंगिकता का यह भी एक पक्ष है।

जैनेन्द्र की कहानियाँ भी अपने इसी रूप में एक नये भावलोक में ले जाती हैं और पाठकों को उद्वेलित कर देती हैं। 'पाजेब', 'पत्नी', 'नीलम देश की राजकन्या', 'अपना-अपना भाग्य' आदि कहानियाँ न केवल कहानियाँ हैं वरन् एक ऐसा सृष्टिलोक भी हैं जहाँ स्थितियाँ अंकित हैं और चरित्र गतिमान। सबमें समस्या की निरंतरता है और पात्रों का लगातार उससे संघर्ष। कहीं बाल मनोविज्ञान का महीन चित्र है तो कहीं एक भारतीय स्त्री के जीवन का समाजशास्त्र उद्‌घाटित है। कहानीकार अपने में मगन चरित्रों को छोड़ देता है और स्थितियाँ खुद कहानियों की धारा को मोड़ती चली जाती हैं। अपने उपन्यासों की तरह जैनेन्द्र ने कहानियों में भी कई तरह से उठे सवालों से जूझने की कोशिश की है और एक नई चेतना दी है। जैनेन्द्र का कथा संसार यद्यपि संपूर्ण कथा संसार नहीं है क्योंकि जीवन के कुछ ही प्रश्न यहाँ अनेक स्तरों

पर बार-बार उठते प्रतीत होते हैं, पर जो संसार यहाँ है, वह संपूर्णता में है और उसके कोई प्रश्न अछूते नहीं छोड़े गये। इस स्तर पर जैनेन्द्र का यह संसार मध्यवर्गीय शिक्षित हिंदू समुदाय का संसार सिद्ध होता है। पर इससे उनकी सीमा निर्धारित नहीं हो जाती।

जैनेन्द्र कृतिकार के साथ-साथ चिन्तक भी रहे हैं जिन्होंने समय-समय पर नाना विषयों पर अपने विचार दिये हैं। आज की आपाधापी से भरी हमारी ज़िंदगी जैसे-जैसे उपभोक्ता संस्कृति में दाख़िल हो रही है, वैसे-वैसे तमाम मानवीय चिंताओं की ओर लौटने की ज़रूरत बन रही है। जैनेन्द्र इस जड़ संस्कृति और सोच को चुनौती देते ऐसे हिन्दी लेखक हैं जिनका एक-एक शब्द पाठक को इसके प्रतिपक्ष में खड़ा करता है। उनके यहाँ चरित्रों का जो भारतीय भाव है या उनके चिंतन में जो बुनियादी देशी विचार हैं, वे न तो परंपरा में गड़े रहने के लिए कहते हैं और न आधुनिकता के नाम पर स्वत्व को होम कर देने की भावना पैदा करते हैं। एक सुचिंतित भारतीय विचारक होने के कारण आज के बहुत से प्रश्नों का जवाब जैनेन्द्र के यहाँ मौजूद है और वे इसलिए भी प्रासंगिक हैं।

जैनेन्द्र हिन्दी में सर्वथा पहले ऐसे लेखक हैं जिन्होंने कहानी और उपन्यास को नई भावभूमि दी, भाषा दी, नये शिल्प तथा नई तकनीक में उसे ढाला। जैनेन्द्र के पहले तक बिना कहानी के उपन्यास या कहानी बना लेने की कल्पना भी किसी ने न की होगी। जैनेन्द्र ने इस ढाँचे को तोड़ा। जैनेन्द्र के यहाँ घटनाएँ महत्त्वहीन हुईं, चरित्रों के द्वंद्व और संघर्ष जुड़े और इस तरह उपन्यास और कहानी के एक नये युग में हिन्दी पाठक का प्रवेश हुआ। जैनेन्द्र की कथा-यात्रा में कथानक की न्यूनता और चरित्रों के अंतस्संघर्ष में उनकी जादुई भाषा का कम योगदान नहीं है। कम से कम शब्दों में गहरे अर्थ की व्यंजना वाली बोलचाल की यह हिंदी भी इतनी अर्थसामर्थ्य वाली हो जायेगी, यह कौन जानता था। लक्षणा और व्यंजना की यह हिन्दी जैनेन्द्र के यहाँ विलक्षण नाटकीयता पा जाती है जिसे बोलते हुए चरित्र बहुत बार अभिनय का-सा आस्वाद देने लगते हैं। जैनेन्द्र ने हिन्दी कथा साहित्य में पहली ही बार मौन और भंगिमा जैसे आंगिक-मानसिक संवेगों को भाषा का जामा पहनाया तथा उससे नयी अर्थ संभावनाएँ पैदा कीं।

जैनेन्द्र को याद करते हुए जहाँ आज यह ज़रूरत है कि उनकी देन को नये सिरे से मूल्यांकित किया जाय, वहीं इस बात की भी आवश्यकता है कि उनकी प्रासंगिकता के पक्षों से खुद को जोड़ा जाय। कथा साहित्य की समकालीन स्थिति में भी जैनेन्द्र भाषा, तकनीक और कौशल में अभी बहुत कुछ दे सकते हैं और लगातार उनकी रचनाओं से संवाद करके कथा साहित्य की इतिवृत्तात्मकता तोड़ी जा सकती है। जैनेन्द्र को याद करके वस्तुतः हिन्दी भूली राह पायेगी।

जैनेन्द्र जितने बड़े कथाकार हैं उससे कम बड़े विचारक नहीं हैं बल्कि कई बार तो यह लगता है कि उनका विचारक ही साहित्यकार जैनेन्द्र को नियंत्रित करता है। साहित्यकार के स्तर पर भी जैनेन्द्र ने अपने समय तथा समाज के तीखे सवालों से टकराने की कोशिश की

है और अपने ढंग से हर पहलू को देखा-परखा है। जैनेन्द्र एक विचारक के रूप में राष्ट्रीय और अन्तर्राष्ट्रीय प्रश्नों पर विचार करते रहे हैं और बहुत बार ये विचार सामान्य भारतीय नागरिक के अपने विचार भी लगते रहे हैं। जैनेन्द्र के विचारों की समकालीनता का एक बड़ा सबूत भी यह है कि वे जो सोचते हैं, बहुधा भारतीय मूल्यों और सांस्कृतिक चिंतनों को जाननेवाले नागरिक भी ऐसा ही मानते हैं। इस स्तर पर जैनेन्द्र न तो शुद्ध गाँधीवादी चिंतक ही बने रह जाते हैं और न सैद्धांतिक मान्यताएँ देनेवाले विचारक। तब वे एक सुलझे हुए वयस्क अभिभावक की तरह सामने आते हैं और जीवन के तापे-भोगे अनुभव में हमें भागीदार बनाते हैं।

जैनेन्द्र के मन में दुनिया-जहान के बहुत सारे प्रश्न थे और इन सारे प्रश्नों पर उन्होंने कथाकृतियों और चिन्तनकृतियों में विचार किया है। बहुत बार विभिन्न अवसरों पर दिए गये उनके व्याख्यान भी इन प्रश्नों के उत्तर खोजने के प्रयत्न लगते हैं।

जैनेन्द्र में अन्य प्रश्नों की ही तरह यह प्रश्न बार-बार आता है कि राष्ट्र और राज्य क्या हैं और इनकी प्रासंगिकता किस रूप में अधिक महत्त्वपूर्ण हो सकती है। इस प्रश्न पर विचार करते ही जैनेन्द्र एक टक ध्यान करते हैं और यह बताते हैं कि आधुनिकता अपने साथ इस अवधारणा को लाती है जिसमें छोटे-बड़े वर्ग, समुदाय या भूभाग की समाज-व्यवस्था एक राष्ट्र की व्यापकता में समा गई। इस तरह राज्य का स्थानीय आधार राष्ट्र की बड़ी व्याप्ति में समा गया। लेकिन कठिनाई यही है कि हमारे राज्यत्व और राष्ट्रत्व में भेद क्यों आता गया? उत्तर यही है कि भेद की यह विभाजक रेखा राष्ट्र और राज्य को बाँट देती है जिससे राज्य अपनी स्थानीयता खो देता है और राष्ट्र अपनी व्यापकता। इसलिए होना यह चाहिए कि समय की नज़ाकत को देखते हुए एक राष्ट्रीय चरित्र में हम अपने को ढालें पर यह याद रखें कि स्थानीयता हमारे इस राष्ट्र की शक्ति है, वह खत्म न हो। यहाँ यह ध्यान देने की बात है कि जब जैनेन्द्र स्थानीयता को सुरक्षित रखने की बात करते हैं तो वे भाषा, संस्कृति और एक स्थान विशेष की विशिष्टता को बनाये रखने पर बल देते हैं। इस तरह राष्ट्र-राज्य का यह स्वरूप अपने प्रत्यक्ष और प्रभावी रूप में सबके लिए हितकर हो सकता है।

जैनेन्द्र आगे दुनिया को नियंत्रित करने वाली दो शासन प्रणालियों का जिक्र करते हैं—एक को वे अधिनायक तंत्र मानते हैं तो दूसरी को प्रजातंत्र। यह कहते हुए भी कि लोकतंत्र का कोई प्रामाणिक शास्त्र नहीं है, जैनेन्द्र उसको एक उगती हुई व्यवस्था मानते हैं जबकि अधिनायक तंत्र की आलोचना करते हुए भी वे यह स्वीकार करते हैं कि एकदलीय पद्धति होने के कारण उसमें निन्यानबे प्रतिशत राय चलती है। पर लोकतंत्र की भी यही अच्छाई है कि उसमें मतदाता स्वतंत्र है। लेकिन मुश्किल यह है कि उसे मनुष्य की विवशताएँ संचालित करती हैं। जैनेन्द्र की इस राय को अगर आज़ादी के बाद के चुनावों और राजनीतिक परिप्रेक्ष्य को मिलाकर देखें तो यह स्पष्ट होता है कि प्रजातंत्र का ही जो स्वरूप हमारे यहाँ मौजूद है वह बहुत प्रासंगिक नहीं है क्योंकि उसमें नागरिक चिंताओं की सीधी दखलंदाज़ी प्राय:

नहीं है। मत उन्हें देना है और वे विवश हैं कि दें, न दें तो भी वे चुनाव-प्रक्रिया को प्रभावित नहीं कर सकते।

जैनेन्द्र उस अंतर्राष्ट्रीयता को पसंद करने की बात कहते हैं जिसमें हमारी राष्ट्रीय-सत्ता, और अखंडता को कोई क्षति न हो। वे उसे मंजूर नहीं करते जिसमें अन्तर्राष्ट्रीयता की शर्त पर किसी राष्ट्र की प्रभुसत्ता और जनहित को प्रभावित करने की साजिश हो। लेकिन यह अजीब विडंबना है कि आज भारत इसी तरह की अन्तर्राष्ट्रीयता का शिकार होकर अपनी प्रभुसत्ता से खेल रहा है। ज़ाहिर है, जैनेन्द्र की यह राय राष्ट्रीय-अन्तर्राष्ट्रीय प्रश्नों के बुनियादी सरोकारों से मिलकर एक सही समझ पैदा करती है।

जैनेन्द्र की राय में आधुनिकता के साथ जो प्रबल चुनौती चली आई है, वह युद्ध है। आणविक सम्पन्नता ने राष्ट्रों को अंधा बना दिया है। इसकी एक प्रखर विडंबना यह है कि युद्ध न होने देने के लिए भी जो कार्य किये जाते हैं उससे भी युद्ध की तैयारियाँ ही शुरू होती हैं। तो क्या हम मानवता को बचा नहीं सकते? या कि उसे नष्ट कर देने में ही हमारी प्रभुता सुरक्षित रहेगी। जैनेन्द्र की राय में किसी भी देश की जनता युद्ध नहीं चाहती, पर दो प्रभुताओं की टक्कर में मरती वही है। इसके लिए जनमत ज़रूरी है जो अपने-अपने आकाओं को अपनी सीमाओं में रहने देने के लिए विवश करे। यह कौन करे, प्रश्न है। पर करने के लिए क्या कुछ संभव नहीं है? अन्तर्राष्ट्रीयता में बढ़ता बंधुत्व इसका निषेध कर सकता है क्योंकि वह दुनिया के भीतर की दूरी को पाट सकता है।

जैनेन्द्र जब मार्क्सवाद की आलोचना करते हैं तो यही तर्क देते हैं कि उसमें पूँजीवाद का नाश होना तो ठीक लगता है, पर वहाँ की सत्ता बुद्धि-व्यवसायियों के हाथ चली जाती है और साम्यवाद तब राज्यवाद बन जाता है। अधिपति तो फिर भी सत्ता में रहकर आधिपत्य चलाते हैं पर जनता की ताकत केन्द्रित होती जाती है और सारे मंसूबों के बाद भी उनकी जीवन-दशा अच्छी नहीं बन पाती। जैनेन्द्र की इस चिन्ता का प्रबल प्रमाण सोवियत संघ का विघटन है जिसके वर्षों से चले आ रहे प्रचारों के बावजूद यही दिखाई पड़ा कि राज्यवादी विकास के अलावे वहाँ कोई विकास नहीं हुआ। इसी तरह जैनेन्द्र को मार्क्स की यह धारणा भी बहुत वाज़िब नहीं लगती जिसमें हर हित को श्रम से जोड़ने की बात कही जाती है। वस्तुत: राजसत्ता का विकास ही अपनी परिणति में जनता की बदहाली का कारण बनता है। फौजें बढ़ेंगी, कर बढ़ेगा और जनहित के विविध निकाय जब सरकार के नियंत्रण में होंगे, तो यह स्थिति आयेगी कि असमानता व्यापेगी, असंतोष बढ़ेगा और सब कुछ टूट-फूट जायेगा। यहीं गांधी याद आते हैं जो सबके हित में चलते हैं। पर कहाँ यह सोचा किसी ने! भारत का भी सब कुछ उसी दिशा में मुड़ गया।

जैनेन्द्र किसी विभाजन को समस्या के समाधान में नहीं देखते। वरन् उनका मानना है कि किसी समुदाय या राष्ट्र की स्वायत्तता से ज्यादा यह ज़रूरी है कि अपने सारे मलिन विचार त्याग दिये जायँ। अपसी सहमति और सहकार के बिना स्वायत्तता एक सीमा तक उचित जान

पड़ती है पर बाद में वह बहुकोणीय संघर्ष का द्वार खोल देती है। पाकिस्तान के विभाजन और फिर बांग्लादेश के बँटवारे को ध्यान में रखकर देखा जाय तो आज के संदर्भ में यह बात अक्षरश: सिद्ध होती है। आज वहाँ इतने संघर्ष हैं कि सत्तातंत्र जिसे चाहकर भी हल नहीं कर सकता। इसके विपरीत अपनी प्रभुता कायम कायम रखने के लिए उसे स्वयं भारत की सीमाओं पर फसाद कराने पड़ते हैं।

जैनेन्द्र के यहाँ 'संप्रभुता' केवल एक सत्ता केन्द्रित अवधारणा नहीं है वरन् वह एक राष्ट्र के जन-जन में व्याप्त अपनी संस्कृति, भाषा आचार-व्यवहार और बुनियादी सभ्यता की भावना का नाम है। जब जैनेन्द्र यह कहते हैं तब क्या हमें यह लगता है भारत एक 'संप्रभु' राष्ट्र-राज्य है? नहीं, क्योंकि आज वह अपनी बुनियादी जड़ से लगातार कट रहा है और उसमें भारतीय विचारों के लिए कोई जगह नहीं रही। ऐसे मौकों पर यह कहना आवश्यक नहीं है कि जैनेन्द्र चिंतन में भी हमारे लिए कितने प्रासंगिक हैं।

हिन्दी उपन्यास की परंपरा का एक नया स्वरूप

आजकल हिन्दी में जो उपन्यास लिखे जा रहे हैं, उनमें सामान्य ढर्रे का परिपालन ज्यादा हो रहा है—विविधता या किसी नूतन उन्मेष की कोई पहलकदमी नहीं दिखायी देती। ऐतिहासिक घटनाओं को आधार बनाकर लिखे जाने वाले ऐतिहासिक उपन्यास तो आज लगभग बंद हो चुके हैं, और जो लिखे जा रहे हैं; उनमें से अधिकांश नाम गिनाने से अधिक महत्त्व नहीं रखते। कहना न होगा कि ऐसे समय में ऐतिहासिक पृष्ठभूमि पर लिखे गए उपन्यासों का बहुत महत्त्व है और उसमें भी वर्तमान जीवन संदर्भों को मिलाकर सजीव चित्रांकन करना तो और भी प्रशंसनीय है।

आलोच्य उपन्यास 'पाहीघर' जो कमलाकांत त्रिपाठी का नया उपन्यास है, इस दिशा में रिक्ति की तो भरपाई करता ही है; एक नई राह का प्रवर्त्तन भी करता है। यह उपन्यास अठारह सौ सत्तावन के सिपाही विद्रोह पर आधारित है। लेकिन इस विद्रोह को उपन्यासकार ने समग्र राष्ट्र के परिप्रेक्ष्य में न देखकर मात्र तत्कालीन अवध का क्षेत्र लिया है। इस विद्रोह से तत्कालीन अवध की मध्ययुगीन संरचना पूरी तरह तबाह हो गई थी। और बाद में वहाँ जो प्रशासन और फौजी ताकत बनी उसका आतंक किसी न किसी रूप में आज भी अवध में बना हुआ है। लेकिन इसी वजह से इस उपन्यास को किसी संकीर्ण दृष्टि से नहीं देखा जा सकता। उपन्यास में अवध का तद्‌युगीन जनजीवन साकार हो उठा है और तत्कालीन प्रशासनिक कठोरता भी उजागर हुई है।

'पाहीघर' में मुख्यकथा गुरुदत्त दुबे के परिवार के स्थानांतरण से शुरू होती है जो दो पीढ़ियों तक चलती है। इस क्रम में तत्कालीन अवध की जमींदारी और सामंती जीवन का एक-एक तार सामने आता-जाता है। इस कथा के समानांतर अवध के नवाब वाजिद अली शाह की कथा चलती है जो अंग्रेजों के अवध पर पाँव जमाने और सिपाही विद्रोह की स्थिति तक आती है। कथा बहुत तेजी के साथ आगे बढ़ती है।

गुरुदत्त दुबे मिरजापुर जिले में विंध्याचल के पास कंतित गाँव के रहने वाले थे और वहीं रहकर देवी के मंदिर में पंडा का काम कर अपने परिवार का भरण-पोषण करते थे। नवरात्र के अवसर पर दशरथपुर रियासत के राय कुंजल सिंह जब देवी-दर्शन के लिए यहाँ आए तो गुरुदत्त दुबे ने उनकी भरपूर आवभगत की। इस पुरजोर स्वागत का सुपरिणाम यह निकला कि राय बहादुर ने प्रसन्न होकर उन्हें दशरथपुर आकर बसने का आमंत्रण दे डाला और यह भी सलाह दी कि वहाँ बसौली गाँव की उनकी खुदकाश्त जमीन भी वे ले लें और

उसे जोते-बोवें। गुरुदत्त दुबे ने इस प्रस्ताव पर तत्काल कोई निर्णय नहीं दिया। उन्होंने प्रस्ताव को अपने परिवार के सामने रखा तो बड़े बेटे शंकर ने उसे स्वीकार कर लेने का निर्णय दिया। अंत में दुबे सपरिवार बसौली आकर बस गए। उनका ठाट सामंती हो गया। खेती अच्छी होने लगी। राय बहादुर उन पर प्रसन्न होते गये। आसपास के छोटी जातियों के लोग दिन-भर सबकी सेवा टहल करते और बदले में उन्हें कुछ सेर अनाज मिल जाता।

शंकर की उम्र अधेड़-की हो गई थी इसलिए उनकी शादी न हो सकी। दुर्बली की शादी जल्दी हो गई। गवना के समय का संयोग ऐसा विपरीत हुआ कि इधर बहू का पाँव पड़ा और उधर ससुर गुरुदत्त दुबे हैजे का शिकार हो गए। शंकर की मुस्तैद सक्रियता से गृहस्थी पर कोई अंतर नहीं आया। राय बहादुर ने उन्हें जो मालगुजार का ओहदा दिया था उसे वे बखूबी निबाहते रहे। लेकिन इस बीच वे अपने कारिन्दे जैकरन की बिटिया रुप्पी के करीब आए। मिलना-जुलना जारी रहा। बात हवा बन गई। इस बात को बसौली के सारे लोग जान गए। जैकरन भी जाना, पर मजबूरी के कारण वह अनसुना किए रहा। रुप्पी से शंकर के संबंधों के कारण जैकरन की जिंदगी में कोई कमी न रही। उसके पास शंकर की दी हुई दो बीघा जमीनें भी थी। और ऊपर से और भी खर्च मिलते थे। दुर्बली बड़े भाई शंकर की इस स्थिति से जलता भी था और तिलमिलाता भी। उसे इस जीवन-व्यवस्था से घृणा थी। लेकिन इसे वह व्यक्त न करता था। उससे घर का काम भी न होता था अंततः मौका पाकर वह घर से भागा और सुल्तानपुर रिसाले की फौज में बहाल हो गया।

अवध के नवाब वाजिदअली शाह मसनद पर बैठते ही आवाम की हालत सुधारने के लिए बेताब हो उठे। उन्हें अपने इलाके के रियाया की बदहाली पर तरस आता था। उन्होंने आवाम की हालत सुधारने की गरज से सबसे पहले फौजी ताकत बढ़ाने का काम सोचा, जिससे तालुकेदारों और जमींदारों की मनमानी को रोका जा सके। लेकिन ईस्ट-इंडिया कंपनी के कलकत्ता स्थित बड़े लाट का खरीता आ गया जिसमें उसने फौजी ताकत न बढ़ाने की चेतावनी दी थी। बादशाह ने मजबूरी में इस मंसूबे को रोका। और आवाम के प्रति अपनी जिम्मेदारियों को भूलकर अय्याशी में डूब गए। उधर स्लीमैन नामक अंग्रेज ऑफिसर ने अवध का दौरा कर कंपनी हुकूमत को यह सुझाव दे डाला कि अवध की हालत खराब है, कंपनी उसे अपने कब्जे में ले ले। हुआ भी यही। बादशाह को हटाकर अवध का प्रशासन कंपनी ने सँभाल लिया। इधर कारतूस में गाय और सूअर की चर्बी के मिलावट की अफवाह से सिपाहियों ने विद्रोह किया। कंपनी ने जमींदारी और तालुकेदारी को नयी शक्ल दी। लगान बढ़ायी गयी। शंकर की मालगुजार की पदवी खत्म हुई। दुर्बली विद्रोह में मारा गया और रुप्पी गर्भपात के बाद उपचार के अभाव में चल बसी। शंकर ने जैकरन को उसकी ज़मीन से बेदखल कर दिया। इस कारण जैकरन ने जहर खाकर आत्महत्या कर ली। इस तरह 'पाहीघर' का आरंभिक मजमा समय की आँधी में तबाह हो गया।

इस उपन्यास में मुख्य कथा यही है, जिसका सार-संक्षेप यहाँ दिया जाना जरूरी था ताकि उपन्यास की आंतरिक गुत्थियों को समझना आसान हो सके।

'पाहीघर' की सामंती व्यवस्था शंकर सँभालते थे। वे दशरथपुर रियासत के मालगुजार के ओहदे पर काबिज थे। उनका रवैया रैयतों के खिलाफ नहीं था, लेकिन रियासत की जवाबदेही के कारण उनमें पर्याप्त कठोरता भी थी। दशरथपुर रियासत में राय कुंजल सिंह की तूती बोलती थी तो बसौली का हलका शंकर के रौब से काँपता था। इसी रौब का नतीजा था कि उनके खेतों में मजदूर जी जान से परिश्रम करते थे और द्वार पर कारिन्दों की पूरी टोली थी। उनके द्वारा सताए गए लोगों में जैकरन भी एक था। वर्षों से जैकरन जिस जमीन को जोतता आया था, शंकर ने छीन लिया। इसी जमीन की आड़ में वे उसकी बेटी रुप्पी से खेलते रहे। मजबूर और लाचार जैकरन यह सब अपनी आँखों से देखता रहा। इसी भय के कारण वह रुप्पी के श्वसुर जगेस्सर से कह चुका था कि रुप्पी अब ससुराल नहीं जाएगी। लेकिन जब वह गर्भवती हुई तो जैकरन पर विपत्ति पड़ गई। एक विधवा ब्राह्मणी गर्भपात की यंत्रणादायक तरकीबों का सहारा लेकर भी उसे जिंदा न रख सकी। रुप्पी का मरना और शंकर द्वारा खेत को हथियाया जाना साथ-साथ होता है। बेपनाह शोषण करने और इज्जत से खेलने वाले एक क्रूर मालगुजार चरित्र के रूप में शंकर अपनी पूरी क्रूरता से सामने आते हैं। अठारहवीं शताब्दी के मध्यकाल का सामंती संस्कार शंकर में कूट-कूटकर भरा है। यह वह काल था जिसमें जातिगत आधारों पर भी शोषण होता था। गुरुदत्त दुबे का चरित्र जहाँ पंडा का काम कर गुजारा करने वाले एक संतोषी ब्राह्मण के रूप में उभरा है, वहीं दशरथपुर रियासत के राय कुंजल सिंह का चरित्र एक तालुकेदार के रूप में सामने आया है, जिसमें शोषण और क्रूरता की गहरी पैठ है। वे सारा काम कूटनीतिक समझ से करते हैं। शत्रुता और मित्रता के पीछे स्वार्थ की यही प्रवृत्ति काम करती है। इस प्रकार राय कुंजल सिंह को तत्कालीन तालुकेदारों का प्रतिनिधि चरित्र मान लेना गलत न होगा।

दुर्बली एक बहादुर फौजी है। उसे देश की गुलामी के प्रति अंग्रेजों से संघर्ष करना है। वह आजाद देश में रहना चाहता है। उसमें मानवीयता है और अपनी इसी मानवीयता के कारण यह मार्टिन बर्टन के परिवार को चौकीदारों के हमले से बचाता है, जिसमें बर्टन की बेटी क्लारा भी होती है। भवानी प्रसाद और सुमेर सिंह दुर्बली के साथी हैं, जो हर मौके पर उसका साथ देते हैं। कहना न होगा कि इसी बीच-बचाव में दुर्बली मारा भी जाता है।

अंग्रेज चरित्रों में स्लीमैन, डलहौजी, मार्टिन बर्टन और हेनरी आदि कूटनीतिज्ञ के रूप में उभरकर सामने आते हैं। उनमें मानवीयता की राई-रत्ती भी शेष नहीं है। उन्हें किसी भी कीमत पर शासन चाहिए। जनता की तबाही से उनका क्या वास्ता। अवध को नवाब से हथियाने के लिए जितनी तिकड़में जरूरी थीं, सबने अजमाया और अंतत: अपने मंसूबे में कामयाब हुए।

बेगम हजरत महल, नवाब वाजिदअली शाह, मौलवी अहमदुल्ला और लालाप्रताप

सिंह का चरित्र देशभक्त के रूप में खूब निखरा है। वाजिद ने तो अवध के आवाम के लिए बहुत काम किया। पर जब उन कामों पर अमल न हुआ तो अय्याशी में डूबना उन्हें गवारा हो गया। और देखते-देखते अवध का खुशगवार इलाका अंग्रेजों की गिरफ्त में आ गया। नवाब का चरित्र खूबियों और खामियों का एक जखीरा बन गया है। वक्त को देखकर चलने की अगर तत्परता उनमें होती तो संभव था, अवध का यह हश्र न होता।

जैकरन आम भारतीय किसान का प्रतिनिधि चरित्र है, जो कई मोर्चों पर जूझता है और आखिरकार दम तोड़ देता है। वह वर्षों से शंकर की जमीन को जोतता-बोता है और उनका घरेलू काम सँभालता है। बदले में अपनी विवाहित बेटी रुप्पी के साथ नाजायज संबंध भी देखता है, पर विवशतावश जबान नहीं खोलता। लेकिन गर्भवती होने के बाद रुप्पी के मरते ही उसका सपना टूट जाता है। शंकर द्वारा जमीन से बेदखल करते ही वह अनशन पर बैठता है और जहर खाकर मर जाता है। दूसरे ही दिन दुर्बली की मृत्यु से बसौली के लोगों में यह विश्वास बैठ जाता है कि जैकरन प्रेत हो गया है और प्रेत बनकर ही उसने दुर्बली को मारा है और तब तक शंकर मालगुजार के ओहदे से हटा दिए जाते हैं। उनकी सारी राजसी व्यवस्था ध्वस्त हो जाती है।

जैकरन अठारवीं शताब्दी का आम भारतीय (खासकर अवधी) किसान है! उसकी तंगहाली से तत्कालीन अवध के किसानों की तंगहाली का अंदाजा लगाया जा सकता है। मालगुजार शंकर और तालुकेदार कुंजल सिंह जैसे शोषकों के माध्यम से तत्कालीन मालगुजारों और तालुकेदारों की मनमानी को परखा जा सकता है। उपन्यासकार ने इतनी सफाई से कथा को संयोजित कर हालात की सम्वेदना से संपृक्त कर दिया है कि पूरा परिदृश्य सामने उपस्थित हो जाता है। शंकर और राय कुंजल सिंह आज भी हमारे समाज में मौजूद हैं। जैकरन की दशा में कोई सुधार नहीं हुआ है। महज स्थितियाँ बदली हैं। वक्त के उलट फेर से हालत वही है। फर्क सिर्फ इतना ही है कि उस वक्त गुलामी थी और आज हम तथाकथित सुराज में जी रहे हैं। उपन्यास में लगभग सारे मुख्य चरित्र खुलकर सामने आते हैं। उन्हें समझने में कोई दिक्कत नहीं आती।

'पाहीघर' परिवेश के स्तर पर भी उत्कृष्ट उपन्यास बन पड़ा है। अठारह सौ सत्तावन का समूचा अवध अपनी ऐतिहासिक और जन-जीवन की सांस्कृतिक छवियों के साथ इस उपन्यास में उपस्थित हो गया है। इस उपस्थिति में ऐतिहासिक तथ्यों की खोज करने वालों को निराशा हो सकती है क्योंकि तत्कालीन समाज-व्यवस्था की जटिलता को पकड़ने में लेखक ने कुछ स्थलों पर इसकी उपेक्षा भी की है। स्वयं लेखक ने स्वीकार किया है— "लिपिबद्ध और शोधजन्य इतिहास से इतर इसमें जो कुछ है वह उस कथा भूमि के आत्मीय जगत से चुनकर जुटाया गया है जिसकी मिट्टी से लेखक का कायिक और मानसिक संसार बना है। अत: इसकी प्रामाणिकता इतिहास की मोहताज न होकर लेखक की निर्जी पहचान से जुड़ी है। जो जाहिर है, उसके लिए इतिहास से बढ़कर है।"

इस प्रकार, हम पाते हैं कि उपन्यासकार ने इस उपन्यास को ऐतिहासिक तथ्यों की अपेक्षा तत्कालीन समाज-व्यवस्था और जन-जीवन से खुद की संपृक्ति को जोड़ा है। इसलिए यह उपन्यास अठारहवीं सदी के अवध के जन-जीवन का दस्तावेज ज्यादा बना है ऐतिहासिक घटनाओं की फेहरिश्त कम। और शायद इसी वजह से इस उपन्यास में सामाजिक सरोकार की समग्र सम्वेदना भी है।

'पाहीघर' की संरचना आंचलिक है जिसमें अवध की जातीय परंपरा का उभार अपने पूरे तेवर में हुआ है। उपन्यास में पात्रों के बीच एक खास किस्म का द्वंद्वात्मक वितान है। ये पात्र अपने तमाम अंतर्विरोधों और जटिलताओं के साथ सामने आकर तत्कालीन समाज-व्यवस्था, जन-जीवन, प्रशासनिक व्यवस्था और संस्कृति के दृश्य सजीव उपस्थित करते हैं।

प्रेमचंद से जिस औपन्यासिक परंपरा का सूत्रपात हिन्दी में हुआ, कहना चाहिए कि उसी परंपरा को कमलाकांत त्रिपाठी ने 'पाहीघर' से आगे बढ़ाया है। इस दृष्टि से कहा जा सकता है कि 'पाहीघर', 'गोदान', 'मैला आँचल', 'बूँद और समुद्र' तथा 'राग दरबारी' की परंपरा का नूतन उन्मेष है। वर्षों बाद ग्रामीण भारत की विद्रूपता को उसी तेवर में उपस्थित करने का सफल प्रयास कमलाकांत त्रिपाठी ने यहाँ किया है।

वैचारिक स्तर की खोज करने में इस उपन्यास में दिक्कतें आती हैं। उपन्यासकार ने ऐसा कोई मुख्य पात्र नहीं बनाया है जिसके वक्तव्यों के आधार पर 'पाहीघर' में विचारधारा की भूमिका की पड़ताल की जा सके। लेकिन इतना जरूर है कि 'पाहीघर' में आम जनता की वकालत हुई है। उसके दुख-दर्द की आवाज उठी है। और समूचे उपन्यास में सामंती और जमींदारी व्यवस्था को कोसा गया है। इस प्रकार आवाम की खुशहाली के लिए संघर्ष करता यह उपन्यास 'स्वातंत्र्योत्तर भारत' की हिन्दी उपन्यासों की परंपरा में एक अत्यंत प्रासंगिक और अनूठा उपन्यास बन पड़ा है।

इस उपन्यास में सही मायने में, गाँव की माटी की सोंधी गंध मिलती है। गाँव की संस्कृति, गाँव के लोगों और गाँव की भाषा-परंपरा से लेखक गहरे स्तर पर जुड़ा है। उपन्यासकार की भाषा, लोक-परंपरा और लोक-संस्कृति का एक ही उदाहरण यहाँ काफी है—

''संयोग की बात। उसी साल दुर्बली के लिए भी देखुआर आ गए। भीलमपुर के पास के एक गाँव में उसकी भी शादी तय हो गई। इतने दिन बाद घर में कोई शुभ काम हो रहा था, किसी का उत्साह ही धरा नहीं रहता था। दूर-दूर के रिश्ते की बहन-बेटियाँ बुला कर आईं। काम-काज सँभालने के लिए कंतित और भीलमपुर से कई औरतें आईं। कई दिन पहले से ही घर में भीड़-भड़क्का हो गया। रात में औरतें खाने-पीने के बाद आँगन में कथरी बिछाकर गीत गाने बैठतीं। पहले लड़की की शादी का गीत उठया जाता—

'पूरब पच्छिम एक सागर बाबा, पुरइन हालर देई।

तेहि सगरे दुलहे नहावैं, त पूछहि दुलहिना एक बात…।'

अँधेरे में आम, महुआ और जामुन के पेड़ हवा में सरसराते। उड़ती हुई सूखी पत्तियाँ खड़कतीं। आम के बौर की महक चारों ओर भिनती। थोड़ी देर बाद पेड़ों के उस पार से चाँद धीरे-धीरे ऊपर उठता। कुएँ की जगत् पर और झाड़े-बुहारे द्वार पर चाँदनी छिटक जाती, जिस पर पेड़ों के साये धीरे-धीरे हिलते। और औरतें लड़के की शादी का गीत उठा देतीं—

'राम-लखन मिलि घोड़वा पलानैं, कि बन कऽ अहेरेहि जांइ।
जाइके उतरे जनक के दुअरवा,
सिय जी रखावहिं फुलवारी।
… … … …
तब चलबै हम साथ तुम्हारी।'

('पाहीघर', पृ. 22-23)

कहना न होगा कि इस एक ही प्रसंग के उद्धरण से बात सिद्ध होती है कि 'पाहीघर' में अवध का जन-जीवन अपनी ठेठ भाषा, लोक-संस्कृति, लोक-परंपरा और लोक-चेतना की अपनी पूरी समृद्धि के साथ पाठकों के समक्ष उपस्थित हो जाता है। इस तरह के अनगिनत प्रसंग इस उपन्यास में हैं जो सोंधी मिट्टी की गंध से पाठकों को संपृक्त करके उसे गाँव की हद में दाखिल कर देते हैं।

उपन्यास की भाषा सरल हिन्दी है जिसमें अवधी शब्दों की ठेठ परंपरा का निर्वाह हुआ है। लेकिन हिन्दी शक्ल कहीं भी बिगड़ी नहीं है। औपन्यासिक शिल्प की संरचना के स्तर पर इस उपन्यास में यथार्थ का बेबाकी से चित्रण हुआ है। शिल्प में वास्तुकला की कसावट है। कथा में निरंतरता है और ज्वलंत सवालों का जवाब खोजने की तत्परता है। उपन्यास में तत्कालीन हिंदू-मुस्लिम एकता की जो आदर्शात्मक उपस्थिति है, वह आज भी अनुकरणीय है।

संक्षेप में, कहा जा सकता है कि कमलाकांत त्रिपाठी ने 'पाहीघर' की एक पारिवारिक कथा को बसौली गाँव और उससे भी आगे पूरे उत्तर-भारत की तत्कालीन स्थिति का सजीव दृश्य उपस्थित कर हिन्दी उपन्यासों की यथार्थवादी परंपरा में एक नया अध्याय जोड़ा है।

यह कलम, यह कागज, यह अक्षर

अमृता प्रीतम महिला लेखिकाओं में अग्रणी लेखिका रही हैं। छठे से नवें दशक तक उनकी लेखनी ने काफी ख्याति अर्जित की। उन्हें साहित्य का सर्वोच्च 'ज्ञानपीठ पुरस्कार' से सम्मानित किया गया। उनके विशाल साहित्य में व्यक्ति से व्यक्ति के प्रति प्रेम और आपसी विश्वास की दृढ़ शिलाएँ मिलती हैं। भाषा की लयात्मकता में जब वे गहरी संवेदना के साथ जुड़ती हैं तो पाठक उनसे एकमेव होकर रमता चला जाता है। यह विशेषता कुछ ही शिखर-साहित्यकारों में मिलती है। पंजाबी की मूल लेखिका होने के बावजूद अमृता प्रीतम ने हिन्दी में कई मानक स्थापनाएँ की हैं।

आलोच्य कृति 'यह कलम, यह कागज, यह अक्षर' अमृता जी की चुनी हुईं रचनाओं के महत्त्वपूर्ण अंशों से बनी है, जिसमें बीच-बीच में अमृता जी ने उन दृश्यों, पात्रों तथा स्थितियों की रचना के पीछे की प्रेरणा को उद्धृत किया है। 'यह कलम, यह कागज, यह अक्षर' की भूमिका में अमृता प्रीतम ने लिखा है 'बोधी गुंपा की तरफ से जब किसी कसूरवार को सजा दी जाती है, तो वह पत्थरों पर, महात्मा बुद्ध के श्लोक अंकित करने की सजा होती है। वह कितने दिन महीने या कितने साल में हथौड़ा-छेनी लेकर, पत्थरों पर वह श्लोक अंकित करता रहेगा उसके कसूर की गंभीरता से तय होता है। मुझे लगता है—मुहब्बत ने अपनी सुनहरी गुंपा में बैठकर, बोधी गुंपा की तरह, मेरे लिए भी यही सजा सुना दी और शायद मेरी तसव्वुर में मेरी मुहब्बत का कसूर बहुत बड़ा है, संगीन जुर्म, इसलिए पूरी जिंदगी के लिए यह सजा मुझे दी गई, और मैं तमाम जिंदगी हाथ में कलम लेकर, कागजों पर वही लिखती रही जो मेरे चिंतन का और मेरे तरवैयुत का फ़रमान था।'

कहना न होगा कि इस उद्धरण में अमृता की रचनाधर्मिता के उन जरूरी तत्त्वों पर प्रकाश पड़ता है जिनके दबाव में या जिनकी प्रेरणा से वे रचनाएँ करती रही हैं। प्रस्तुत पुस्तक में अमृता जी ने इस अनिवार्यता को कई कोणों से उठाया है। पुस्तक का पहला खंड है—उपन्यास। इस खंड में पात्रों के क्रम से कहानी आगे बढ़ती है। 'डाक्टर देव' उपन्यास की *ममता* गवर्नमेंट स्कूल की नौकरी पर है। एक रात जब वह थकी-माँदी सोई हुई है। उसे सपना आने लगता है—पहले देव दिखाई देता है—वह उससे विदा माँगती है, धारा तेज है, ममता की नाव किनारे पर देव को छोड़कर आगे निकल जाती है। दूर बहुत दूर। कुछ और आगे जाने पर उसे जगदीश मिलता है। उसके बाल सफेद हो गए हैं, आँखें गहरा गई हैं। वह शर्म से आँखें नीची कर लेती है। कसूरवार को क्या इतनी ही सजा काफी है?

नाव के साथ-साथ पूरा एक अतीत घूम जाता है। एक जगह उसे परिवार के सारे लोग मिलते हैं। परछाँइयों की शक्ल में वह पहचानने में खुद को असमर्थ पाती है। परिवार के लोग पूर्वजों के साथ एक स्वर से कह रहे हैं—'हमें क्षमा कर दे बेटी! हमें क्षमा कर दे बहन! हम दोषी हैं, गुनहगार हैं...' कुछ क्षण ममता इन्हीं में उलझी रही और अंत में थक-हार कर सो गई।

'डॉक्टर देव' उपन्यास की यह ममता सदियों से शोषित-पीड़ित भारतीय नारी की प्रतिनिधि महिला है। वह एक ही साथ कई मोर्चों पर जूझती है लेकिन अंततः उसे कुछ भी प्राप्त नहीं होता। इस खंड में अमृता प्रीतम ने ममता के द्वंद्व को यहाँ जस का तस रखकर उपन्यास की संपूर्ण रोचकता को जैसे उसके तमाम अंतर्विरोधों के साथ उपस्थित कर दिया है।

इसी प्रकार उपन्यास के इस पहले खंड में उन्होंने अपने कई प्रतिनिधि उपन्यासों के प्रतिनिधि पात्रों तथा घटना शीर्षकों के माध्यम से ऐसे भावपूर्ण दृश्यों और हृदयस्पर्शी कथाओं को दिया है जिसे पढ़कर मन विचलित हुए बिना नहीं रहता। लेकिन इन कथाओं के मूल में है—प्रेम, जो कई स्तरों पर आता है और लगातार कचोटता रहता है। ऐसा लगता है, या लेखिका ने स्वयं स्वीकार भी किया है कि उसके अंतस में प्रेम गहरे स्तर पर पैठा हुआ है जो लिखने की प्रेरणा दिए जाता है—कसूर चूँकि बड़ा है, इसलिए सजा और भी संगीन बन गई है। 'दिल्ली की गलियाँ' उपन्यास की कामिनी, 'आग की लकीर' की नंदा, 'आक के पत्ते' की उर्मि, 'उनकी कहानी' की चंपा, 'कोई नहीं जानता' की बेनू, 'तेरहवां सूरज' का संजय, 'कोरे कागज' का पंकज, 'ना राधा न रुक्मणी' की अल्लारखी तथा 'पिंजर' की पूरो इसी प्रेम से बने हैं। यहाँ यह बताना आवश्यक नहीं कि अमृता जी के लगभग सभी उपन्यासों का केन्द्र नारी ही होती है जो पूरी कथा को एक तरह से नियंत्रित करती है। कहीं-कहीं पुरुष पात्र भी निर्णायक भूमिका में आते हैं तो महज संदर्भों के दबाव के कारण। लेकिन इन्हें इसीलिए उथली दृष्टि से देखना उचित नहीं है। ये पात्र अपनी-अपनी स्थितियों से गहराई से जुड़े हुए हैं। वे हालात को झेलते हैं तथा उससे लगातार जूझते हैं। फिर चाहे वह विभाजन का प्रश्न हो, चाहे शादी का, चाहे धर्माडंबर का, चाहे कुरीति का या चाहे सामाजिक असमानता का।

अमृता प्रीतम के उपन्यासों में संघर्ष की यह स्थिति बड़ी सफाई से हमारे सामने आती है जो गहरे प्रभावित करती है। उनमें कोरी भावुकता का आरोप लगाकर यह मान बैठना कि वे जो कुछ (नारी पात्र) करती हैं, उसके पीछे कोई सृजनशील दृष्टि नहीं होती है या फिर कोई लक्ष्य नहीं होता, अमृता की रचनाओं के साथ एक तरह का अन्याय ही होगा। बल्कि कहना यह चाहिए कि अमृता के लगभग सभी उपन्यासों में समय के यथार्थ को बड़ी बारीकी से चित्रित किया गया है तथा उनमें व्यापक समाज के लिए एक पीड़ा है। हाँ, यह पीड़ा आम जीवन की पीड़ा से थोड़ा भिन्न है। वहाँ भावुकता भी है, प्रेम की कुंठा है और है एक भीतरी

अकुलाहट। जाहिर है, समाज का व्यापक हित केवल इस कथित अकुलाहट से ही नहीं बनता है। उसमें जीवन और समय के प्रति गहरी अंतर्दृष्टि की जरूरत भी होती है और क्रूर व्यवस्था से लड़ने की ताकत का विकास भी।

'पिंजर' उपन्यास की पूरो सांप्रदायिक उन्माद का शिकार है। वह अनेक मर्दों के संपर्क में आई है। पर चूंकि मरना नहीं चाहती इसलिए जी रही है। गुजरात की रहने वाली पूरो अपने पति रशीद को इसलिए ही तो छोड़कर भागी थी कि वह उन्माद में पता नहीं क्या-क्या करता फिरता था। एक रात एक लड़की को अपने घर की पिछली कोठरी में छुपा कर रख ली। कई आदमी उसे रात-भर खोजते रहे। सुबह भी दो आदमी आए। लड़की न मिली। पर पूरो का सोचना कितना सार्थक है—'पूरो के मन में कई प्रकार के प्रश्न उठते। पर वह उनका कोई उत्तर नहीं सोच सकती। उसे पता चलता ही नहीं कि अब इस धरती पर, जो कि मनुष्य के लहू से लथपथ हो गई थी, पहले की भाँति गेहूँ की सुनहरी बालियाँ उत्पन्न होंगी या नहीं—इस धरती पर जिसके खेतों में मुर्दे सड़ रहे हैं अब भी पहले की भाँति मकई के भुट्टों में से सुगंध निकलेगी या नहीं ... क्या ये स्त्रियाँ इन पुरुषों के लिए अब भी संतान उत्पन्न करेंगी जिन पुरुषों ने ...'।

इस प्रकार अमृता प्रीतम के उपन्यासों में स्थितियों का बयान नहीं होता, स्थितियाँ खुद सामने होती हैं—सवालों के साथ, जो पाठक को तिलमिलाती हैं और कुछ सोचने पर विवश करती हैं। हालाँकि अमृता अधिकांश कृतियों में प्रेम के त्रिकोण और नारियों के मानसिक संघातों को सुलझाने में व्यस्त रही हैं। फिर भी, जो बन पाया है, उसमें वे उत्कृष्ट हैं और शायद इसीलिए वे आज सम्मानित लेखकों में एक हैं।

'यह कलम, यह कागज, यह अक्षर' का दूसरा खंड 'कहानी' पर है। इस खंड में अमृता ने अपने साथ हुए संवादों, जी हुई स्थितियों तथा संपर्क में आए लोगों की अनुभूति के स्तर पर अपनी कहानियों को प्रस्तुत किया है। दूसरे शब्दों में अगर कहना चाहें तो कह सकते हैं कि अमृता ने इस खंड में यह दिखाया है कि स्थितियों, घटनाओं तथा व्यक्तिगत संपर्कों ने उनकी कहानियों को किस कदर प्रभावित किया है। कहने की आवश्यकता नहीं कि यह एक सच्चाई है जो प्राय: हर रचनाकार पर लागू होती है। किसी भी रचनाकार पर इन बहुस्तरीय प्रवृत्तियों का गहरा प्रभाव पड़ता है। और ये प्रवृत्तियाँ जाने-अनजाने उसकी रचनाओं में आती-जाती हैं। इस क्रम का आरंभ लेखिका ने 'कहानी दर कहानी' से किया है जिसमें उन्होंने बताया है कि 'शाह की कंजरी' कहानी, जो दूरदर्शन पर दिखाई गई थी, उसका प्लॉट उन्होंने लाहौर के एक शादी समारोह से लिया था। इस कहानी में वो दो औरतों की दास्तान को लेकर चलती हैं—जिसके आगे वे उन दोनों की बीच की स्थितियों और आपसी कशमकश को गहराई से चित्रित करती हैं। एक औरत है घर की मालकिन, जिसकी बेटी की शादी होती है, दूसरी औरत है मल्लिकाए-तरन्नुम. जो उसी घर के मालिक की रखैल है। स्वयं अमृता के शब्दों में—'उस नाजनीना के पास सब कुछ था, हुस्न भी, नाज-नखरा भी, बेहद खूबसूरत

आवाज भी, लेकिन समाज का दिया हुआ वह आदरणीय स्थान नहीं था, जो एक पत्नी के पास होता है। और जो पत्नी थी, उसके पास जवानी न थी, न कोई हुनर, लेकिन उसके पास पत्नी होने का आदरणीय स्थान था। पत्नी होने का भी और माँ होने का भी। दोनों औरतों के पास अपनी-अपनी जगह थी, और अपना-अपना दर्द। लेकिन एक का दर्द—दूसरी के दर्द से टूटा हुआ था। दर्द का एक टुकड़ा दर्द के दूसरे टुकड़े को समझने में असमर्थ था।'

इन पंक्तियों में लेखिका ने दो औरतों के दो स्तरों पर चल रहे दर्द की प्रक्रिया को गहराई से देखने तथा उनकी अंतस की पीड़ा को व्यक्त करने की जो शैली अपनाई है, वह बेजोड़ है। यहाँ प्रश्न केवल कहानी कहने या उसका आशय समझाने भर का नहीं है बल्कि प्रश्न है कि किस सीमा तक इस शादी-समारोह की घटना ने लेखिका को प्रभावित किया। कोई भी रचनाकार इस बात से इन्कार नहीं कर सकता कि यही चीजें उसकी रचनाधर्मिता को बढ़ाती हैं जिसमें लेखक की अपनी सुसंगत दृष्टि मौलिकता के आवरण में उसे प्रस्तुत कर समाज में एक खुला हस्तक्षेप करती है।

'रसीदी टिकट' अमृता प्रीतम की प्रसिद्ध आत्मकथा है। इस आत्मकथा की हर विचारधारा के रचनाकारों और पाठकों ने भूरि-भूरि प्रशंसा की है। स्वयं अमृता अपनी इस कृति पर क्या राय देती हैं, यह देख लेना आवश्यक है—'अपनी आत्मकथा 'रसीदी टिकट' से पहले कुछ कह पाना संभव नहीं था। जिंदगी के बड़े निजी और नाजुक क्षणों की बात जब कोई सीधे अपने नाम से जोड़ कर नहीं कर सकता, तब वह उपन्यासों और कहानियों में पराए नामों की छाया में खड़ा हो जाता है। मन की बात कह भी लेता है और अपना नाम भी पाठकों के लिए सामने लाने से बचा लेता है। ...आज कह सकती हूँ—यह कहानी नहीं एक बेपनाह मुहब्बत को लिए हुए है। इस कहानी की 'अ' अमृता है और 'स' साहिर। इस कहानी का अक्षर-अक्षर मेरे बदन पर उतर गया था....'।

कहने की आवश्यकता नहीं कि अमृता की यह स्वीकारोक्ति एक बहुत बड़ी सच्चाई को हमारे सामने लाती है। वह सच्चाई है—साहिर से उनकी मुहब्बत! स्पष्ट है कि इसी मुहब्बत के बिना पर 'रसीदी टिकट' जैसी रचना निर्मित हुई है। इस तरह तय है कि रचनाओं पर लेखक के व्यक्तिगत रिश्ते की पहचान और उसके राग-द्वेष की कितनी प्रभावी भूमिका होती है। अमृता प्रीतम की इस समूची रचना-प्रक्रिया के भीतर इन्हीं रिश्तों और अनुभूत यथार्थों की भूमिका रही है। उनके समस्त रचना-संसार में यही बात अगर लगातार दिखाई देती है, तो यह लेखिका की कमजोरी न मानकर उसकी विशेषता माननी चाहिए। इस बात से बड़ा संतोष होता है कि अमृता ने अपनी रचनाओं के पीछे की प्रेरणाओं को सगर्व सामने रखा है।

अमृता ने 'एक थी सारा' पुस्तक के कई शीर्षकों; यथा—जलते हुए अक्षर, मीना बाजार, चिंगारियों का मुकद्दर आदि में इनका विस्तार से उल्लेख किया है।

पुस्तक का अगला खण्ड अमृता की चुनी हुई नयी कविताओं का है, जिसे पर्याप्त ख्याति

मिली है। इसमें एक छोटी सी कविता है 'जिंदगी'—

यह जिंदगी एक रात थी
कि हम तो जागते रहे
किस्मत को नींद आ गई...
इस मौत से वाकिफ हैं हम
अक्सर हमारी जिंदगी
उसका जिक्र करती रही...
आती है अपनी याद सी
जब सामने आकाश में
है टूटता तारा कोई...

अमृता की इस कविता में 'जिंदगी' का चित्र बड़ा हृदयस्पर्शी है। पूरी कविता में प्रेम का ताना-बना है, जिसे कवयित्री ने बखूबी निभाया है। जिंदगी का रात होना, कवयित्री का जागना और किस्मत को नींद आना प्रेम में विरह की पहली अवस्था है। दूसरे चरण की पंक्तियों में जिंदगी हमसाया के रूप में है जो प्रिय के बिछोह (मौत) की चर्चा करती रहती है। और तीसरे चरण में बिल्कुल भिन्न दशा है। किसी तारे के टूटने पर अपनी याद सी आती है, यही जिंदगी जो नहीं है पास अब।

कवयित्री के पास बिंबों और प्रतीकों की अपनी पकड़ है। शब्दों में व्यंजना की शक्ति है और है भाषा में दृश्यों को उसकी पूरी सजीवता से पकड़ने की सामर्थ्य। यह विशेषता कवयित्री अमृता प्रीतम की अन्य दूसरी कविताओं, यथा—औरत, जाने खुदा, अल्लाह की दुहाई, अक्षर, यात्रा, पूजा, खामोशी का पेड़, दर्शक, तू नहीं आया, कर्ज, मर्सिया, वन देवता, द्रौपदी तथा चेतना आदि में देखी जा सकती है। अमृता की इन कविताओं में उनकी दूसरी रचनाओं की तरह एक बड़ा दोष यही दिखाई देता है कि उनमें प्रेम और उसकी पीड़ा का जितना विस्तार मिलता है उतना जिंदगी के दर्द नहीं मिलते। दूसरे शब्दों में कह सकते हैं कि उनकी कविताओं में आज के व्यक्ति का संघर्ष तथा उस संघर्ष की भाव-भूमि प्रायः नगण्य है। किसी भी चीज को एक आध्यात्मिकता, जिसमें दार्शनिकता भी संयुक्त होती चलती है, में लपेटकर उसे ही सृष्टि का सत्य घोषित करना एक अतिव्याप्ति दोष है।

तकदीर, अलौकिकता, खुदा और न जाने कितने रहस्यवादी शब्दों में कवयित्री ने इस तरह की कविताएँ रच डाली हैं, जो सीधे-सीधे तो समझ में नहीं ही आतीं, उसकी उपादेयता भी प्रायः संदिग्ध रहती है। कुछ कविताओं को छोड़कर उनकी अधिकांश रचनाओं में यह बात अच्छी तरह देखी जा सकती है। इसीलिए अमृता जी के लेखक को उनके कवि से ज्यादा गंभीर और महत्त्वपूर्ण माना जाता है। हालाँकि उनकी कवयित्री की कुछ सीमाएँ उनके लेखक को भी अपनी गिरफ़्त में लेती हैं, फिर भी उनको महत्ता निर्विवाद है।

पुस्तक का अंतिम खंड है—'गद्य' जिसमें कुछ गद्य-रचनाओं के भावपूर्ण उद्धरण हैं

तथा उसके पीछे की प्रेरणा का वक्तव्य। यह खंड 'इतिहास से एक मुलाकात' शीर्षक से चलता है। आगे के उपशीर्षकों में, यथा—अक्षरों की धूप में—अक्षरों की छाया में एक सिक्के की आरजू, देखी, सुनी और बीती घटनाएँ, अचेतन मन के इशारे तथा कुछ सपने कुछ संकेत आदि में ये दोनों बातें साथ-साथ चलती हैं। इस खंड के दो उद्धरणों से हम इस आलोचना को समाप्त करना चाहेंगे। यह उद्धरण किसी रचनाकार पर जाने-अनजाने पड़ने वाले प्रभावों को लेकर हैं। अमृता ने लिखा है : ''उपन्यास 'जेब कतरे' जब लिख रही थी तो उसमें जेल में पड़ा हुआ एक पात्र तनवीर एक कविता लिखकर किसी प्रकार जेल के बाहर भिजवाता है और कविता के नीचे अपने नाम के स्थान पर कैदी नम्बर लिखता है—689/9। मैंने यह नंबर अचेतन रूप में लिखा तो याद आया कि यह गोर्की का नंबर था जब वह जेल में था, जो मैंने मास्को में उसके स्मारक को देखते समय कभी अपनी डायरी में नोट कर लिया था।'

और दूसरा—'एक कहानी एक विदेशी औरत पर भी लिखी थी—उसमें कहानी का अंत बताना पड़ा था। कहानी में उसकी मृत्यु हो जाती है। पर वर्षों बाद जब मैं उसके देश गई तो वह कसकर गले मिली। उसके पहले शब्द थे—'देखो, मैं अभी भी जिंदा हूँ। कहानी की मृत्यु में से गुजकर भी जिंदा हूँ।'

कहना न होगा कि अमृता प्रीतम इस किताब में इसी तरह के अनछुए प्रसंगों को सामने लाकर अपने विशाल साहित्य की पूर्व पीठका को पाठकों के सामने लाती हैं जिससे उनको तथा उनकी कृतियों के संबंधों को परखने और एक भाव के स्तर पर उन्हें आत्मसात करने में पूरी सहायता मिलती है। पुस्तक में उनकी लगभग सारी रचनाओं के भावपूर्ण प्रसंग हैं जो रोचक हैं। रचनाओं के पूर्व के प्रसंगों तथा प्रेरणाओं से संबंधित टिप्पणियाँ अत्यंत रोमांचकारी तथा आह्लादक हैं।

कहानी

समकालीन कहानी : अतीत और वर्तमान का द्वन्द्व

समकालीन हिन्दी कहानी और नये समर्थ कथाकारों पर बात करने से पहले यह जरूरी लगता है कि स्वातंत्र्योत्तर हिन्दी कहानी की प्रकृति पर थोड़ी चर्चा हो जाय। कहानी विधा अपनी सीमित कालावधि में बहुत विकसित न होने पर भी आज निश्चित ही उस जगह पर पहुँच चुकी है जहाँ हमें निराशा नहीं होती, बल्कि एक सुखद सार्थक सान्त्वना प्राप्त होती है। कहानी का प्रारंभ जो बीसवीं सदी के पहले चरण में हुआ वह कई स्तरों तक आता हुआ स्वतंत्रता प्राप्ति के बाद कुछ वर्षों तक चल पाया। 'नयी कहानी' अपने साथ युग की विडम्बना और मोहभंग के परिवेश को लेकर उपस्थित हुई। लेखकों को आज़ाद भारत की सरकार के प्रति जो रोमानी मोह था, वह अचानक टूटा। एक समय तक कहानी में वैयक्तिकता का दबाव भी देखा गया जब मोहभंग के कारण व्यक्ति समाज से अलग-थलग पड़कर एकांत आक्रान्त हुआ। लेकिन यह एकान्तिक आक्रान्तता भी मूल्यहीन नहीं थी। परन्तु 1962 के हालात और इस बीच हुए कई राजनीतिक और सामाजिक बदलावों ने कहानीकारों को और तेज झटका दिया। यह आश्चर्य में डालनेवाली बात लग सकती है कि 1950 के बाद भुवनेश्वर की कहानियों यथा—'सूर्यपूजा' और 'भेड़िये' ने आधुमिकता बोध का जो स्वरूप दिया तथा उनसे जिन प्रवृत्तियों का प्रभाव उभरा, उसमें यह बहुत स्पष्ट हुआ कि पिछला बहुत कुछ शापित था और सारा जीवन झूठा था। हम खुले मन से स्वीकार न भी करें तो भी यह मानेंगे कि छठे दशक से आरंभ हुई छटपटाहट इन्हीं कहानियों में दर्ज है जो बाद में 'नयी कहानी' में परिवर्तित हुई।

ऐसा नहीं है कि स्वतंत्रता के पूर्व लिखी गई कहानियों में जीवन-यथार्थ के लिए कोई जगह ही नहीं थी। 1915 में चन्द्रधर शर्मा गुलेरी की लिखी कहानी 'उसने कहा था' से जिस यथार्थवादी परंपरा और आधुनिकता बोध का प्रारंभ हुआ वह प्रेमचन्द, सुदर्शन, भगवतीचरण वर्मा, जैनेन्द्र, अज्ञेय, यशपाल आदि तक अपनी गति बनाये था। 'पूस की रात', 'दो बाँके', 'नीलम देश की राजकन्या', 'पठार का धीरज' और 'कफ़न' जैसी कहानियों ने हिन्दी कहानी को भाषा और शिल्प की नई ताजगी तो दी ही, जीवन और जगत के विविध अनुभव भी दिए जिससे आगे का रास्ता प्रशस्त हो सका। जब आप शॉक ट्रीटमेंट को परखना चाहें तो यशपाल से बेहतर कौन मिलेगा। पिंजड़े की उड़ान, वो दुनिया, ज्ञानदान, तर्क का तूफान, उत्तमी की माँ आदि कहानियों में वे वर्ग-संघर्ष और मनोविश्लेषण की इतनी बारीक़ पद्धति अपनाते हैं कि पाठक चौंक जाता है। प्रेमचद की 'कफ़न' और 'पूस की रात' कहानियाँ

सामाजिक यथार्थ के उस गहरे प्रस्तर को तोड़ती हैं जिसके नीचे विकृत और सँड़ाध मलबे का ढेर है। जीवन, समाज, परिवार और वस्तुजगत का पूरा परिदृश्य इतना साफ कि जिसमें न रोना हो सके और न हँसना, सिर्फ दाँतों तले अँगुली दबाकर आह भरना भर ही शेष रह जाय। घीसू, माधव जैसे चरित्रों की निर्मिति में प्रेमचन्द को जितनी सूक्ष्म पड़ताल और गहरी अंतर्दृष्टि से काम लेना पड़ा होगा, उसकी शायद कल्पना भी संभव न हो सके। अभाव और लाचारी के समानांतर चरित्रों की जाहिलपना तथा उसके समानांतर व्यवस्था की दमघोंटू कार्यपद्धति! सबके सब 'कफ़न' में अद्भुत। लेकिन यह सारा कुछ अपने समय का सच था। अपने समाज की पड़ताल थी। बाद के दिनों में जो स्थितियाँ बनीं, उनमें इनकी परंपरा तो लाभकर थी पर पैमाना और नजरिया दोनों में बदलाव की जरूरत महसूस हुई।

इसलिए यह मानते हुए कि हम अपनी जगह पर ठीक हैं, समय के रुख को पहचानना और उसे जी पाना हमारी जरुरत हो गई। वर्ना अज्ञेय के साथ हिन्दी कहानी स्वच्छंद विचरण का सुख लेती। उनके नैतिक और दायित्व के संघर्ष में शरीक़ होकर भाषा और परिवेश-निर्माण के नये-नये कौशल सीखती। यह स्वीकार करते हुए भी कि अज्ञेय ने हिन्दी कहानी को कई अर्थ-स्तरों में बाँधा, हम इसलिए उनके धरातल से किनारे हुए कि वहाँ जीवन का सर्जनात्मक संघर्ष नहीं था। जैनेन्द्र में जो था वह हिन्दी कहानी ने ग्रहण किया। अज्ञेय, इलाचन्द्र जोशी, यशपाल सबका कुछ न कुछ रहा, पर केन्द्र में नये बोध और सामयिक प्रश्नों से दो-चार समस्याएँ रहीं। इन्हीं समस्याओं ने कहानी को उसके पुराने प्रारूप से मुक्ति दिलाई।

'नयी कहानी' के जन्म को लेकर जितनी भी चर्चा होती है, उसमें कोई न कोई सुराख छोड़ दिया जाता है। चर्चा चाहें देवीशंकर अवस्थी करें, चाहें कमलेश्वर, चाहें राजेन्द्र यादव करें, चाहें उपेन्द्रनाथ अश्क, चाहें सुरेन्द्र चौधरी करें या विजयमोहन सिंह; एक चोर रास्ता सबके यहाँ मौजूद है। मार्कण्डेय या भैरव प्रसाद गुप्त ही बहुत साफ शब्दों में वक्तव्य देते नज़र नहीं आते। बहुत स्पष्ट कहा जाय तो यही कहा जायेगा कि जो कथा-आलोचना की दशा है, उसमें ये ख़तरे मौजूद रहते हैं। कविता केन्द्रित आलोचना के पैमानों पर कहानी की आलोचना के प्रतिमान निर्धारित करनेवाले लोग या व्यवसाय के तौर पर लेखन में हाथ आजमाकर कहानियों पर भी कुछ कृपा करके लिख देने वाले लोगों से हम प्रत्याशा भी क्या करें कि वे जो कुछ भी लिखेंगे वह बेहतर ही होगा और हर सूरत में उन्हें मील का पत्थर मानकर ही चलना होगा।

जैसाकि हमने शुरू में संकेत किया है, 1950 के बाद की हिन्दी कहानी में छटपटाहट के स्वर साफ सुनाई पड़ते हैं। ये स्वर मूल्यवादियों के भी रहे हैं और विघटित मूल्यों के वातावरण में बदलते हुए रिश्तों का स्वर भी। छठे दशक के आरंभ में पहला स्वर प्रधान था तो सातवें दशक के प्रारंभ में दूसरा। आज़ादी के तुरंत बाद की कहानियों में नई आशाएँ-आकांक्षाएँ दिखाई पड़ती हैं। नए-नए चरित्र ऐसे बने जो मूल्यों के प्रवक्ता रहे। उनमें संघर्ष को भी रेखांकित किया जा सकता है पर वह संघर्ष नकार का संघर्ष नहीं है वरन् सरकार

के सहकार पर आधारित संघर्ष है। इस परंपरा को अगर नया मोड़ मानें तो प्रेमचन्द की परंपरा का नया मोड़ मान सकते हैं। इस परंपरा में अज्ञेय और जैनेन्द्र के प्रभाव को रख सकते हैं। किन्तु यहाँ दिक़्क़त यह है कि अवसाद और मनोविश्लेषण ही प्रमुख है, जन चेतना के संघर्ष का कोई कोना उजागर नहीं होता। छठे दशक में कहानियाँ आत्मसंघर्ष और नाटकीय तनाव के कारण इस परंपरा से दूर हो जाती हैं। इस काल की कहानियों पर बहस-मुबाहिसों का लंबा सिलसिला चला और आंदोलन भी हुए। 'कहानी' पत्रिका ने 1955 में इस दौर को आगे बढ़ाने में योग दिया और 1956-57 के आसपास इसे 'नयी कहानी' कहा गया।

फणीश्वरनाथ रेणु, मार्कण्डेय और शिवप्रसाद सिंह ने ग्रामांचल को अपनी कहानी का विषय बनाया। इनके यहाँ ग्रामीण जीवन के जो भावचित्र मिलते हैं वे जैनेन्द्र और अश्क के चित्रों से बहुत भिन्न हैं। शिवप्रसाद सिंह की कहानियों में चित्र और चरित्र दोनों मूलत: रोमानी थे। उनकी प्रारंभिक कहानियों में अतीतोन्मुखता का प्रभाव ज्यादा है। बाद की कहानियों में जहाँ अतीत से थोड़ी दूरी हुई वहाँ यथार्थपरकता परिलक्षित होती है। मार्कण्डेय के साथ भी यही बात रही। शिवप्रसाद सिंह की 'आरपार की माला', 'मुर्दा-सराय' और मार्कण्डेय की 'गुलरा के बाबा', 'हंसा जाई अकेला' इसके उदाहरण हैं। फणीश्वरनाथ रेणु की कहानियों का संसार अतीत और वर्तमान के गहरे द्वन्द्व को सूचित करती हुई ऐसी कहानियाँ हैं जिनमें भाषा, शिल्प और भाव के अनुपम चित्र परिलक्षित होते हैं। रोमानी यथार्थ का इतना चटकीला, समग्र और आत्मीयतापूर्ण रंग शायद कहीं और नहीं मिलता। 'तीसरी कसम', 'लाल पान की बेग़म' या फिर 'रसपिरिया', कहानियाँ हिन्दी कथा साहित्य की चिरसंचित निधियाँ हैं।

हम कह आये हैं कि 1950 के बाद बदली स्थितियों को पहचानने और अपनी बेचैनी को व्यक्त करने की कई छवियाँ कहानी में प्रकट होती हैं। भीष्म साहनी, शेखर जोशी, अमरकान्त, विजय चौहान, शैलेश मटियानी, रांगेय राघव, राजेन्द्र यादव, कमलेश्वर, धर्मवीर भारती, मन्नू भंडारी, कृष्णा सोबती, मेहरून्निसा परवेज़ आदि लेखकों ने जीवन के नितांत बदलते क्रम विधान, पारिवारिक तनाव, विभाजन की त्रासदी तथा महानगरीय संक्रमण को चित्रित किया।

छठे दशक के अंत और सातवें दशक की शुरुआत में चीख और मूड का प्रभाव पूरी तरह से छा गया। इस समय की कहानियों में परंपरा, मोहभंग और तदंतर बेचैन समय की राह तलाश पाने की उत्कटता देखने में आती है। निर्मल वर्मा का कथा-संसार स्वच्छंद विचरण का संसार लेकर आता है जहाँ रोमानीपन अपनी पूरी प्रवृत्तियों के साथ दिखाई पड़ता है। 'परिन्दे', 'लंदन की एक रात', तथा 'कुत्ते की मौत' जैसी कहानियाँ कई कारणों से चर्चित और विवादित रहीं। आधुनिकता बोध के साथ रामकुमार, विजय चौहान, राजकमल चौधरी की कहानियाँ आईं। कथा, घटना और चरित्रों द्वारा निर्मित पिछली कहानियों के ढाँचे को तोड़कर इनकी कहानियों ने ज़िन्दगी के मर्म बिन्दुओं, बदलते वक़्त और युग को उसकी विडम्बनाओं में देखने का प्रयत्न किया। श्रीकान्त वर्मा की कहानियों में प्रेम की प्रधानता रही

जिसको केन्द्र मानकर चरित्रों की निर्मिति दिखाई देती है जिसमें बेचैन और अनिर्णय के क्षण ज्यादा प्रभावी होकर आते हैं। उनके यहाँ रोमानियत से उबरने की कोशिश का अभाव मिलता है। यही कारण है कि उनके यहाँ यथार्थ से टकराव का कोई स्थल नज़र नहीं आता।

ऊपर हमने जिन कथाकारों का जिक्र किया है वे स्पष्टतया मन:स्थितियों के कायल कथाकार हैं, इसलिए इन्हें जीवन-यथार्थ के सघन कैनवास पर देखने की और परखने की कोशिश करना उचित नहीं है। लेकिन हमारी कथा-आलोचना की कमजोरी और दरिद्रता का ही परिणाम है कि हम सबको एक ही श्रेणी में रखकर तौलने लगते हैं और मनमर्जी फ़तवेबाजी को स्वीकार करने को बाध्य होते हैं।

रघुवीर सहाय, सर्वेश्वरदयाल सक्सेना, नरेश मेहता और धर्मवीर भारती की कहानियों में कविता-केन्द्रिकता इतनी हावी मिलेगी कि वहाँ कुछ भावचित्रों के अलावा और दृष्टिगोचर ही नहीं होता। इनकी कठिनाई यह है कि ये कविता और कहानी को अलग करने की चेष्टा भी नहीं करते। केवल धर्मवीर भारती की कुछ कहानियाँ एक हद तक इस अलगाव को रेखांकित करने की कोशिश करती हैं। 'गुलकी बन्नो', 'सावित्री नं. 2' तथा 'बन्द गली का आखिरी मकान' इस दृष्टि से उल्लेख्य कहानियाँ हैं। एक विशेष स्थिति में व्यक्तिता को सार्वजनीन बनाकर संवेदना को व्यापक बनाने के स्तर पर ये कहानियाँ याद करने के लायक हैं।

सातवें दशक की कहानियों ने ही रोमांस मुक्त होकर नये यथार्थ का साक्षात्कार किया। इस समय तक मूल्यों का पूरी तरह से क्षरण हो गया था इसलिए कहानियों में व्यक्तित्व का विघटन और व्यक्तित्व के खंड-खंड का दर्शन प्रमुख हुआ। इस दौर की कहानियों में पुरानी पीढ़ी के प्रति गहरी वितृष्णा और क्षोभ के स्वर मिलते हैं। संवाद और सहकार की जगह आक्रोश ने ले ली। इस दौर की कहानियों में अकेलापन और निर्वासन का भाव उभरा। इस भाव में यह अहसास सख़्त हुआ कि निरपेक्ष सामाजिकता की अपेक्षा सापेक्ष एकांतिकता और ऊब ही ज्यादा श्रेयष्कर है। यह एक संयोग ही है कि गहन अकेलापन और निर्वासन रचनात्मक दृष्टिकोण लेकर उपस्थित हुआ। इसके साथ ही इस दौर की कहानियों में विघटनात्मक और विद्रोहात्मक रवैया भी दिखाई पड़ता है। ज्ञानरंजन, गिरिराज किशोर, दूधनाथ सिंह, काशीनाथ सिंह, महेन्द्र भल्ला, ज्ञानप्रकाश आदि इस दौर के प्रतिनिधि कहानीकार हैं जिन पर थोड़ी चर्चा के बाद कहानी की परिवर्तित दिशा पर बात करना आसान हो सकेगा।

इस पीढ़ी में ज्ञानरंजन के यहाँ वस्तुनिष्ठता, संयम और संतुलन का समानुपातिक योग है, इसी कारण वे सबसे अलग नज़र आते हैं। चाहें 'फेंस के इधर और उधर' देखिये या 'सपना नहीं'। यह आश्चर्यजनक लग सकता है कि ज्ञानरंजन की कहानियों के शिल्प में निरंतर बदलाव और खोजी दृष्टि को रेखांकित किया जा सकता है। यह बहुत स्पष्ट है कि सातवें दशक की यह पीढ़ी जब कथा-संसार में दाखिल हुई तो 'नयी कहानी' का स्वरूप बहुत

साफ हो चुका था। उसकी सीमाएँ और संभावनाएँ सामने थीं। बहुत कुछ करना और बहुत कुछ छोड़ देना दोनों संभव था। और वही हुआ। 'अमरूद का पेड़', 'बहिर्गमन', 'घंटा' या फिर 'पिता' जैसी कहानियाँ भाषा और शिल्प को एकाधिक स्तरों पर ले जाती हैं। ये कहानियाँ ठेठ स्तर पर विभिन्न कोणों से विविध परिवर्तनों की विवेचना करती हैं। संबंध, व्यवहार, जीवन और प्रचलित परिपाटियों को कथा की बुनावट में जब्त कर ज्ञानरंजन ने कहानी की बुनियादी मान्यता को बदला, उसके मोहजनित संस्कार को तोड़ा। आधुनिकता और पारंपरिकता के द्वन्द्व से पैदा हुई एक नई तरह की सृजनशीलता इस पीढ़ी की सबसे बड़ी विशेषता है। आदमी की सही भूमिका क्या है, वह किस स्तर पर अपने व्यवहार और क्रिया-व्यापार के प्रति सचेत है, उसके प्रति सही समझ क्या हो और जीवन और व्यवस्था के विविध पाटों पर क्या कुछ घटित होना चाहिए, इसकी पहचान और तकाज़े को परखना हो तो ज्ञानरंजन की कहानियाँ बेहतर लगेंगी। भाषा, शिल्प और कहानी की संरचना में परंपरा को एक सीमा तक निभाने और उसमें तद्‌युगीन चेतना और यथार्थ की छवियों को पिरोने की कला देखनी हो तो यह दौर बहुत समृद्ध है। काशीनाथ सिंह की कहानियों में सचेत अर्थदृष्टि की काफी व्यंजना दिखाई देती है। यह सीधे-सीधे लक्षित करना कठिन होता है, पर काशीनाथ सिंह की कहानियों में भाषा की स्थूलता के भीतर जटिल अर्थ-स्तरों की संरचना दिखाई देती है। व्यंग्य की चुटीली बानगी में वातावरण को जीवन्त बनाते हुए चरित्रों के कसैले अनुभव को इस तरह अभिव्यक्ति कि तमाम रूढ़ियों और संस्थागत मूल्यों के प्रति वितृष्णा से मन भर उठे। 'चायघर में मृत्यु', 'चोट', 'हस्तक्षेप' आदि कहानियाँ इस बात की प्रामाणिकता प्रस्तुत करने के लिए काफ़ी हैं।

महेन्द्र भला के यहाँ नियति को विवशता में रूपांतरित कर यथार्थ से टकराव की बड़ी बारीक दृष्टि मिलती है। 'एक पति के नोट्स' इस दृष्टि से अविस्मरणीय कहानी है जिसमें कहानी का नायक आत्मनिर्वासन का दर्द झेलता है। बिल्कुल अप्रत्याशित जीवन, जो नहीं चाहता जीना। इसे क्या नियति कहेंगे या कि विवशता? यह हमारी व्यवस्था की देन है। विवश होकर हम सब जीने को बाध्य हैं। आश्चर्य होगा कि यहाँ रुढ़ और दमघोंटू बन चुकी नैतिकता का कोई स्थान नहीं है। 'तीन-चार दिन' में भी पति-पत्नी के संबंधों के बहाने मध्यवर्गीय जीवन की त्रासदी को व्यक्त किया गया है। ज्ञानप्रकाश और दूधनाथ सिंह की कहानियों में अपने-अपने ढंग से जीवन की व्यर्थता के मध्य विद्रोह का स्वर साफ सुना जा सकता है। 'अँधेरे के सिलसिले' और 'रक्तपात' में इन दोनों कथाकारों को उनकी इन्हीं विशेषताओं के मध्य पाया जा सकता है।

सातवें दशक का मध्य कुछ और आगे बढ़ा। इस समय बेलाग कथन और दोटूक शब्दावली का प्रयोग तेज हुआ। इसके पहले जहाँ व्यंग्य और प्रतीकों में बात कही जाती थी वहाँ पुरानी व्यवस्था को नकार देने की मुहिम शुरू हुई। पाँचवें दशक के बाद कहानी का

रूप लगातार बदला है। उसके शिल्प और भाषा में परिवेश की नित नयी बदलती स्थितियों ने गहरी दखल दी है। इस पूरे क्रमविधान को, उसके संरचनात्मक भावजगत तथा दृष्टि को देखना अब अधिक आवश्यक है।

आठवाँ दशक पर्याप्त विरोध और विवाद का काल रहा है। कुछ ने इस दशक की कहानियों को रोमानी यथार्थ की कहानी माना तो कुछ ने जनवादी कहानी। 'नयी कहानी', 'अकहानी', 'समानांतर कहानी' या फिर 'सचेतन कहानी' के पचड़े से मुक्त होकर सामान्य धरातल पर सोचा जाय तो लगेगा कि इस काल की कहानियों में प्रेमचंद से आई यथार्थवादी परंपरा भी है और तत्कालीन परिदृश्य के युगबोध से प्रभावित रोमानीपन भी। दशकों में कहानी को अलगाकर देखने की प्रवृत्ति को दाद चाहे जितनी मिले, मुझे लगता है कि इस तरह का रवैया अख़्तियार करके बहुत स्वस्थ परंपरा नहीं बनाई जाती। आंदोलनों और नये नामों से उपजी कहानी से अलगाव और प्रेमचंद की परंपरा से जुड़ाव का आलाप बड़ा असंगत महसूस होता है। क्या इसमें सच्चाई नहीं है कि 1950 के बाद परिदृश्य पर आए सारे आंदोलनों में प्रेमचंद की परंपरा बीज रूप में वर्तमान रही या वह बड़ी भूमिका निभाती रही? समय के साथ जीवन के बदलाव के समानांतर कहानी में प्रवृत्यात्मक परिवर्तन होता रहा तो यह क्या ग़लत ही था?

काशीनाथ सिंह, ज्ञानरंजन, सतीश जमाली या फ़िर रमेश उपाध्याय ने आठवें दशक में जिस परिवर्तन को स्वीकार किया, वह ग़लत संस्कारों से पिंड छुड़ाने जैसा नहीं था, वरन् रचना और रचनाकार के अपेक्षित बदलाव का सूचक था। इसरायल की 'फर्क', सतीश जमाली की 'प्रथम पुरुष', विजयकांत की 'बीच का समर' या ज्ञानरंजन की 'घंटा' हो, इन्हें बदलते वक़्त में रचनाशीलता की सृजनात्मकता के स्तर पर लिया जा सकता है, इनकी ही रचनाओं के विरोध और सबको नकार देने के स्तर पर नहीं। चाहे मार्कण्डेय की 'बीच के लोग' के साथ उनकी ही कहानियों 'पान-फूल' अथवा 'हंसा जाई अकेला' को साथ रखकर देखें तो यही बात प्रकट होती है। शेखर जोशी, अमरकांत, भीष्म साहनी आदि कहानीकारों के बारे में उनकी पहले की और बाद की कहानियों को देखकर यही कहा जा सकता है।

यह बहुत अजीब है कि हमारे तथा कथित कथा-आलोचक एक से एक विरोधी वक्तव्यों से दिग्भ्रमित करते हैं। कुछ लोगों की राय में आठवें दशक की हिन्दी कहानी 'रोमानी-क्रांतिकारिता के भाव-बोध से आक्रांत कहानी थी'। इनकी नज़र में केवल नवें दशक से आरंभ हुई हिन्दी कहानी जनवादी चेतना की हिन्दी कहानी है। इस बात से शायद आश्चर्य न हो कि बीसवीं सदी के इस आख़िरी चरण में लिखी जा रही कहानियाँ उन्हें सिर्फ मजाहिया लगने लगें। आलोचना में इस तरह मन-गढ़ंत दी जाने वाली दलीलों से लाभ कम नुकसान अधिक होता है। एक ऐसे समय में इसका दुष्परिणाम और भी गहरा नज़र आ रहा है जब ठीक-ठाक दृष्टि से कहानी पर बात करने वाले लोग ही नहीं रहे। अब संजीव की कहानी 'तीस साल का सफ़रनामा' इस रोमानीपन और मध्ययुगीन भावबोध की कहानी लगती है

जिसमें आधुनिक तकाज़ों की बात नहीं हुई। यह बहुत दुविधाजनक स्थिति है। उदयप्रकाश ने यह सही है कि 'टेपचू' में यथार्थ को सामाजिक विकास की प्रक्रिया में दिखाया है पर उस विकास का क्या कुछ भी संजीव की 'तीस साल का सफ़रनामा' में नहीं है? और अगर है, तो क्यों हम यह मानें कि 'टेपचू' कहानी परंपरा से विच्छिन न होकर कोई आकाशी यथार्थ का प्रणयन करती है।

'टेपचू', 'तिरिछ' रामसजीवन की प्रेमकथा' आदि अपनी ढेर सारी कहानियों और इधर 'हंस' में प्रकाशित कहानी 'और अंत में प्रार्थना' में उदय प्रकाश की कोशिश यही रही है कि शिल्प के निरंतर बदलते प्रयोगों में वे चरित्रों को व्यापक संवेदना का हिस्सा बनायें। समाज का यथार्थ यहाँ जीवन की जटिल संरचना में पगा मिलता है। कहानियों का फलक बहुत विशाल न होते हुए भी लेखकीय कथ्य को बहुत बारीकी से सँभाले चलता है। इस पर जिस तरह बोर्खेज के शिल्प का आरोप लगाकर उदयप्रकाश की कहानियों को अनदेखा करने की कोशिश हो रही है उससे दो बातें बहुत सफाई से सामने आती हैं—एक तो ये कि उदयप्रकाश ने शिल्प को इतना नहीं साधा जितनी उनकी कहानियों को अपेक्षित था और दूसरा ये कि चरित्रों में ही अपनी समूची ताकत झोंक देने से वे बहुत सहज संप्रेषणीय नहीं रह सके। ये बातें उनको आरोपों के घेरे में लेकर नहीं लिखी जा रही हैं बल्कि उनके रचना-विधान के छिद्रों की ओर इशारा करने के लिहाज से लिखी जा रही हैं। अब्बू मुसलमान का 'स्त्री रिझाऊ' कार्यकलाप में ही मर-खप जाना (टेपचू) एक ओर तो यह कहता है कि आज के इस दौर में एक भरी-पूरी पीढ़ी कैसे खात्मे की ओर बढ़ रही है पर उससे यह भी ध्वनित होता है कि हमारी इस पीढ़ी के पास सृजनात्मक विकल्प मौजूद नहीं है। उदय ने शायद ग़ौर किया होता। फिर भी नवें दशक की हिन्दी कहानी में उदयप्रकाश अपनी भाषा, शिल्प और एक नये बोध के कारण प्रभाव डालते हैं।

शिवमूर्ति का संसार उदयप्रकाश से इस स्तर पर भिन्न है कि उनके यहाँ बहुत ईमानदार चरित्र निर्मित होते हैं तथा कथातत्त्व में लगातार जिज्ञासा की प्रवृत्ति बलवती रहती है। शिवमूर्ति की यह प्रविधि कहानी को जनता से जोड़ने में बहुत सफल है। लेकिन उनके यहाँ यथार्थ को जिस आतंकित करनेवाली स्थिति में दिखाया जाता है, वह कभी-कभी असहज भी लगता है। 'तिरिया चरित्तर' की विमली का जीवन-यथार्थ साफ तौर पर उभरता है, पर जिस तरह उसे मध्ययुगीन सामंती परिवेश में डालकर त्रास दिया गया है। मुझे लगता है कि वह गलत है। आज़ ऐसे समाज कम से कम पूर्वी अंचलों में लगभग नहीं हैं। क्या आतंकित करके, सिहरा देनेवाली स्थितियों को और भयावह बनाकर हम मिथकों को तोड़ने की कोशिश में मिथकों की सृष्टि करने की ओर नहीं बढ़ रहे हैं। स्वयं प्रकाश, पंकज बिष्ट, अरुण प्रकाश, संजीव, शशांक आदि ने अपनी कुछ ख़ास प्रविधि और कहानी को जीवन के अंतरंग अनुभवों में दर्ज करने के कारण हिन्दी कहानी के लिए स्वस्थ भूमि तैयार की है, जहाँ बिल्कुल नये कथाकार अपनी भूमिका तैयार कर रहे हैं।

स्वयं प्रकाश की खूबी यह है कि वे समाज विरोधी ताकतों, प्रवृत्तियों और आचरणों पर तीखा कटाक्ष करते हैं और उसके दुष्परिणामों को बिल्कुल विश्वसनीय तरीके से दिखाते हैं। उनके शिल्प में चरित्रों की अंतर्पैठ चकित कर देती है। मेरा मानना है कि यथार्थ का यह पक्ष कहानी के विकास के लिए सबसे जरूरी है। व्यंग्य, विडंबना, मोह भंग, आत्मालोचन के ऐसे रूप जो पाठक को तिलमिला देते हैं उनकी कई कहानियों में मिलते हैं। 'पार्टीशन', 'चोर की माँ', 'मरने वाली की जगह' जैसी कहानियाँ इस बात का प्रमाण हैं।

इसी तरह पंकज बिष्ट अपने स्तर पर उपभोक्तावादी संस्कृति की मार झेलते, दीन-हीन जीवन गुजारते तथा निरंतर बदशक्ल होते समय में बेदम होते लोगों के ऐसे कहानीकार हैं जिनके यहाँ भाषा का सुगठित रूप मिलेगा और चरित्रों में पारिवेशिक तनाव। कुछ ही समय पहले उनकी चर्चित कहानी 'बच्चे गवाह नहीं हो सकते' को देखिए तो लगेगा कि सांस्कृतिक संक्रमण के बीच पूरी व्यवस्था को खड़ा कर कहानीकार ने युगबोध का ऐसा यथार्थ उद्घाटित किया है जिससे हमारा बृहद्तर समाज रोज टकराता है।

अरुण प्रकाश, संजीव, इसरायल, चन्द्रमोहन प्रधान, कमर मेवाड़ी की दुनिया विविध जीवनानुभवों की दुनिया है जहाँ रोजमर्रा उठने वाले सवालों और समस्याओं से जूझने की सफल कोशिश मिलती है। अरुण प्रकाश के यहाँ मजदूर जीवन का ज्वलन्त चित्र देखना हो तो 'भैया एक्सप्रेस' जैसी कहानी कोई दूसरी न मिलेगी। गाँव की मिट्टी से आत्मीय ढंग से जिस तरह अरुण जुड़े हैं, वैसा कहीं और उस शिद्दत से मिलता नहीं। 'जल प्रान्तर' इसका सबूत है। संजीव में कहानियों का विकास अपने आसपास की स्थितियों से होता है जिसमें विश्वसनीयता का पक्ष सबसे सबल है। आप 'दुनिया की सबसे हसीन औरत' देखिये या फिर 'अपराध', लगेगा जैसे साफ देख रहे हैं कि घटना घट रही है, उसमें आप भी कहीं खुद को शामिल पाकर चौंकते हैं। सिर्फ वैचारिक प्रतिबद्धता को जहाँ कहीं भी संजीव सख्ती से लाते हैं, वहाँ कहानी का स्वाभाविक विकास रुक जाता है।

इस चर्चा से इस बात पर ध्यान केन्द्रित करने की गुंजाइश बनती है कि इस लंबी परंपरा में, जब कहानी ने अपने विविध स्तर दिखाए हैं, आज की कहानी ने उसे कहाँ ग्रहण किया है और क्या जोड़ा है। पीछे हम देख चुके हैं कि आठवें दशक की कहानियों के संसार में विविध जीवनानुभवों को शिल्पों के अलग-अलग अंदाज में व्यक्त किया गया है। इस संसार में प्रेमचंद की यथार्थवादी परंपरा की भी भूमिका रही है और नये जीवन के तकाज़ों की भी। लेकिन बिल्कुल नये और नवें दशक के मध्य से लेखन की ओर प्रवृत्त होकर आज की अवधि तक प्रभावी कथाकारों की कथा-चेतना ने कई नई भूमियाँ अख्तियार की हैं और परंपरा से अपेक्षित ऊर्जा ली है। इस दौर में नाम तो बहुत हैं पर उल्लेखनीय लोग बहुत थोड़े से हैं। इस स्तर पर कहा जा सकता है कि कहानी की दुनिया आज की तिथि तक बहुत व्यापक फलक नहीं बना पाई है। इसका बहुत ठोस कारण नहीं दिया जा सकता। लेकिन इतना जरूर कहा जा सकता है कि कहानी अपने विकास में सामयिक प्रश्नों से जूझने की कोशिश में

है। लगातार बदल रहे समाज के यथार्थ को उसके अंतर्विरोधों में पकड़ना और विश्वसनीय चरित्रों की सृष्टि के माध्यम से संवेदना को व्यापक-प्रसार करने के मार्ग में अभी रुकावटें हैं।

आज प्रश्न सिर्फ कहानी को उसके प्रारूप में देखकर सफल-असफल घोषित करने का नहीं है बल्कि उसमें नयेपन और अनुछुए संदर्भ को रेखांकित करने का है। इस स्तर पर जो कहानीकार आज सबसे अधिक चर्चित है, बात उसी पर केन्द्रित होगी। शेष नामों को प्रसंगानुसार देखा जायेगा। सबसे पहले अखिलेश पर आयें।

अखिलेश कहानी को साधने वाले ऐसे पहले युवा कथाकार लगते हैं जिनके यहाँ असहज कलाबाजी नहीं मिलती। एक सहज, गठित, व्यंजक विस्तार में उनकी कहानियाँ आसानी से प्रभाव छोड़ने में सफल होती हैं। उनकी कहानियों की संरचना में वाग्जाल नहीं होते, चरित्र ऐसे कि उसमें आप भी कहीं शामिल होते हैं और भाव ये कि आप वही सोचते-विचारते हैं। उन्होंने एक उपन्यास भी लिखा—'अन्वेषण', जिसकी काफी चर्चा भी रही और उसमें चित्रित जीवन यथार्थ को नया भी कहा गया। 'मुक्ति' संग्रह कुछ पहले आया और अभी 'जमीन के करीब' आया है। इन्हीं में से कुछ कहानियों के जरिए उन्हें देखा जा सकता है।

'खोया हुआ पुल' राम उमर नामक निम्नवर्गीय लड़के की ऐसी कहानी है जिसमें कहानीकार ने कथित संभ्रान्त लोगों की क्रूर मानसिकता चित्रित की है और इसी बहाने गाँव के अनपढ़ गरीब लड़कों की नाजुक जिन्दगी की स्थिति का खुलासा भी किया है। यह बड़ा विचित्र लग सकता है कि यथार्थ का यह चरण विश्वसनीय और सहज संवेद्य है। प्रश्न उठ सकता है कि क्या इसके पहले की कहानियों का यथार्थ कृत्रिम था? कहना होगा कि जीवन के जटिल मर्म तक जैसे-जैसे हम पहुँच रहे हैं वैसे-वैसे जीवन का जाना-पहचाना कोना हमारी पहुँच के करीब आ रहा है। अखिलेश का कथा-विवेक इस दृष्टि से ज़्यादा विश्वसनीय है।

अखिलेश में चरित्रों के भीतर प्रतिवाद की ताकत भरने की अद्भुत क्षमता है। और यही उनकी शक्ति है। कहना न होगा कि यही शक्ति उनके सरोकारों को फैलाती है। 'सोने का चाकू' हो या 'बादल छँटने से धूप तक' हो या 'पिंजड़े में खुशबू' या 'खोया हुआ पुल हो' अखिलेश का कथा-विवेक जीवन के विविध मर्मों को उद्घाटित करता है। 'पिंजड़े में खुशबू' का मुनीराम व्यापक जनता का प्रतिनिधि है। वह फटेहाल जिन्दगी में भी उम्मीद को नियति मानकर नहीं जीता। अत्यंत दु:खद क्षणों में खीझकर वह दुलारी को मारता है। और भीतर ही भीतर वह अपने होने का अर्थ तलाशता है। जरूरत पड़ने पर जब लोगों की सहायता से निगम के बुलडोजरों से अपनी दुकान बचाने में कामयाब होता है, तब उसकी पूरी जीवन-पद्धति बदल जाती है। 'खोया हुआ पुल' का रामउमर भी यातनादायी नौकरी छोड़कर संघर्ष पर उतर आता है। लेकिन चर्चित कहानी 'चिट्ठी' अपनी पूरी संरचना में परिवेशिक स्घनता के बावजूद अखिलेश की यथार्थवादी सोच के विरुद्ध जाती है। हम अगर यह मान लें कि

समकालीन युवा मानसिकता व्यवस्था के भ्रष्टाचार और अपसंस्कृति की घिनौनी प्रवृत्ति से टकराने के बदले किसी भी तरह की नौकरी और यौन-सुख को ही सर्वस्व समझती है, तो अखिलेश की दृष्टि को कैसे सृजनशील मानें। विश्वविद्यालयीय परिदृश्य को यथास्थिति के मुहावरे में अपनी सहज और समर्थ शैली में व्यक्त करने के कारण 'चिट्ठी' पठनीय तो है पर प्रेरक नहीं। यथार्थ का आग्रह अगर इकहरी दृष्टि का परिणाम हो, तो इसी तरह के खतरे पैदा होते हैं। नवें दशक की कहानी को रोमैंटिक यथार्थवाद से विद्रोह मानने वाले आलोचक इस कहानी पर क्या कहेंगे?

इधर कुछ दिनों से सृंजय अपनी कहानियों से काफी चर्चित हुए हैं। उनके पास कहानियाँ ज्यादा नहीं हैं पर अपनी अलग बानगी से उन्होंने सबको 'चौंकाया' है। 'चौंकाना' का प्रयोग मैं उनकी कहानी 'कामरेड का कोट' के लिए कर रहा हूँ। यह कहानी कथित वामपंथी चरित्र पर तीखा प्रहार करती है। और कमलाकांत जैसे सच्चे लोगों को उसके विरुद्ध खड़ा करती है। कहानी अपनी संरचना में बेलाग है और अपने कथ्य में ईमानदार भी, पर यह दुःखद है कि उसकी रचना-प्रक्रिया पर किसी ने सवाल नहीं उठाया। क्या यथार्थ का ईमानदार खाका यही हो सकता है कि उसमें हम मनुष्य की तुलना जानवर से करें? इस तरह के दुर्गुण और ईमानदारी के नाम पर अत्यंत विकृत चित्रों के जरिये यह कहानी हमें सृजनात्मक सोच की ओर नहीं ले जाती। इस कहानी में कुछ और दुराग्रह भी हैं। उदाहरण के लिये यहाँ हिन्दीतर भाषा-भाषी हमारे उपहास के पात्र बना दिए गये हैं। क्या समाजवादी यथार्थ के नाम पर आधारहीन परिवेश की सृष्टि करना ही संघर्ष के काम आ सकता है? जब जॉर्ज-नॉक्स ने उपहासात्मक परिप्रेक्ष्य की बात की, तो वहाँ उपहासात्मक चरित्रों की सृष्टि पर बल नहीं दिया। उसकी नज़र में उपहास का वातावरण भी ऐसा रहा होगा जिससे हमारा अनुभव भी समृद्ध हो और जीवन की जटिल स्थितियों को समझने में मदद मिलती हो। कहानी में उपहास, असंगतता तथा कल्पना-विरुपता के लिये तब जगह होती है; जब कहानी में ठोस दृष्टि का संचार होता है। सृंजय की कहानी-कला के कुछ अनछुए पहलुओं से प्रभावित होते हुए भी इस प्रवृत्ति पर सहमति का कोई कारण नहीं दिखाई देता।

'भगदत्त का हाथी' सामंती समाज पर प्रहार करती कहानी है। अपनी प्रस्तुति में काफी सघन तथा विस्फोटक तनावों में निर्मित यह ग्रामीण जीवन की बदहाली की बुनियाद पर चोट करती है। इसकी चर्चा बहुत हुई है। इसलिए इसकी एक खामी पर ध्यान केन्द्रित करना जरूरी लगता है। संग्रह में शामिल इस कहानी के अंत में सृंजय ने क्रम से भोजपुरी शब्दों का अर्थ दिया है। क्या इसका कारण यह है कि हिन्दी अपनी बोलियों से कटती जा रही है? या कि हिन्दी वाले बोलियों के रिवाज़ से बाहर आ गए हैं? 'बैलबधिया' और 'तख़्त ओ ताब' सामंती व्यवस्था की परतें खोलती हैं और समाज का वैज्ञानिक विश्लेषण प्रस्तुत करती हैं। 'लक्ष्मी के पाँव' एक क्लर्क की कथा के बहाने मध्य-वर्गीय नौकरीशुदा लोगों की त्रासद गाथा बन गई है। ईश्वर को मानने और न मानने का द्वैत, मनीबैग का गिरना, लाटरी का सपना और अंततः दीपावली की शाम उदास-हताश जीवराज का घर लौट आना कहानी को समस्या

की निरंतरता और चरित्रों को उससे बार-बार जूझना प्रमाणित करता है। इसलिए जब जीवराज हताश स्वर में भी कहता है कि 'मैं अपने बेटों के लिए कुछ मिरास ही नहीं छोड़ जाऊँगा... सिवाय एक अंतहीन भूख के मैं उन्हें समझा दूँगा ताकि वे जोख़िम उठाकर भी इस गज़ालत की जिन्दगी से निस्तार पाने की चेष्टा करें' तो कहानी सृजनशील संघर्ष की ओर बढ़ती है। लेकिन आश्चर्य है कि इस कहानी की चर्चा न के बराबर हुई है।

हरि भटनागर ने अपनी कहानी में इधर काफी बदलाव लाया है। उनके संग्रह 'सगीर और उसकी बस्ती के लोग' की ज़्यादातर कहानियों ने इस दिशा में उल्लेखनीय चर्चा पाई थी कि उसमें यथार्थ और चारित्रिक द्वन्द्व के भीतर संघात की सृष्टि का कौशल था। हरि भटनागर की इधर की कहानियों में ठोस परिवर्तन को लक्षित किया जा सकता है। हरि में व्यक्ति की परिस्थिति को उसकी समूची विडंबना में उभारने की भरपूर क्षमता है। यही कारण है कि ये कहानियाँ सीधा प्रभाव डालती हैं। 'सेवड़ी, रोटियाँ और जले आलू' इसी कारण प्रभाव डालती है। नगीना सेठ के यहाँ से आए पकवान पर मजदूरनी तो प्रसन्न है पर देर रात गये थक कर चूर हो लौटा उसका पति पकवान को आए दिन मिलनेवाला जला आलू ही समझता है। व्यक्ति दैनिक जीवन का किस तरह अभ्यस्त हो जाता है उसे इस कहानी के जरिए भलीभाँति समझा जा सकता है। 'घर कहाँ है' कहानी इस विडंबना को दूसरी दिशा में ले जाती है। रामलाल भूख और पश्चाताप के कारण अपना ही घर भूल जाता है। व्यक्ति की उम्मीद, परिस्थितियों के क्षणिक संचार और बेबसी की विलोम हुई स्थितियों को कहानी ने ऐसे उद्घाटित किया है कि पाठक हत्प्रभ रह जाता है। इसके अतिरिक्त हरि की अन्य कहानियाँ अपने इसी विडंबनाबोध के कारण प्रभावी हैं। लेकिन इस बोध को कहानी की बुनियाद बनाने की एक दिक्कत ये है कि जीवन को निरे नकार की नज़र से देखने के कारण यथार्थ का जो बदशक्ल चेहरा सामने आता है उससे कहीं न कहीं हमारा हस्तक्षेप भोथरा हो जाता है। समकालीन कहानी में यह दोष बहुत सफाई से देखा जा सकता है कि कहानीकारों में एक विशेष किस्म की प्रवृत्ति रूढ़ होती जा रही है।

प्रेमकुमार मणि की कहानियों में भाषा की सहजता के साथ इस विडंबना बोध को दूसरे परिप्रेक्ष्य में देखा जा सकता है। उनकी चर्चित कहानी 'शोहदे' एक ऐसे परिवार की कथा कहती है जो दिन-दुनिया से बेखबर अय्याशी में जीता है। एक ऐसे समय में, जब दुनिया के प्रति अपनी जिम्मेवारी का तीव्र बोध होना युग की अपेक्षा हो, निरे शोहदा होना कितना खतरनाक हो सकता है—यह इस कहानी में देखा जा सकता है। मणि की अन्य कहानियों, मसलन—'नासपीटी कलट्टरी' और 'उन्नीस सौ चौरासी' अपने-अपने स्तर पर यथार्थ को उद्घाटित करती हैं। मणि की यह खास खूबी है कि उनमें चीज़ों की सही पड़ताल की दृष्टि है और उसे व्यक्त करने का सही कथा-विवेक भी। चरित्रों में परिवेश का अंतर्गुम्फन का नमूना उनके यहाँ देख सकते हैं। कथा को सहज संवादों में ले जाकर एक नाजुक मुक़ाम पर छोड़ना और सोचने पर विवश करना उनकी शैली की विशेषता है। लेकिन मणि की यह विशेषता वहाँ ऊब पैदा करने लगती है जब कहीं-कहीं वे खुद को दोहराने लगते हैं।

समकालीन कहानीकारों की सूची जो बिल्कुल नये हैं, काफी लंबी है। लेकिन वे कहानीकार ज्यादा नहीं हैं जिनकी कहानियों के शिल्प में विविधता और विषय में यथार्थ की बहुछविता दिखाई देती है। कुछ ऐसे कहानीकारों के नाम भी लिए जा सकते हैं जो कहानी को साधने में तत्पर हैं। इनमें से कुछ के संग्रह भी आए हैं और कुछ के अभी नहीं। क्षमा गोस्वामी की कहानी 'एक पीढ़ी का दर्द' इस दृष्टि से उल्लेखनीय थी कि वह सोनू जैसे बच्चे में आतंक की घर कर गई छाया को बेहद संजीदगी से दिखाती है। इसी तरह अशोक शुक्ल, देवेन्द्र चौबे, सहीराम, अखिल अनूप, भगवानदास मोरवाल आदि कहानीकार भी अपने स्तर पर कहानी के शिल्प को पाने और उसे सही दिशा में ले जाने को प्रयत्नरत हैं। उनमें एक तरफ़ तो परंपरा के दबाव से बाहर आने की छटपटाहट है तो दूसरी तरफ़ अपने वर्तमान को उसकी संपूर्णता में पकड़ पाने की कोशिश है। लेकिन आज की कहानी को देखते हुए यह बहुत स्पष्ट रूप से रेखांकित किया जा सकता है कि वह औपनिवेशिक मानसिकता से एकदम बाहर है, उस पर ऐसा कोई दबाव नहीं है जिसमें वह 'पथहारा' बने। उस पर दबाव अपनी परंपरा का है। बड़े कहानीकार उस पर दबाव बने हुए हैं। उनकी भाषा, शिल्प तथा यथार्थ के खानों से बाहर आने की कोशिश में युवा कथाकार जितना सफल होगा, उसके साथ हिन्दी कहानी का भविष्य भी उतना ही बेहतर होगा।

यह बहुत दुःखद है कि हिन्दी कथा-आलोचना में जो जुमले बार-बार इस्तेमाल में लाये जा रहे हैं, वह अब पर्याप्त नहीं। अव्वल तो यह कि कथा-आलोचना को काव्यालोचन के घेरे से बाहर लाया जाय। कहानी को उसकी आतंरिकता में देखने की कोशिश जब तक नहीं होगी, तब तक न तो कहानी का भला होगा न कहानीकार का। दुनिया की नित्य परिवर्तनीयता और हमारे जीवन के अत्यंत सँकरे होते जाने के कारण आज हवाई बाज़ीगरी की जरूरत नहीं रही। नये लोगों की कहानियों में अपने यथार्थ के प्रति एक सुसंगत दृष्टि की समझ उतनी पैनी नहीं बनी जितनी कि अपेक्षा है। फिर भी, उनमें जीवन के विविध अनुभवों को, अंतर्विरोधों को, विडंबनाओं को और समग्रतः युगबोध की अंतर्छवियों को पकड़ पाने की तत्परता दिखाई देती है। मुझे लगता है कि यथार्थवादी परंपरा से जुड़े रहकर भी आज की पीढ़ी समकालीन यथार्थ से गहरा तादात्म्य बिठाने की ओर अग्रसर हो रही है। इसमें प्रतिवाद, परिसंवाद, संघात, हस्तक्षेप और दैनंदिन तनाव के ऐसे सजल चित्र हैं कि जिनसे सामना होते ही तिलमिलाहट भी होती है, आक्रोश भी पैदा होता है और कहीं अंतस में कुछ न कर पाने की लाचारी भी दिखाई देती है।

तात्कालिकता और तक़ाज़े से भी कहानीकारों को सावधान रहने की जरूरत है क्योंकि माँग और चर्चा के लिए रची गई रचनाएँ दीर्घजीवी नहीं होतीं। 1950 के बाद कहानी ने जैसे-जैसे अपने को बदला है, वैसे-वैसे स्तरों पर उसमें एक नई तरह ऊष्मा आती गई है। छठे दशक के बदलाव कहानियों में लगातार दिखाई पड़ते रहे हैं। विघटित जीवन मूल्यों के वातावरण में बदलते हुए रिश्तों के स्वर से शुरू हुई यह कहानी प्रेम, विडंबना, प्रहार, विद्रोह, व्यंग्य और बोध को ताकत देती गई है। जीवन और जगत के न जाने कितने रंग रहे हैं इनमें।

पर जो मूल रहा है, वह हमारी बेहतरी का रहा है। आज की कहानी को संक्षिप्त ही सही एक गौरवशाली परंपरा मिली है, उस परंपरा को कायम रखते हुए कुछ नया और विशिष्ट अभी जुड़ना बाकी है।

यह भी बहुत दिलचस्प है कि परंपरा भी प्रवृत्ति के स्तर पर आज की कहानी को आलोड़ित नहीं कर पा रही है। बहुत ध्यान से देखने पर लगेगा कि समकालीन कहानी पर सातवें दशक की कहानी का प्रभाव कुछ है तो कुछ आठवें और फिर नवें दशक की कहानी का। लेकिन वही, मूल समकालीन प्रवृत्तियों से अलग। कहानी की रूढ़ि तोड़ने की वह कोशिश ज्ञानरंजन से आगे आती नहीं दिखी। इसमें निर्मल की छुई-मुई अनुभूति का संसार कहीं-कहीं मिलेगा। मोहन राकेश और कमलेश्वर की परंपरा में भी लोग निकल आयेंगे। कुछ नया करने की धुन का कथाकार दिखाई नहीं देता। इसके बाद की पीढ़ी में उदयप्रकाश, संजीव आदि की दुनिया अपने अलग रचने-बनाने की दुनिया है, पर वहाँ भी हल्का संवादात्मक परिप्रेक्ष्य सातवें दशक की कहानी का ही है। स्वयं प्रकाश, कमर मेवाड़ी, जयनंदन, विजयकांत, इसरायल आदि के यहाँ यह हस्तक्षेप दूसरे रूप में दृष्टिगत होता है। एक कथा और उसमें तानों-बानों का एक लोक कि जहाँ कल की बेहतरी की उम्मीद और फिर उसका संघर्ष। चरित्रों में संघर्ष की यह धार छठे दशक की है और तीव्रता सातवें दशक की।

मुझे लगता है कि समकालीन हिंदी कहानी अपने को दुहराने से बचाकर नये उत्स की ओर जाने की कोशिश ज्यादा करती रही है। फिर यह भी कहना होगा कि ग्रामीण जीवन के साथ-साथ कस्बाई जीवन के अधिसंख्य विषय आज भी अनछुए हैं जिन पर ध्यान देना आवश्यक है। लेकिन यह बात भी ग़ौरतलब है कि कथित कथा-प्रतिमानों पर आज और कल की आनेवाली कहानियों को परखना अब संभव नहीं रहा। उनमें कहानीपन, संप्रेषणीयता, बिंबविधान की गत्यात्मकता, प्रतीक पद्धति या फिर नाटकीयता तलाशने से काम नहीं चलेगा। ऐसा कहना और करना दोनों घातक है। कहानी अपनी अंतर्वस्तु में क्या कहती है, शिल्प में तनाव की क्या पृष्ठभूमि है, चरित्रों में घात-संघात की क्या स्थितियाँ हैं तथा विषय के प्रति कथाकार के पास कैसी सुचिंतितता है—दरअसल ये वे प्रतिमान हो सकते हैं जिनके आधार पर जीवन की इस जटिल स्थिति के काल में कहानी को उसकी संपूर्णता में परखा जा सकता है। यह कहना मुझे प्रासंगिक लग रहा है कि जीवन के इतने वैविध्य में भला कहानी को क्यों एक ही खाने में रखकर देखा जाय। इस पैमाने से पहले भी बहुत क्षति हो चुकी है। आज भी हम छठे दशक से लेकर आठवें दशक की कहानी को पहेलियों में समझते रहे हैं, वास्तविक अर्थछवियाँ शायद देखें तो अलग दिखाई देंगी। जीवन की विसंगति, खौफ़ और विडंबना की सृजनशील दृष्टि तथा सही भाषा में व्यक्त हुई कहानी को अभी ठीक से निरूपित करना शेष है। आशय यह है कि समकालीन हिन्दी कहानी अपनी रंगत में अतीत और वर्तमान के द्वन्द्व में अपने को निरंतर विकसित कर एक बेहतर दिशा की ओर अग्रसर है।

नये अंदाज की कहानियाँ

अरुण प्रकाश हिन्दी के महत्त्वपूर्ण कहानीकार हैं। जिनकी कहानियाँ संख्या में तो बहुत कम हैं पर अपनी अर्थवत्ता के स्तर पर बहुत व्यंजक और प्रभावकारी हैं। अरुण प्रकाश ने कहानियों के अतिरिक्त व्यंग्य, कविता, नाटक आदि विधाओं में भी लिखा है, किंतु उनकी रचनात्मक प्रतिभा का साक्षात्कार कहानियों में ही हो पाता है। इनकी कहानियों में यथार्थ का वह रूप दिखाई देता है जो जिंदगी से सीधे आता है। यही कारण है कि यहाँ किसी भी तरह का लागलपेट या असमंजस का भाव दिखाई नहीं देता। परिस्थिति की पूरी गंभीरता को, चरित्रों से उसके संबंध को तथा समस्या की निरंतरता को एक अहम स्थल पर पकड़कर अरुण प्रकाश उसे वहाँ तक ले आते हैं जहाँ से उसमें कई नए सवाल उठ खड़े होते हैं। अपनी भाषा, शिल्प और कहानियों में एक नए तेवर की छवि प्रस्तुत करते अरुण प्रकाश इसीलिए आज के दौर में प्रासंगिक कथाकार हैं।

'भैया एक्सप्रेस' अरुण प्रकाश की ग्यारह कहानियों का संग्रह है। ये कहानियाँ कुछ वर्ष पहले की लिखी हुई हैं तथा विभिन्न पत्रिकाओं में प्रकाशन के बाद पर्याप्त वाहवाही पा चुकी हैं। पहली कहानी है 'बेला एक्का लौट रही है।' यह कहानी आज के दौर में नारी की अस्मिता और सुरक्षा को ध्यान में रखकर लिखी गई है। समाज का पारंपरिक ढाँचा आज अपनी विकृति में इतना क्रूर हो गया है कि उसमें किसी नारी का सुरक्षित और सम्मान के साथ जीवित रहना संभव नहीं रह गया है। मृदुल सूरी जैसे आत्मीय जीवन साथी को छोड़कर बेला नामक आदिवासी बाला जबसे 'कल्याण भवन' में शिक्षिका होकर आयी है तब से वह लगातार असुरक्षा में जी रही है। उसके पीछे कल्याण अधिकारी जगदीश सिंह से लेकर लिपिक और चपरासी भी हाथ धोकर पड़े हैं। जगदीश सिंह को नजरंदाज करने का परिणाम यह होता है कि 'बेला' गुंडों से घिरती है और अंततः नौकरी से विदा लेने का निर्णय लेती है। इस कहानी के माध्यम से कहानीकार ने यह स्पष्ट कर दिया है कि प्यार, ममता, स्नेह और स्वाभिमान की रक्षा करते हुए औरतों का जीना संभव नहीं है। जीना है तो लाश बनकर ही, क्योंकि लाशें ही सब कुछ सहती हैं। थंगम्मा का यह कथन भी नारी की नियति को दर्शाता है—'तुम ये क्या करता है? जॉब में लड़की को ये सब सहना ही पड़ता है।' और अचानक बेला अपने माँ-बाप के हसीन सपनों को तोड़ती घर चली जाती है। सवाल उठता है कि इनकी सुरक्षा कौन करे, इनकी अस्मिता को कौन बचाए। सवाल अपनी जगह सवाल ही बना रहता है, हर दफ्तर भ्रष्ट है।

कोई भी औरत से खेलने की ही गुंजाइश खोजता है। यह है हमारे समाज का नग्न यथार्थ। व्यक्ति के भीतर की क्रूरता का प्रमाण।

दूसरी कहानी संग्रह की शीर्षक कथा है—'भैया एक्सप्रेस' और संग्रह की सबसे अच्छी रचना भी है। मुझे याद है कि जब यह कहानी 1985 में एक पत्रिका में प्रकाशित हुई थी तो इस पर काफी चर्चा हुई थी और इसे एक महत्त्वपूर्ण कहानी माना गया था। कहानी पंजाब के आतंकग्रस्त परिदृश्य पर है जिसमें बिहार का एक किशोर 'विशुनदेव' मौत की बलि चढ़ गया है। गरीब और बेबश परिवार से आया हुआ विशुनदेव सूदखोरों तथा सामंतों के प्रकोप को जानता है। उसे कर्ज उतारना है। बाकी उससे कुछ नहीं होगा। बाद में तो वह ख़ुद घर ही रहकर मजदूरी करके जी लेगा। उसे याद है कि सरदार किस तरह उससे काम लेते हैं और पुलिस कैसे उसे प्रताड़ित करती है। पर इससे क्या। एक दिन अमृतसर से लौटते समय बस में मारकाट हुई और उसी में वह मारा गया। घर में प्रतीक्षा करती बूढ़ी माँ जब थक जाती है तो उसके छोटे भाई रामदेव को पंजाब भेजती है पर सब बेकार। बिहार से चलकर दिल्ली और दिल्ली से अमृतसर की उसकी यात्रा का वर्णन तो इतना मर्मस्पर्शी है कि लगता है जैसे कोई उसका आँखों देखा हाल प्रसारित कर रहा है। इस कहानी के माध्यम से कहानीकार ने पंजाब की समस्या को देखने की कोशिश की है और इसके साथ ही बिहारी मजदूरों की दुर्दशा का भी चित्रण किया है। पुलिस का आतंक, फौज की मनमानी और पंजाबी युवकों की गुमराही भी इस कहानी में गहराई से उठी है। दिल्ली तथा दूसरे इलाकों के लोग बिहार से आनेवाली हर ट्रेन को 'भैया एक्सप्रेस' कहते हैं और वहाँ के लोगों को कैसी घृणा की नजर से देखते हैं, यह कहानी इसका भी खुलासा करती है—

'सो हिंदुस्तान को पता है, रात में कोई ट्रेन पंजाब नहीं जाती फिर भी पूछ रहा था!' बाबू के दोस्त के स्वर में उपहास था।

'बिहारी भैया था!' बाबू फिस्स से हँस पड़ा।

'जलंधर, लुधियाने, सारे पंजाब में ये लोग भरे हैं।'

'अरे बिहार से आनेवाली गाड़ी को पंजाब में 'भैया एक्सप्रेस' कहते हैं। उस तरफ हर गाड़ी में ये लोग ठूंसे रहेंगे।'

'वहाँ इन्हें काम नहीं मिलता?'

'काम मिलता तो पंजाब में थोड़े ही मरने जाते। भूख थोड़े ही रुकती है, इसलिए भैया एक्सप्रेस चलती रहेगी। सरकार की पटरी सरकार की गाड़ी सब है ही...।'

'योगदान' कहानी गाँवों में कागजी रूप से चल रहे स्कूलों की कथा कहती है, जहाँ न भवन होता है न बच्चे होते हैं। शिक्षक केवल हाजिरी पुस्तिका भर कर सरकारी धन का दोहन करते हैं। सुरेश तिवारी नाम के नए शिक्षक के साथ यही होता है। गाँव के बड़े लोगों की भी इसमें ये साजिश होती है कि छोटी जातियों के बच्चे पढ़ न पाएँ। श्रीरामपुर गाँव की

कथा के बहाने कहानीकार ने बिहार सहित दूसरे प्रांतों के गाँवों में चलनेवाले ऐसे असंख्य स्कूलों की कहानी कह डाली है।

'नाव में अकेले' नए और पुराने मूल्यों के द्वंद्व की कहानी है। निमाई बाबू अंग्रेजी उसूलों के गुलाम रहते-रहते हर भारतीय चीज को घटिया मानते हैं। उन्हें कोई भी भारतीय व्यक्ति पसंद नहीं। पर जब अपने दफ्तर में होते हैं तो सेठ देवड़ा का पैर सहलाते हैं। बरौनी से कलकत्ता आते हुए उन्हें जिस युवक से पाला पड़ता है और जिससे गाली-गलौज तक की नौबत आती है वही युवक अब निमाई बाबू का डायरेक्टर है। यह बात वे गले नहीं उतारते। उनकी दिनचर्या बदल गई। वे समय से आते पर भीतर ही भीतर सुलगते। इस कहानी में नई और पुरानी पीढ़ियों के बीच मूल्यों के टकराव और परिणामस्वरूप उभरनेवाले शून्य को महसूस करते हुए कहानीकार ने दो विपरीत धारणाओं को उसकी जटिलता में पकड़ा है। रूढ़ि और वर्तमान की सत्यता के बीच एक ऐसे संकट की शुरुआत भी होती है जहाँ पुराना अपने स्वत्व सहित पलायन करता है। मगर आज हमारे समाज में इस द्वंद्व के लिए बहुत कम गुंजाइश है। कारण साफ है—पुराना निर्णायक नहीं रहा।

और 'कफन—1984' प्रेमचंद की कफन कहानी का नया संस्करण है। इसमें पुराने कफन के कुछ संवाद लिए गए हैं और कथा का फलक कहानीकार का अपना है। इस अर्थ में यह कहानी एक प्रयोग कही जा सकती है। पैंतालीस साल पहले की कहानी को बिल्कुल नया रूप देते हुए एक सीमा में उसी यथार्थवाद का विस्तार। बुधुआ लाश में इसलिए बदल गया कि बूढ़ा रामजी उसकी दवा और डॉक्टर की फीस की व्यवस्था नहीं कर सका। बाद में गाँव के मुखिया और हेडमास्टर की मदद से चंदा उगाही हुई और अस्पताल के डॉक्टर को पैसे चुकाकर बुधुआ की अंत्येष्टि भी संपन्न हो गई। आठ सौ चौवालीस रुपये में से तीन सौ तेईस रुपये खर्च हुए और शेष को मुखिया हड़प गया। बुधुआ का श्राद्ध रामजी गाय बेचकर करे या घर बेचकर, इससे मुखिया को क्या! उसने चक्रवृद्धि ब्याज के हिसाब से अपनी राशि वसूल ली। और इस वसूल के बाद हेडमास्टर के साथ सत्संग में हिस्सा लेने चल दिया। यह हालात आज भी अपनी जगह कायम हैं। कहीं कुछ बदला नहीं है। 'कफन' के इस नए संस्करण के माध्यम से कहानीकार ने पैंतालीस सालों की खाई को पाट दिया है और उसे एक नई अर्थवत्ता दी है। दूसरों की लाशों पर अपनी ठाट जमाने वाले ऐसे सामंत आज भी अपनी उसी स्थिति में हैं पर उन्हें पहचानना अब उतना आसान नहीं रहा।

उल्लेखनीय कहानियों की इस श्रृंखला की एक और अच्छी कहानी 'कहानी नहीं' है। इसमें देवनंदन सिंह नामक सवर्ण की एक मूसहर लड़की सवितरी के साथ अपने हवस के लिए प्रेम का नाटक करने और अंत में बदनामी के डर से उसकी हत्या कर देने की कारगुजारी वर्णित है। रामौतार उन्हीं मजदूरों में से एक ऐसा कुटिल चरित्र है जो इसमें भूमिका निभाता है और सवितरी की हत्या करने को प्रेरित करता है। एक भोली मजदूरनी अपने गर्भ में देवनंदन के पाप को प्रेम समझकर पालती है और देवनंदन झूठी दिलासा देकर उसे बर्बाद कर देता

है। यह कहानी चारित्रिक मुहावरे में तनाव की सृष्टि करती हुई व्यापक सामाजिक यथार्थ को उतारती है। कथा में गति है, शिल्प में द्वंद्व तथा भाषा में स्थानीयता का रंग। 'भैया एक्सप्रेस' के बाद यह कहानी इस संग्रह की दूसरी सबसे अच्छी कहानी है। ग्रामीण समाज की इस दुखद सच्चाई के चित्रण में कहानीकार को सफलता मिली है।

'सुनबहरी' एक ऐसे गरीब परिवार की कथा है जिसका गुजारा भजन की चौकीदारी से होता है। पर केवल गुजारे से क्या होता है। घर में बाप दमे के रोग से मरने के निकट है। दवा और डॉक्टर की फीस के पैसे नहीं हैं। और माँ ऐसी कुटिल है कि जिसने अपनी फिजूल 'सुनबहरी' की चिंता से पूरे परिवार को तबाह कर दिया है। भजन घर और नौकरी के द्वंद्व में ऐसे फँस गया है कि अपनी पत्नी तक को देखने की फुर्सत नहीं मिलती! एक संवाद देखिए—

'क्या सोच रहे हो?' बिरजू की माँ ने कनखियों से ताकते हुए पूछा। असल में वह पूछना चाह रही थी कि क्या देख रहे हो पर पूछने की हिम्मत न कर सकी!

'आँ? सोच रहा हूँ आज रात डियुटी पर न जाऊँ।'

'तो फिर पैसे कट जाएँगे।' बिरजू की मां संभलकर बोली ताकि हंसी न छूट पड़े। यह है जीवन की तस्वीर, साक्षात् तस्वीर, जो जीवन की पूरी स्थिति का जायजा लेती है।

शेष कहानियों में 'साँप', मिस्टर मखीजा के अवकाश लेने पर एक दफ्तर के कर्मचारी की मनःस्थिति को चित्रित करती है। उसकी चिंता का कारण यह है कि अगला अफसर कैसा होगा। 'शांतिपाठ' लगातार चोर उचक्कों से त्रस्त ऐसी कहानी है जिसमें गाँव के बड़े लोगों द्वारा पुलिस की सहायता से शांति समिति बनाई जाती है। लेकिन कुछ युवक इसका विरोध करते हैं। कहानी यहीं सृजनशील हो जाती है। 'आँखों में अंधकार' एक नौकर सहित उसके पूरे परिवार को प्रताड़ित करने की कथा है जिसमें कुछ पैसों की झूठी चोरी का इलजाम हरदेव सिंह लगाता है, जबकि वह स्वयं अव्वल धूर्त है। अंत में खोए हुए पैसे उसे घर में मिल जाते हैं। और 'छाला' महानगरीय संत्रास को झेलते एक सरकारी कर्मचारी भवेश की कथा है जो काफी प्रतीकात्मक है। लेकिन ये शेष कहानियाँ अपनी संरचना में काफी कमजोर और सतही हैं। इनमें वह गंभीरता नहीं है जो पहले की कहानियों में है। इसका खास कारण यही है कि अरुण प्रकाश लंबी कहानियों और उसमें भी, ग्रामीण विडंबनाओं को प्रस्तुत करने में अधिक समर्थ हैं।

भारतीय कहानियों के विविध स्वर

अब चिट्ठी कभी नहीं आएगी, उन आँखों की कथा, और *देवकी* क्रमशः कर्तार सिंह दुग्गल, रावूरि भारद्वाज और प्रतिभा राय के कहानी-संग्रह हैं। अपनी पहचान और मिज़ाज में अलग ये विख्यात कथाकार भारतीय समाज की जीवनगत समस्याओं, विडंबनाओं और अन्य स्थितियों से साक्षात्कार कराते हैं।

भाई वीर सिंह की कहानी 'सुंदरी' से शुरू हुआ पंजाबी कहानी का सफ़र संतसिंह सेखों, सुजान सिंह, किरपाल कज़ाक, कुलवंतसिंह विर्क, गुल चौहान, गुरमेल मडाहड़, महिन्दर सिंह जोश, के. एल. गर्ग, जसबीर भुल्लर तक होते हुए इस स्थिति में पहुँचा है कि उसमें पंजाब के परिदृश्य सहित भारतीय समाज और परिवेश की छवियाँ देखी जा सकती हैं। कर्तारसिंह दुग्गल का कथा-साहित्य इस सफ़र का सुंदर पड़ाव है और उन्होंने पंजाबी तथा हिन्दी दोनों भाषाओं में लिखा है। *अब चिट्ठी कभी नहीं आएगी* उनकी नई-पुरानी कहानियों का नवीनतम चयन है। इस संग्रह को पंजाब के परिदृश्य पर उनकी हिन्दी कहानियों का संग्रह कहना अधिक उचित है।

कथाकार के पास अपनी सहज शैली है जिसमें वह सादे ढंग से, उत्सुकता को बढ़ाते हुए ऐसी कथा की सृष्टि करता है जिसमें सपाट अर्थ में कथानक नहीं होता, वरन् कथा-सूत्र होते हैं। दुग्गल की यह विशेषता है कि वह संवादों से संवाद का विस्तार कर सवाल निकालते हैं और पाठक इन सवालों के प्रभाव में आ कर पात्रों के साथ जुड़ जाता है। 'अब चिट्ठी कभी नहीं आएगी' ऐसी ही कहानी है जो दहेज पर लिखी कहानी से प्रभावित, एक दहेज-पीड़ित महिला की चिट्ठी से आगे बढ़ती है। महिला अपने पत्रों के माध्यम से कथाकार को बताती है कि उसके जीवन में वही हो रहा है जो कहानी में हुआ है। तत्काल ही पाठक का कहानी से जो फ़ासला है वह पट जाता है।

एक दूसरी छोटी-सी कहानी में उसकी पात्र देवकी की मानसिक उलझनों को कई स्तरों पर परखा गया है और तब उसकी परिणति उनके भागने में दिखाई है। इसके माध्यम से लेखक ने पहले तो पाठकों की संवेदना को देवकी के साथ मिलाया और तब जीवन के एक बड़े सत्य को प्रकट कर रूढ़ सामाजिक मान्यता का विरोध किया है।

कथाकार की यह विशेषता है कि उसमें समग्र संवेदना का बोध रहा है। यही कारण है कि पशु-पक्षियों पर लिखी कहानियों में भी व्यापक गहराई के साथ-साथ सहज-सुलभ समानुभूति की तीव्रता मिलती है। 'लेत्री की सुबह' कहानी में नीली नामक गाय अपनी बछिया की मृत्यु पर दुखी है, पर ग्वाला उसे मार-पीट कर यह कोशिश करता है कि अच्छा चारा

पाकर वह तुरंत दूध दे। इसी तरह 'म्हाजा नहीं मरा' ताँगे के घोड़े पर आधारित कहानी है जिसमें घोड़ा अपने मालिक के दुख में शामिल हो कर अपनी भूख-प्यास भी भूल जाता है।

अंधविश्वास के विरुद्ध वैसे तो बहुत कुछ लिखा गया है, लेकिन 'ज़ियारत' नामक कहानी में दुग्गल ने यथार्थ और सामाजिक विडंबना को नए स्तर पर उद्घाटित किया है। हालाँकि यथार्थ खंड को विस्तृत कर उसे व्यापक परिवेश से जोड़ने की कोशिश यहाँ कम मिलती है, पर निःसंतान शेख दंपति के संतान के लिए ज़ियारत करने के बहाने यह सफलतापूर्वक दिखाया है कि संतान किसी मज़ार पर मनौती मानने से नहीं, सफ़र में कहीं रैन-बसेरे के समय परपुरुष के सान्निध्य से हुई है। इस सच्चाई को दुग्गल ने निहायत सादे और विश्वसनीय ढंग से प्रस्तुत किया है। ठीक इसी तरह 'करामात' में लेखक ने एक छोटे से बच्चे के माध्यम से इस मान्यता पर प्रश्नचिन्ह लगाया है कि गुरु नानक ने अपने हाथ से एक भारी चट्टान को रोक लिया था।

लेकिन दुग्गल के यहाँ यादगार कहानियों की कमी है। पूरे संग्रह में जो कहानियाँ प्रभाव छोड़ने में समर्थ हैं, उनकी संख्या कम है तथा वे अत्यंत संक्षिप्त भी हैं। इनमें विस्तार और तीव्रता दोनों की संभावनाएँ थीं। वैसे यह बहुत स्पष्ट है कि कहानी को उसकी नितांत सृजनात्मकता और व्यंजकता के स्तर पर ग्रहण करने में लेखकों से अकसर चूक होती रही है। दुग्गल इससे अछूते नहीं हैं। उदाहरणार्थ, निरंतर बदलते समय और सामाजिक परिवर्तनों की विविध छवियाँ उनके यहाँ नहीं मिलतीं; अंधविश्वास का विरोध मिल जाता है पर अंधविश्वास के कारणों की खोज नहीं मिलती। 'चाँदनी रात का एक दुखांत' कहानी की मिन्नी सिर्फ़ इसीलिए आत्महत्या करने को विवश होती है कि उसकी माँ मालिन रात को उसकी शादी का जोड़ा पहन कर चौकीदार से मिलने निकलती है। बेटी को बदनाम करने की कौन-सी मजबूरी हो सकती है, इसका विश्लेषण अगर दुग्गल नहीं कर पाए हैं तो इस से दो प्रश्न उठते हैं—एक तो ये कि लेखक सांस्थानिक मूल्यों का विरोध करके भी कौन-सा मूल्य स्थापित कर रहा है; और दूसरा, पूरे गाँव के विरोध का कोई कारण क्यों सामने नहीं आया?

दुग्गल के पास भाषा की बारीकी है, शिल्प की प्रौढ़ता भी है, पर कहानी को एक स्पष्ट निर्मिति में ढाल देने और यथार्थ के एक खंड को व्यापक परिदृश्य से जोड़कर परखने की क्षमता का अभाव है।

तेलुगु साहित्य के. वी. लक्ष्मणराव जैसे विराट् व्यक्तित्व से सजा-सँवरा और उसने अनगिनत साहित्यकारों के योगदान से आज के भारतीय साहित्य में अपना विशिष्ट स्थान बना लिया है। समय बदलने के साथ तेलुगु में नवजागरण की लहर उठी जिसे वहाँ के साहित्यकारों ने भारत की बुनियादी चिन्ताओं से स्वयं को जोड़कर परंपरा तथा आधुनिकता के बीच एक सृजनात्मक सेतु बनाया। इस कार्य में कंडुकूरि ने अपना अमूल्य योग दिया और यही कारण है कि उन्हें आधुनिक तेलुगु साहित्य के पिता का गौरव मिला।

इस क्रम में तेलुगु के कथा-साहित्य की भूमिका महत्त्वपूर्ण रही। गुरजाड ने अपनी रचनाओं में लोकतांत्रिक समाजवाद का जो स्वर उठाया, उसे बाद के लेखकों ने आगे बढ़ाया। अन्य भारतीय भाषाओं की तरह ही तेलुगु साहित्य में कविता की प्रधानता रही है, फिर भी बीसवीं शताब्दी के आरंभ के साथ ही जिस तरह कथा-साहित्य का उद्‌भव कहानी और उपन्यास के रूप में अन्य भारतीय भाषाओं में हुआ, उसी तरह तेलुगु में भी हुआ। आज स्थिति यह है कि तेलुगु में बड़े पैमाने पर कहानियाँ और उपन्यास लिखे जा रहे हैं। कस्तूरि विजय सारथि, वेंकट रत्नम, नामिनी सुबह्मणियम नायडू, रामकृष्ण रेड्‌डी, कृष्णा शास्त्री सहित कई समर्थ रचनाकार वहाँ के कथा-साहित्य को समृद्ध कर रहे हैं।

रावूरि भरद्वाज तेलुगु साहित्य की परंपरा में अपने को कवि और कथाकार, दोनों रूपों में जोड़ते हैं। उनके यहाँ कविता की प्रधानता है और उनका गद्य भी कवितामय है। उनकी कहानियों की संरचना में बहुत कसाव और गहराई की गुंजाइश इसलिए नहीं होती कि कथा का सुगठित ढाँचा वे नहीं बनाते। कहानी एक गति से आगे बढ़ती है और जहाँ कहीं भी मौक़ा लगा, वह लीक से अलग हो जाती है। भरद्वाज भावुक कलाकर हैं। उनके यहाँ भावाभिव्यंजना की तीव्रता मिलती है। निरंतर भावुक रहे भरद्वाज ने स्पष्ट कहा है कि 1988 में मृत पत्नी कांतम्‌ की याद से संबंधित मानसिक अनुभूतियों को ही वे लिपिबद्ध करते हैं।

उन आँखों की कथा में संकलित कहानियाँ विविध विषयों से संबद्ध हैं। 'माँ की ममता' इस संग्रह की सब से अच्छी कहानी है। कथा यह है कि आनंद स्वामी के आश्रम में अनाथ बच्ची शकुंतला पली और बड़ी हुई। बाद में प्रसाद नामक युवक आया और उसे घर ले जाने की मंशा व्यक्त की। स्वामी ने शकुंतला को जाने की आज्ञा दी। कहानी उत्सुकता को बढ़ाती हुई पहले तो शकुंतला और प्रसाद की मानसिक उलझनों को बढ़ाती है और बाद में जब सतह पर आती है तो प्रसाद की बहन सुभद्रा यह खुलासा करती है कि शकुंतला उसकी बेटी है जिसे अपनी बेटी बनाकर माँ लांछित हुई और उसे बचा लिया। इस कहानी में कथानक भी है और यत्र-तत्र विस्मयकारी घटना-संघटन भी।

'डॉक्टर की दुनिया' एक अलग ढंग की कहानी है जिसमें एक डॉक्टर अपने मित्र रामकृष्ण को चिट्ठी लिखता है। पूरे पत्र में कई मानवीय प्रश्नों के अतिरिक्त मूल प्रश्न है—जीवन और मृत्यु के बीच मारक संघर्ष। बुरी तरह जल कर अपंग हो चुकी एक महिला रोगी को डॉक्टर बचा ले या जीवन से छुटकारा दिला दे? डॉक्टर जो निर्णय लेता है वह यह दिखा पाने में सफल है कि कभी-कभी मानवीय होने के लिए अमानवीय होना भी ज़रूरी हो जाता है। 'कड़वा सच' जीवन की विडंबना को चित्रित करने वाली कहानी है जिसमें विवाहित रामनाथ पत्नी राधा के प्रति उपेक्षा और सुमित्रा के प्रति आसक्ति दिखाता है। जब सहारे की ज़रूरत पड़ती है तो राधा ही आगे आती है; सुमित्रा का कहीं पता नहीं होता।

'उन आँखों की कथा' एक लाचार लड़की जानकी की कहानी है। उसे स्वयं को बेच कर परिवार की सुरक्षा के लिए नौकरी करनी पड़ती है। इस कहानी पर यह टिप्पणी उचित

होगी कि इसमें व्यापक सामाजिक यथार्थ का स्वरूप है। जानकी के शब्द उन हज़ारों निःसहाय लड़कियों के शब्द हैं जो संबंधों और घरेलू ज़िम्मेवारियों को निभाने पर विवश हैं। 'अरे, यह क्या करते हो तुम' कहानी आदर्श का नमूना प्रस्तुत करती है। रमणी को किसी भी प्रकार की प्रत्याशा के बग़ैर माधवराव ने नौकरी दे दी। ऐसा नहीं कि उसके मन में रमणी को लेकर इच्छाएँ जागी ही नहीं; जागीं, पर अंततः माधवराव ने उसकी विवशता और अपनी मर्यादा के दोनों स्तरों को परखा। कहानी अपेक्षाकृत लंबी है और धीमी है।

इसी क्रम में 'वर्ग दृष्टि' की चर्चा प्रासंगिक है। मुकुंद और शरभ शास्त्री के प्रतीकों के माध्यम से कहानीकार ने उस पुरानी धारणा की पुष्टि की है जिसमें कहा जाता है कि आदमी जब बड़ा हो जाता है तो सारे संबंध भूल जाता है। शरभ शास्त्री हथकंडों की बदौलत सामान्य आदमी से नेता बनता है और तब वह अमानवीय हो जाता है। लेकिन शरभ की खूबी यह है कि वह अपनी वास्तविकता और बीते हुए समय को भूलता नहीं।

शेष कहानियों में 'नर (क) लोक' और 'वसु चरित्र' अच्छी कहानियाँ तो होतीं पर मिथकों के पारंपरिक उपयोग ने इस संभावना को नष्ट किया है। कुल मिलाकर यह स्पष्ट है कि भरद्वाज की कहानियों में आज के जीवन की जटिलता और अंतर्विरोध नहीं हैं। उनके विषयों में वैविध्य है, पर वर्तमान जीवन के ठोस धरातल से वे अनुभव के स्तर पर एक कहानीकार के रूप में उतने नहीं जुड़े हैं जितने कि कवि के रूप में। यही कारण है कि कहानी में वे अलग छवि लेकर नहीं आ पाते और न ही पाठकों के अंतस को मथ पाते हैं।

ओड़िया कथा-साहित्य का भी अपना समृद्ध इतिहास है। फकीर मोहन सेनापति जैसे अप्रतिम रचनाकार ने ओड़िया साहित्य की नींव मज़बूत की। गोपीनाथ महांति तक आते-आते वह भव्य अट्टालिका के रूप में खड़ा हो गया। नाना प्रकार की आंदोलन-धर्मी सृजनात्मकता के अभ्युदय के साथ महिला कथाकारों की भागीदारी शुरू हुई। प्रतिभा राय उन महिला कथाकारों में अग्रणी हैं जो भारतीय महिलाओं के सम्मान और समभाव से जीने की ही बात नहीं करतीं बल्कि समान भागीदारी की ज़ोरदार आवाज़ भी उठाती हैं। ऐसे अवसरों पर वे नारीवाद का आंदोलन चलाती-सी प्रतीत होती हैं। ओड़िया में महिला कथाकारों की लंबी शृंखला है जिनमें मानसी दास, ममता दास, सरोजिनी साहू, पुष्पा महांति, गीता होता, अर्चना नायक, शांति महापात्र, यशोधारा मिश्र और इंदु मिश्र जैसे कई उल्लेखनीय नाम हैं। इनमें प्रतिभा राय ने अपनी विशिष्ट पहचान बनाई है और ओड़िया कथा-साहित्य को कलात्मक ऊँचाई दी है। वे अपनी रचनाओं के माध्यम से नारी की पहचान के लिए संघर्ष करती हैं। उनकी अलग छवि इस रूप में भी है कि वे नारी के विरोध को भी जनतांत्रिक तरीक़े से दर्ज कराती हैं।

प्रतिभा राय की कहानियों में जीवन की जटिलता का गहरा बोध है तो सामाजिक विरूपता के विरुद्ध आक्रोश भी। 'अँगूठी' कहानी की बुढ़िया इन हालात की जीवंत पात्र है।

पारिवारिक विघटन से उपजी घोर दरिद्रता में वह अपने मज़दूर बेटे की बीमारी में भी आशान्वित रहती है। अपनी दी हुई 'अँगूठी' को जब मरे बेटे की अंगुली से निकालती है तो कह पड़ती है, 'जा इस पार का सुख तो जान नहीं पाया, उस पार ही सुख से रह, निश्चिन्त रह...।' लेखिका ने इस कहानी में अद्‌भुत प्रभाव की सृष्टि की है। एक तरफ़ समूचा गाँव तो दूसरी तरफ़ मातृत्व की प्रतिमा बुढ़िया। अस्पताल की नारकीय स्थिति अलग से पैशाचिक व्यवस्था का प्रतीक है। प्रकृति को भी लेखिका ने जैसे इस यातनाभरी ज़िन्दगी का साक्षी बना दिया है।

प्रतिभा राय के यहाँ संबंधों और जीवन के आदर्श मूल्यों के प्रति उत्कट राग मिलता है। वे आधुनिकता के नाम पर इसे जस का तस स्वीकार नहीं करतीं। 'वार्धक्य भत्ता' के अखिल मोहन और रमा रानी इन्हीं स्थितियों से गुज़रते हैं। इन दोनों ने बेटे अमियकांत को पढ़ा-लिखा कर अमेरिका भेजा और बेटे ने वहीं एंजला से शादी कर ली। अखिल मोहन तो अपने को सँभाले रहे, पर रमा रानी जीवन भर तड़पती रह गईं। प्रतिभा राय की प्रत्येक महिला चरित्र, वह चाहे 'अँगूठी' की बुढ़िया हो या 'वार्धक्य भत्ता' की रमा रानी, समाज की निरंतर बदलती मूल्य-व्यवस्था और क्रूर माहौल से लड़ रही है। 'नारंगी' कहानी की नारंगी शराबी पति शंकरा से बेइंतहा प्यार करती है, पर ज़रा भी उससे दूर रह पाना गवारा नहीं करती। जीवन जीते जाना या ढोना या कि खुद रोज़ मरना ही उसकी नियति है। इसके विपरीत ऐसी महिलाएँ भी यहाँ हैं जो किसी भी सूरत में पुरुष सत्ता को स्वीकार नहीं करतीं। 'रेमो' की मेघा पत्रकार है और तमाम ख़तरे उठा कर भी वह ओड़िशा और आंध्र की सीमा पर बह रही माछकुंड नदी पर बसे *बंडा* आदिवासियों के जीवन-यापन का अध्ययन करती है। 'ट्रॉली वाली' में एक लड़की अपने पिता की विरासत में ट्रॉली रिक्शा पाती है और घोर दरिद्रता भी। पिता के मरने के बाद वह ट्रॉली रिक्शा चलाकर अपनी आजीविका चलाती है।

इस कहानी में दो बातें स्पष्ट होती हैं पर दोनों में ज़बरदस्त अंतर्विरोध हैं। एक तो ये कि प्रतिभा राय नारी स्वतंत्रता की इतनी दूर तक पक्षधर हैं कि सांस्थानिक बंधनों से भी उसे मुक्त मानती हैं। दूसरा ये कि इस मुक्ति में भी उनके अंतस में यह असमंजस है कि अगर ऐसा हुआ तो परिणति दुखद होगी। 'ट्रॉली वाली' की दुखद मौत इस परिणति का उदाहरण है। तो क्या यह माना जाय कि लेखिका के विचार में नारी स्वतंत्रता का प्रबल भाव है पर कहीं उसे सांस्थानिकता का बंधन भी आवश्यक लगता है?

अंतिम उल्लेख्य कहानी है 'देवकी'। यह कहानी बताती है कि रोटी जुटाने की अपेक्षा माँ बन जाना किसी दीन-हीन के लिए ज़्यादा आसान है। शेष कहानियों में दुहराव है। 'अव्यक्त', 'एक्सीडेंट', 'जागीर' कहानियों में क्रमशः घरेलू नौकरों की बदहाली, व्यक्ति पर गुज़रने वाली घटना के बाद के परिवर्तन, और अनाम स्वतत्रता सेनानियों के निःस्वार्थ सेवाभाव को चित्रित किया गया है।

वय में छोटी होने के बावजूद प्रतिभा राय पाठक को अधिक संवेदित करती हैं। उनकी

दुनिया भी हालाँकि बड़ी दुनिया नहीं है फिर भी जीवन के जिस पक्ष को उन्होंने महसूस किया है उसे उपयुक्त अभिव्यक्ति भी दी है। सामाजिक सरोकार के स्तर पर दुग्गल के यहाँ विविधता लक्षित की जा सकती है पर भावों की तीव्रता और प्रश्नों के घेरे प्रतिभा राय में जितने हैं, उतने दुग्गल के यहाँ नहीं हैं। इसका प्रमुख कारण यही है कि दुग्गल के यहाँ मानसिक संघातों की जितनी सघनता है उतनी सामाजिक संघर्षों की नहीं। रावूरि भरद्वाज अपने ढंग के ऐसे अकेले कलाकार हैं जिनके यहाँ कवितामय गद्य में जीवन के छोटे-बड़े अनुभव निहायत सादे अंदाज में व्यक्त होते हैं। पर उनके साथ कठिनाई यही है कि वे अपने गहरे वियोग से हटकर सामाजिक सरोकारों में उपयुक्त नहीं बैठ पाते।

नाटक

नाटकों का अभाव या निर्देशकों की उदासीनता

भारतीय रंगजगत का इतिहास लगभग तीन हजार वर्ष पुराना है। इस लंबे काल खंड में नाटक और रंगमंच के क्षेत्र में अनेकानेक परिवर्तन लक्षित किए जा सकते हैं। लेकिन यहाँ इस आलेख का बुनियादी मसला नाट्यालेखों के अभाव का है, इसलिए विषयांतर से बचते हुए हम इसी पर बातचीत केन्द्रित करेंगे।

हिन्दी में नाटक और रंगमंच का जब अपना अनुभव हुआ तब तक पश्चिम के प्रभाव ने उसे अपनी गिरफ्त में ले लिया था। कहना न होगा कि जीवन के विविध पक्षों तथा दूसरी कलाओं को जिस तरह पश्चिम ने बदलना शुरू किया, उसी तरह भारतीय रंगमंच को भी गहराई से बदला। इस बदलाव का आलम यह हुआ कि भारतीय रंगमंच का रूप, दिशा, गति सब कुछ बदला। यह समय हमारी दासता का था। उन्नीसवीं सदी के इस भयावह तूफ़ान ने हमारी मूलभूत पहचान को गुम कर दिया। इसी प्रसंग पर सुप्रसिद्ध नाट्यालोचक नेमिचंद्र जैन ने लिखा है—'उन्नीसवीं सदी में हमारा पश्चिमी संस्कृति से जो साक्षात्कार हुआ उसने जीवन के सभी पक्षों को बुनियादी तौर पर प्रभावित किया, ख़ासकर भारतीय रंगमंच का तो रूप, दिशा, गति सभी कुछ बदल दिया। उसमें परिवर्तन पहले भी कई स्तरों पर हुए थे पर पहले के ढाई-तीन हजार वर्ष में हमारा रंगमंच अपनी ही जीवन दृष्टि के अनुरूप, अपनी संस्कृति के विभिन्न पक्षों के आधार पर, और अपनी सामाजिक-राजनैतिक परिस्थितियों के दबाव में, नए रूप ग्रहण करता था।'[1]

इस उद्धरण से इस बात की पुष्टि होती है कि पश्चिमी संस्कृति से साक्षात्कार के पहले कला के अन्य क्षेत्रों की तरह रंगमंच की अपनी जातीय पहचान थी जिसमें हमारी सांस्कृतिक छवियाँ प्रतिबिंबित थीं और हमारी राजनैतिक-सामाजिक स्थितियाँ भी लक्षित होती थीं। इस साक्षात्कार के प्रभाव की परिधि ज्यों-ज्यों व्यापक होती गई त्यों-त्यों हमारी चिंताएँ कृत्रिमता के आॅवरण में लिपटती चली गईं। उन्नीसवीं सदी की यह पहचान दिनानुदिन पुख्ता हुई और पश्चिम के तमाम प्रयोगों और आंदोलनों के प्रभाव ने हमारे रंगमंच के परिदृश्य को अपने ढंग से बदला। भारतेन्दु युग में निसंदेह कुछ अवरोधों के बावजूद नाटक और रंगमंच के क्षेत्र में सुधार भी हुआ और नई सर्जनात्मकता भी पैदा हुई। हिन्दी में मौलिक नाटकों के लेखन का सिलसिला इसी युग में शुरू हुआ।

भारतेन्दु युग में मौलिक नाटकों के लेखन के साथ-साथ प्रचुरता में अनुवाद का कार्य भी हुआ। इन अनुवादों में कुछ अच्छे नाटक तो थे पर अधिकांश स्तरहीन नाटक भी थे। पारसी

रंगमंच के अभ्युदय ने दो तरह की स्थितियाँ पैदा कीं—एक तो यह कि नाटक मौलिक होने के साथ-साथ सस्ते मनोरंजन को आधार मानकर लिखे जाते थे और दूसरा यह कि भोंडे अनुवादों के जरिए इन अपेक्षाओं की पूर्ति की बाढ़ आ गई। इसका दुष्परिणाम यह हुआ कि दोनों ही स्तरों पर पारंपरिक शास्त्रीयता और उत्कृष्ट नाट्य-परंपरा का भारी नुकसान हुआ। यह सिलसिला भारतेन्दु से शुरू होकर प्रसाद युग के कुछ आगे तक अर्थात् आज़ादी पाने के काल तक चलता रहा। पारसी रंगमंच के प्रभाव के कारण ही भारतेन्दु और प्रसाद सरीखे नाटककारों का श्रम सार्थक न हो पाया तथा उनका समुचित मूल्यांकन का क्रम भी अब शुरू हो पाया है।

सच तो यही है कि आज़ादी मिलने के एक दशक बाद हिन्दी रंगमंच में अपेक्षित सुधार की ज़रूरत को ध्यान में रखकर विभिन्न आंदोलन चले। इन आंदोलनो में कई प्रतिभा सम्पन्न निर्देशकों की भागीदारी शुरू हुई जिसके कारण नाटक और रंगमंच के परिदृश्य को ज्यादा जीवंत बनाने की संभावना बनी। यह पर्याप्त बल देकर कहा जा सकता है कि हिन्दी रंगमंच निर्देशकों का रंगमंच है। गहरी अंतर्दृष्टि और रंग चेतना से सम्पन्न निर्देशकों की रुचि और समर्पण के कारण ही हिन्दी रंगमंच में स्तरीय नाटकों की तलाश शुरू हुई। इस स्तर पर हम देख सकते हैं कि रंगमंच की तकनीक तथा रंगकला के समूचे अधिक्षेत्र को लेकर हिन्दी रंगमंच दूसरी किसी भी भारतीय भाषा के रंगमंच से पिछड़ा नहीं है। पर दुर्भाग्य यह है कि हिन्दी में स्तरीय नाटक न के बराबर है और हिन्दी रंगमंच अपने सारे आकर्षण के बावजूद महानगरों, नगरों तक सीमित है।

किसी भी दूसरी साहित्यिक विधा के मुकाबले नाटक-लेखन अधिक जटिल कार्य होता है। इसका कारण बहुत साफ है और यह है कि दूसरी विधाएँ एकल संरचना में निर्मित होती हैं जबकि नाटक सारी विधाओं के समग्र रूप की अपेक्षा करता है। नाटक एक ही साथ कविता, उपन्यास और अन्य विधाओं की सम्मिलित वीथी होने के साथ-साथ कई कला रूपों का योग भी होता है। नृत्य, संगीत, चित्र तथा अभिनय की परस्पर भिन्न स्थितियों के संगुंफन और तत्कालीन यथार्थ के गहरे भावबोध के कारण ही कोई नाट्य कृति उत्कृष्ट होने का दावा कर सकती है। इस स्तर पर हिन्दी ही क्या, दुनिया भर की अधिकांश भाषाओं में स्तरीय नाटकों का अभाव रहा है और आज की तिथि में भी ऐसा ही है। लेकिन हिन्दी में यह रिक्तता कुछ अधिक है तो इसके कुछ अलग कारण भी हैं।

पहला कारण तो हिन्दी रंगमंच के पिछड़ेपन का है। यह क्षेत्र इतना खाली है कि इसमें जीवन-यापन की भी समुचित सुरक्षा नहीं है। फिर भला क्यों कोई प्रतिभाशाली रचनाकार इस क्षेत्र को फाके की शर्त पर चुने या स्वयं को समर्पित कर दे। दूसरा कारण यह है कि हिन्दी रंगमंच स्थायी मंच जैसी स्थिति प्राप्त नहीं कर सकता है। इस कारण से भी स्थायी तौर पर नाटककार और नाट्य कर्म से जुड़े लोग समर्पित भाव से काम नहीं कर पाते। हिन्दी में नाट्य

लेखन के और कई कारणों में यह कारण भी कम प्रभावी नहीं है कि इसमें निरंतर काम करने वाली मंडलियाँ बहुत कम हैं। जो हैं वो भी शहरों की चमक-दमक का हिस्सा भर हैं। हिन्दी का क्षेत्र जितना विस्तृत है, रंगमंच की पहुँच उतनी ही कम है। ऐसी स्थिति में स्तरीय नाटकों का अभाव रहना स्वाभाविक हो जाता है। फिर जो नाटक लिखे भी जाते हैं वे स्कूली अपेक्षाओं पर खरा उतरते हैं, मंचीय अपेक्षाओं पर नहीं। रंग तकनीक के इतने विकास के बावजूद हमारे नाटककार उसके व्यावहारिक पक्ष को नाट्य लेखन में स्थान नहीं दे पाते। इसका परिणाम यह होता है कि उन्हें पढ़कर चाहे जितना आनंद लिया जा सकता हो, प्रदर्शन के स्तर पर उनमें कुछ खास नहीं दिखाई देता।

आज़ादी प्राप्ति के बाद हिन्दी नाट्य लेखन की दिशा में पर्याप्त लोगों की रूचि दिखाई पड़ी। नाटक के क्षेत्र में तरह-तरह के प्रयोगों की प्रवृत्ति के बावजूद जीवन-यथार्थ को उसकी बारीकी में पकड़ पाने की स्थिति नहीं बनी। इस समस्या पर टिप्पणी करते हुए नेमिचंद्र जैन ने लिखा है, 'दरअसल सार्थक सर्जनात्मक उपलब्धि की दृष्टि से कुल मिलाकर इन नाटकों में प्रस्तुत अनुभव का क्षेत्र सीमित भी है, और उसमें गहराई और सूक्ष्मता की भी कमी है। इनके रचने वालों की दृष्टि में एक तरह का सरलीकरण लगातार मौजूद रहता है, जो इन नाटकों को अपने जमाने का बेरहम, आँखें खोलने वाला दस्तावेज़ नहीं बनने देता। तटस्थ होकर देखा जाय तो उनमें निजी और सामाजिक अनुभव के बहुत थोड़े से रूप ही दीख पड़ते हैं, जो बार-बार दोहराए जाते रहे हैं। यही कारण है कि नाटकों की इस सूची में ऐसा एक भी नाम नहीं है जिसे बहुत बड़ी उपलब्धि माना जा सके। समकालीन हिन्दी नाटक लेखन 'अंधायुग', 'आषाढ़ का एक दिन' और 'आधे-अधूरे' से आगे नहीं जा सका है, जो अपने आप में उसकी स्थिति पर एक टिप्पणी है, और उसकी सीमाओं को उजागर कर देती है।'[2]

इन लंबे उद्धरण से यह समझने में आसानी हुई कि लगातार प्रयत्नों के बावजूद हम हिन्दी रंगमंच में स्तरीय नाटकों की किस दुर्दशा में हैं। पर इसका निष्कर्ष यह कदापि नहीं निकाला जा सकता कि हिन्दी में ऐसा कुछ है ही नहीं जो उल्लेखनीय हो। नाटक लिखे बहुत गए हैं, पर उनमें जीवन की वह गहराई नहीं है जिसके कारण उन्हें उपलब्धि माना जाय। इस तरह के नाटकों की हिन्दी में लंबी श्रृंखला है जिनमें से मुख्य हैं—ज्ञानदेव अग्निहोत्री का 'शुतुरमुर्ग', लक्ष्मीनारायण लाल का 'अब्दुल्ला दीवाना', सर्वेश्वर दयाल सक्सेना का 'बकरी', मुद्राराक्षस का 'मरजीवा', मणि मधुकर का 'रस गंधर्व', हमीदुल्ला का 'एक और युद्ध', विपिन कुमार अग्रवाल का 'लोटन', सत्यव्रत सिन्हा का 'अमृत पुत्र', लक्ष्मीकांत वर्मा का 'रोशनी एक नदी है' और शरद जोशी का 'अंधों की हाथी'!

इसके अतिरिक्त बलराज पंडित का 'पाँचवाँ सवार', रमेश बक्षी का 'देवयानी का कहना है', शांति मेहरोत्रा का 'ठहरा हुआ पानी', सुरेंद्र वर्मा के नाटक 'सूर्य की अंतिम किरण से सूर्य की पहली किरण तक', 'द्रौपदी' और रामेश्वर प्रेम के 'चारपाई' 'शस्त्र-संतान' आदि ऐसे अनेक नाटक लिखे गए हैं जिनमें जीवन के विविध पक्षों की व्यंजना हुई है और जिनमें

सामाजिक-राजनैतिक व्यवस्था पर व्यंग्य और गहरा आक्रोश देखा जा सकता है। हिन्दी में नाटक-लेखन के कारणों और स्थितियों की संक्षिप्त चर्चा के बाद यह देखा जाना आवश्यक लगता है कि अनुवादों के माध्यम से आए नाटकों से लाभ-हानि पर भी विचार कर लिया जाय। इस बात में कोई संदेह नहीं है कि अनुवादों के माध्यम से आए हुए नाटकों ने हिन्दी रंगमंच में स्तरीय नाटकों की कमी की भरपाई की है। इन अनुवादों में पश्चिमी नाटकों के साथ-साथ वे नाटक भी शामिल हैं जो विभिन्न भारतीय भाषाओं में पर्याप्त चर्चित-प्रशंसित रहे हैं। पर इसकी हानि भी भुगतनी पड़ी है। हानि यह कि मंचन योग्य नाटकों की बहुलता के कारण हिन्दी के मौलिक नाटकों और नाटककारों की उपेक्षा होती रही है। अनूदित स्तरीय नाटकों को प्रदर्शित करना बुरा नहीं है। बुरा है उन्हीं को लगातार प्रश्रय देते रहने की प्रक्रिया को अपनाना। हालाँकि अनुवादों के कारण यह लाभ भी रेखांकित किया जा सकता है कि उसके माध्यम से हमारे नाटककार और रंगकर्म से जुड़े लोग उसके विविध स्तरों, जीवन अनुभवों तथा शिल्पगत विशिष्टताओं को ग्रहण करते हैं।

अंग्रेजी से अनूदित नाटकों को छोड़ भी दें तो हिन्दीतर भारतीय भाषाओं से अनुवादों के माध्यम से आए अनेक नाटकों के नाम लिए जा सकते हैं जिन्होंने हिन्दी रंगमंच को कई स्तरों पर प्रभावित किया है। इन नाटकों में आद्य रंगाचार्य कृत 'सुनोजनमेजय', गिरीश कारनाड के 'तुग़लक', 'हयवदन', शंभु मित्र और अमित मित्र का 'कांचन रंग', बादल सरकार के 'बाकी इतिहास' 'एवं इंद्रजीत', 'जुलूस', मोहित चट्टोपाध्याय का 'गिनीपिग', विजय तेंदुलकर के 'खामोश अदालत जारी है', 'घासीराम कोतवाल', 'सखाराम बाइंडर' ऐसे मुख्य नाटक हैं जो उल्लेख्य हैं। लेकिन अनुवादों के कारण जो सबसे अधिक नुकसान हुआ है, वह है अपनी जड़ों से लगातार दूर भागते जाने की। हमारे यहाँ अनुवादों की धुन में यह अक्सर भूल जाया जाता है कि परिवेश और समस्या की भिन्नता के बावजूद ये नाटक क्योंकर प्रदर्शित किए जा रहे हैं। कभी-कभी तो ऐसा भी देखने में आता है कि हम नाटक की अंतर्वस्तु और उसके मूल कथ्य को उलट देते हैं, संवादों में सरलीकरण की प्रक्रिया अख़्तियार की जाती है। इसमें तमाम तड़क-भड़क के बावजूद नाटकों को प्रभावी बनाने में सफलता नहीं मिल पाती। इस तरह की स्थिति विदेशी नाटकों के अनुवादों में ही देखने को मिलती है। संस्कृत तथा हिन्दीतर भाषाओं के नाटकों के अनुवादों में तो फिर भी पारिवेशिक समानता के कारण इतनी भद्‌द नहीं हो पाती।

मूल नाटकों के अनुवाद की और भी बहुत-सी दिक्कतें हैं जो अक्सर कचोटती हैं। सबसे बड़ी कठिनाई तो यही है कि कैसे अनूदित नाटक में मूल नाटक के परिदृश्य को उपस्थित किया जाय। मूल नाटक की पूरी संरचना अपने परिवेश पर निर्मित होती है। उसे अनुवाद के तहत लाकर किसी दूसरी भाषा में ठीक उसी तरह रखना खतरनाक भी है और बुरा भी। पर अक्सर होता यही है। कुछ और दिक्कतों में भाषा और शिल्प की समस्या भी शामिल है।

पात्रों के अनुरूप भाषा की अपनी जीवंतता होती है। संवादों की विविधता और नाटक में छुपे मंतव्य में सूक्ष्म समानता होती है। उसको दूसरी भाषा में जस का तस रख देना संभव ही नहीं है। फिर नाटक के रंग-व्यवहार की कठिनाइयाँ तो अलग हैं जो निर्देशक की सूझबूझ के लिए चुनौती बनती हैं। इस पूरी बहस का निष्कर्ष यही है कि अनूदित नाटक उपयोगी भी हैं तो हानिकर भी। इससे बचने की स्थिति तभी पैदा होगी जब हिन्दी के नाटककार इन तमाम चुनौतियों को स्वीकार करते हुए मौलिक लेखन की ओर समर्पित भाव से जुटेंगे। उनके सामने जीवन के हजारों रंग हैं, दिन प्रतिदिन जटिल होती जा रही दिनचर्या के मीठे-तीखे अनुभव हैं, और हैं आज के त्रासदायक माहौल की हजारों-हजार चिंताएँ; इन्हें स्वर देने की जरूरत महसूस हो तो कोई कारण नहीं है कि हिन्दी रंगमंच के लिए उत्कृष्ट नाटकों का अभाव हो।

अब एक नजर अभिनेताओं, निर्देशकों और नाट्यालोचकों की राय पर, जिन्होंने नाटकों के अभाव की समस्या पर अपने कुछ विचार दिए हैं। प्रसिद्ध हिन्दी निर्देशक एम. के. रैना इस समस्या पर बात करते हुए सारा दोष नाटककारों पर मढ़ते हैं। वह जोर देकर कहते हैं कि ''नाटककार की अपने यहाँ एक और समस्या यह भी रही कि उसके पास नाटक का वह व्याकरण नहीं है जो उसकी नाटक लिखते समय विधा की भिन्न-भिन्न प्रयोगात्मक संभावनाओं को सोचने और ढूँढ़ने में मददगार साबित हो सके।'[3] इसी क्रम में आगे वह इस अपेक्षा पर केवल मोहन राकेश को खरा उतरते पाते हैं।

रंग समीक्षक सत्येन्द्र तनेजा तो इस बहस पर ही प्रश्नचिन्ह लगाते प्रतीत होते हैं और कहते हैं कि 'आखिर मौलिक नाटकों पर इतना बल क्यों? मौलिक रचना से तात्पर्य है, उन लोगों के जीवन-यथार्थ और जीवन-आकांक्षा की प्रामाणिक और विश्वसनीय अभिव्यक्ति जिनके लिए रंगकर्म किया जा रहा है।'[4]

उस उद्धरण से यह बात स्पष्ट होती है कि तनेजा की राय में नाटक चाहे अनूदित हो या मौलिक, उसमें जीवन-यथार्थ की प्रामाणिकता होनी चाहिए। बात तो उचित है पर अनुवाद के माध्यम से ऐसा संभव होना लगभग दुर्लभ है। मृणाल पाण्डेय का कहना है—'हमारे यहाँ नाटककार-निर्देशक के बीच जो सहज मैत्री होनी चाहिए, वह नहीं है। इसकी जगह एक शंकालु संदेह है, जिसके कारण रचनाकार और प्रस्तुतीकरण के बीच एक गहरी दरार बनी हुई है। पता नहीं, ऐसा क्यों हुआ, किन्तु ऐसा हुआ जरूर है। इन्हीं कारणों से पहले तो अच्छा नाटक नहीं लिखा जाता और लिखा गया तो खेला नहीं जाता।'[5]

इस बहस को यहीं रोककर अगर तीनों विचारों को देखें तो स्पष्ट होगा कि इस समस्या पर सबकी अलग राय है। एम. के. रैना अगर नाटककारों के रचना-शिल्प की आंतरिक प्रक्रिया को इस दशा का जिम्मेदार मानते हैं और इसका निदान मोहन राकेश में तलाशते हैं तो बात समझ में आती है। पर जब सत्येंद्र तनेजा मौलिकता के प्रश्न पर ही तर्जनी रखकर यह दलील देते हैं कि नाटक अनूदित हो या मौलिक पर प्रामाणिक हो, तो भ्रम होता है। मृणाल पाण्डेय

की चिंता अपनी जगह वाजिब है। यह सच्चाई है कि हिन्दी में नाटककार और निर्देशक के बीच अपेक्षित मैत्रीभाव नहीं होता। यहाँ तो रचनाकार और निर्देशन के बीच अक्सर उठापटक की स्थिति तक दिखाई पड़ती है। यहाँ अब न तो नाटककारों के पास इतना समय है कि वे मंचीय अपेक्षाओं को ध्यान में रखकर नाटकों को लिखें और न निर्देशकों को फुर्सत है कि वे नाटककार से गंभीर बहस-मुबाहिसे के बाद उसके कथ्य के अनुरूप काम करें। 'अंधायुग' और 'आधे-अधूरे' इस सहभाव के तहत ही इतने लोकप्रिय हो सके, इसकी जानकारी लगभग हर समझदार पाठक को है।

फिर भी मौलिक नाट्य लेखन की केवल यही एक वजह नहीं है वजहें और भी हैं, पर इसको नजरंदाज नहीं किया जा सकता। 'हिन्दी में नाटक या हिन्दी का नाटक' पर पहले काफी गर्मागर्म बहसें हुई हैं। कुछ लोग हिन्दी के नाटक पर बल देते हैं तो कुछ हिन्दी में नाटक पर। त्रिपुरारी शर्मा इस प्रश्न पर कहती हैं, 'अभी तो हिन्दी में नाटक हो रहे हैं, किंतु हिन्दी का नाटक होना चाहिए। केवल भाषा ही हिन्दी की नहीं होनी चाहिए। बल्कि पूरा परिवेश-मेरा मतलब है कि पूरा वातावरण भी हिन्दी का होना चाहिए। क्योंकि हमारे हिन्दी नाटकों में बाहर की छाप स्पष्ट दिखाई देती है। इसलिए हमारे यहाँ के अभिनय के तौर-तरीके या हाव-भाव अपने नहीं लगते।'[6]

अनुवादों को लेकर पीछे हमने संकेत दिया है कि उसकी कौन-कौन सी दिक्कतें परेशान करती हैं। इस बहस का भी संबंध उन्हीं दिक्कतों से है। उत्कृष्ट अनूदित नाटक से कुछ कम ही सही मौलिक नाटक की खूबी यह होती है कि वह अपने परिवेश और अपनी निजता में बिल्कुल अपना होता है। इस स्तर पर त्रिपुरारी की राय अपनी जगह बेहतर है कि 'हिन्दी का नाटक' होना चाहिए। इसमें यह जरूर जोड़ने का अवकाश बचता है कि मौलिकता के आवरण में नाटक छाया या प्रभाव ग्रहण करने के चक्कर में अपनी पहचान को खोए नहीं।

प्रसिद्ध निर्देशक बंसी कौल की राय बिल्कुल अलग है। उनका मानना है कि 'निर्देशकों को हर बार एक ऐसे नाटक की तलाश रही है जो सुगठित हो। जहाँ उन्हें ज्यादा काम न करना पड़े। इसीलिए वे इन नाटकों को नहीं लेते। हिन्दी के आठ-दस निर्देशकों में दो-तीन को छोड़कर बाकी कभी कोई जोखिम उठाने को तैयार नहीं रहा।'[7]

बंसी कौल की राय भी इस समस्या की नब्ज़ तक जाती है और यह स्पष्ट करती है कि अगर निर्देशक पर्याप्त परिश्रम करें तो सामान्य नाट्यालेख को भी स्तरीय नाटक में परिवर्तित कर सकते हैं। इसी प्रसंग पर प्रसिद्ध निर्देशक राजिंदरनाथ के विचार को देखना चाहिए। उनकी राय में, 'हिन्दी में नाटक बहुत कम हैं। लिखनेवाले भी कम हैं और अच्छा लिखने वाले तो बहुत ही कम हैं। अच्छे नाटक मुश्किल से मिलते और कभी-कभी मिल जाते हैं। इसका कारण मैं नहीं बता सकता। कारण कुछ भी हो सकता है। मैं यह कारण नहीं मानता कि हमारे पास बहुत नाटक नहीं हैं। बहुत मंडलियाँ नहीं हैं। हो सकता है, यह भी एक कारण हो, लेकिन जरूरी नहीं है कि यही कारण हो। इस बात को मैं बार-बार कहता

हूँ कि कहीं भी नाटककार एक संयोग ही होता है। वहाँ भी, जहाँ रंगमंच सदियों से चल रहा है, जैसे—इंग्लैंड में।'[8]

इस तरह इस विचार से यह बात सामने आती है कि अच्छा लिखा जाना और उन अच्छे लोगों का पाया जाना जो अच्छा लिखते हैं, संयोग के कारण संभव है। पर इस तर्क से आश्वस्त नहीं हुआ जा सकता। यह सच है कि जिन देशों में रंगमंच बहुत पहले से विकसित है, वहाँ भी अच्छे नाटकों की रिक्ति कचोटती है। पर वहाँ हिन्दी जैसी स्थिति तो नहीं है। इस स्थिति से निज़ात पाने के लिए समवेत प्रयास की जरूरत है। नाटककार, निर्देशक और अभिनेता के संयुक्त प्रयास से इस दिशा में पर्याप्त सुधार की संभावना बन सकती है।

अब इस प्रश्न पर थोड़ा-सा विचार कर लें कि आखिर मौलिक नाटकों से निर्देशक या समग्रत: दर्शक क्या उम्मीदें करता है और किन मुख्य तत्वों के कारण कोई आलेख चर्चा के योग्य माना जाता है। इस प्रश्न पर बात करते हुए नाट्य चिंतक जिस एक मुख्य तत्व पर सर्वाधिक बल देते हैं, वह है—नाट्य भाषा। यह सच भी है कि नाटक को उसकी भाषा के माध्यम से ही जाना-समझा जाता है तथा उसकी महत्ता सिद्ध होती है। दूसरी साहित्यिक विधाओं की भाषा से नाटक की भाषा कुछ अलग और विशिष्ट होती है। यहाँ चरित्रों की विभिन्न भंगिमाएँ, क्रिया-कलाप, मुद्राएँ, मौन, बोलने की दशाएँ, चलने की गति और विविध ध्वनि स्तरों में भी भाषा का संबंध होता है। यह नाटककार की श्रेष्ठता पर निर्भर होता है कि वह नाटक को किन-किन स्तरों पर ले जाकर भाषा का प्रयोग करता है। नाटक अपनी पूरी संरचना में चरित्रों का एक केंद्रक होता है। चरित्रों की अपनी अलग-अलग छवियाँ और उपादेयता होती है। किस चरित्र से किस तरह के संवाद बुलवाए जाएं, उसमें भाषा की कौन-सी युक्ति प्रयोग में लाई जाय, किस चरित्र पर नाटक के कथ्य का तनाव और उसकी प्रक्रिया निर्भर करती है, उसका भाषिक संयोजन नाटककार को अत्यंत बारीकी से करना होता है। नाटक की कथा का क्षेत्र उसकी बोलियाँ, उसके विविध सांस्कृतिक आचरण जब तक नाटक में जीवंत नहीं होते, तब तक किसी भी नाटक की सफलता संदिग्ध होती है।

इस शर्त पर भारतेन्दु के और प्रसाद के नाटक अपनी-अपनी अपेक्षाओं के प्रति सचेत हैं। कथ्य और चरित्रों की निर्मिति के तहत ही उनकी भाषा के गठन को देखा जा सकता है। इन दोनों के यहाँ संवादों में अपनी निजी पहचान भी सुरक्षित है और तद्युगीन सांस्कृतिक-राजनैतिक परिवेश की स्थितियाँ भी। स्वतंत्रता प्राप्ति के बाद के नाटकों में एक तो अंतर्वस्तु के स्तर पर कोई खास बात नहीं मिलती और दूसरे, भाषा को लेकर भी सतर्कता नहीं उजागर होती। यह खास कारण है हमारे मौलिक नाटकों की अचर्चा का। इसे एक दिलचस्प उदाहरण द्वारा समझा जा सकता है। यह बार-बार कहते नहीं थका जाता कि हिन्दी में उपलब्धि के स्तर पर केवल तीन नाटक ही उल्लेख्य हैं—'अंधायुग', 'आषाढ़ का एक दिन' और 'आधे-अधूरे'। पहला नाटक धर्मवीर भारती का है तथा बाकी दो मोहन राकेश के हैं। यह बहुत सामान्य ढंग से समझा जा सकता है कि इन तीनों नाटकों में उठी समस्याओं और उनका

निदान न तो बहुत साफ है और न बहुत व्यावहारिक। फिर भी क्यों बार-बार हम इन्हीं की उत्कृष्टता की दुहाई देकर हिन्दी रंग जगत को नापते हैं।

और कुछ बातों के अलावा सिर्फ इन नाटकों की भाषा ने ऐसी स्थिति पैदा की है कि अपनी प्रस्तुति, पाठ और तीव्रता के कारण ये नाटक उत्कृष्ट बन गए हैं। हालाँकि कुछ अन्य नाटकों के नाम गिनाए जा सकते हैं जो कथ्य के स्तर पर इनसे बेहतर हैं पर मंचीय संभावनाओं की न्यूनता, तनावहीनता और भाषा के लचर प्रयोग ने उन्हें ऐसी भव्यता तक आने से रोक लिया। इन तीनों नाटकों में एक भी शब्द फिजूल नहीं दिखेगा। शुरू से अंत तक नाटक का तनाव जो बना वह बढ़ता जाता है। दर्शक साँस रोककर आने वाले दृश्यों की प्रतीक्षा करता है और नाटक इस कदर प्रभावी हो जाता है कि दर्शक भौंचक्क देखते रह जाते हैं। यह स्थिति दूसरे हिन्दी नाटकों की मंचीय प्रस्तुति में नहीं देखी जाती। भाषा के विलक्षण प्रयोग के बाद चरित्रों की निर्मिति और स्थितियों में द्वंद्वात्मक आरोह-अवरोह की आवश्यकता होती है। जो नाटक अपने शिल्प में जितना सुगठित होगा, उसकी प्रस्तुति उतनी ही सफल होगी। कहने का आशय यहाँ यह बिल्कुल नहीं है कि दूसरे नाटकों में ये सारी संभावनाएँ हैं ही नहीं। हैं, लेकिन उन्हें साधने की और उन्हें संभावनाशील बनाने के लिए हमारे निर्देशक न तो उनका चयन करते हैं और न परिश्रम। थक-हारकर हमारे सामने जो नाटक बेहतर ढंग से प्रस्तुत होकर चर्चित-प्रशंसित हुए हैं उनका उल्लेख आवश्यक हो जाता है।

हिंदी रंगमंच में स्तरीय नाटकों के अनुभव के प्रश्न पर बहुत-सी बातें कही जाती रही हैं और कही भी जाएँगी। किंतु यह बात विश्वास के साथ कही जा सकती है कि कुल मिलाकर स्थिति संतोषजनक है और लगातार रोना रोते रहने का कोई खास कारण नहीं है। अभी पिछले दिनों इसी प्रसंग पर एक परिचर्चा के दौरान प्रतिभागियों ने इस बात पर काफी चिंता जताई कि हिन्दी में खेले जा सकने वाले नाटक नहीं हैं। इसका कारण लोगों ने यश और धन का अभाव माना। लेकिन यह स्थिति को अत्यंत सरलीकरण करके देखने जैसा है। ऐसा एकदम नहीं है कि हिन्दी में प्रस्तुति के योग्य नाटक का अभाव है। नाटक हैं, सिर्फ उन्हें मंचीय बनाकर प्रस्तुत किए जाने की जरूरत है। निर्देशक उन्हें प्रस्तुति के योग्य बनाने का श्रम करें क्यों, जब देशी-विदेशी नाटकों की पूँजी ही उनके पास है। फिर यह भी है कि हमारे यहाँ पेशेवर मंडलियों की कमी भी है। ऐसे बहुतेरे नाटकों का नाम लिया जा सकता है जो अपनी संरचना में इतनी प्रौढ़ता लिए हुए है कि उन्हें साधा जाय तो बेहतर प्रस्तुति का नमूना पाया जा सकता है। लेकिन प्रश्न यह है कि यह सब करे कौन? निष्कर्षत: यह बात उभरकर सामने आती है कि तमाम सीमाओं के बावजूद हिन्दी रंगमंच में नाटकों की कमी का रोना बहुत सही नहीं है। स्तरीय नाटकों का अभाव हमारे यहाँ जरूर है पर अगर निर्देशक साहस के साथ इस चुनौती को स्वीकार करें कि वे एक दो प्रस्तुतियों और पाठों के बाद छोड़े गए नाटकों को प्रदर्शित करेंगे तो यह एकदम असंभव नहीं है कि हिन्दी में स्तरीय नाटकों की कमी को दूर न किया

जा सकता हो। देशी-विदेशी नाटकों के अनुवादों के भ्रम से थोड़ा कटाव हो और नाटककारों से निर्देशकों का आपसी तालमेल बने तो भी इस दिशा में अपेक्षित सुधार की संभावना बनती है। मंचीय अपेक्षाओं को ध्यान में रखे बिना नाट्य लेखन थोड़ी मुश्किल में अवश्य डालता है निर्देशकों को, पर उसकी खूबी भी यह होती है कि उसकी स्वाभाविकता कृत्रिम नहीं हो पाती।

इस समस्या का एक कारण यह भी है कि हमारे यहाँ जो संस्थाएँ नियमित या आकस्मिक रूप से नाट्य कर्म से जुड़ी हैं वे राजनीतिक पृष्ठभूमि के नाटकों को अधिक पसंद करती हैं। यह स्थिति भी बहुत खतरनाक ढंग से हिन्दी परिदृश्य पर लगातार हावी हो रही है। अगर नाटकों को बचाए रखना है और रंगमंच को तकनीकी सजावट के साथ-साथ बेहतर नाटकों से समृद्ध करना है तो इन तमाम प्रश्नों पर विचार करने की जरूरत है। अगर ऐसा सिलसिला शुरू होता है तो निराशा का कोई कारण नहीं रह पाएगा।

संदर्भ

1. 'भारतीय नाट्य परंपरा—नेमिचंद्र जैन। पृष्ठ 35
2. 'जनांतिक'—नेमिचंद्र जैन। पृष्ठ 36
3. 'नटरंग'—50-52, पृष्ठ 16
4. वही, पृष्ठ 46
5. 'नटरंग'—50-52, पृष्ठ 75
6. 'नटरंग'—50-52, पृष्ठ 87
7. वही, पृष्ठ 153
8. 'नटरंग'—50-52, पृष्ठ 137

नाटक या कि नाटककार का तनाव

भीष्म साहनी हिन्दी गद्यकारों में अग्रणी पंक्ति के रचनाकार हैं। उनके यहाँ समाज और पारिवारिक जीवन के मूल्यगत संस्कार केंद्रीय भूमिका निभाते हैं। यह दिलचस्प लग सकता है कि भीष्म हिन्दी की तीन अहम विधाओं में लिखते हुए एकदम भिन्न नज़र आते हैं। उपन्यास, कहानी और नाटक तीनों में उनका रूप ऐसा दिखाई देता है कि पहचान पाना मुश्किल होता है कि इन तीनों का सर्जक एक ही व्यक्ति हो सकता है। उपन्यासों में वह प्रेमचंद, यशपाल की परंपरा के यथार्थवादी लेखक के रूप में सामने आते हैं जिनके यहाँ समाज और परिवार की निरंतर बदशक्ल होती तस्वीर मिलेगी तथा देश के विभाजन, विस्थापन और राजनीति की लचर चाल से प्रभावित कारुणिक कथा के ऐसे चित्र मिलेंगे कि हैरत में पड़े रहना विवशता हो जाती है।

कहानियों में भीष्म मूल्यों के प्रवक्ता हैं। रिश्तों-नातों, जीवन की कशमकश, रुढ़िवाद और निरंतर बदल रहे समाज और संस्कृति के परिदृश्य में मनुष्य की जगह और जरूरत निर्धारित करतीं भीष्म की कहानियाँ, उपन्यासों से इस स्तर पर भिन्न हैं कि वहाँ का फलक संक्षिप्त है और उसी में अपनी बात कहनी है।

नाटककार भीष्म कथा-उपन्यास से एकदम अलग हैं। इस क्षेत्र में वह बिल्कुल नई चेतना और सोच की बात करते हैं। इस प्रक्रिया में वह कितना और किस हद तक सफल हैं, यह अलग विषय है, पर इतना स्पष्ट है कि नाटकों के क्षेत्र में वह निरंतर प्रयोग करते हैं। नई राह के अन्वेषण में कभी-कभी उनमें ढिलाई भी आती है—बहकते भी हैं पर मौलिक प्रश्न उनके यहाँ पूरे दमखम से मौजूद मिलेंगे। 'हानूश' इस दृष्टि से उनका पहला और सफल नाटक है जिसकी कथा उन्होंने चेकोस्लोवाकिया के मध्ययुगीन इतिहास से ली है। हानूश घड़ीसाज है। उसने अपनी जवानी मीनार-घड़ी को बनाने में लगा दी। प्राग स्थित नगरपालिका की मीनार पर घड़ी लगवाई गई। ऐसी सुंदर घड़ी तो पहले कभी देखी ही नहीं गई थी। बदले में वहां के राजा ने उसकी दोनों आँखें निकलवा दीं ताकि वह ऐसी मीनार घड़ी अन्यत्र न बना सके। इस नाटक के बहाने भीष्म जी ने एक मानवीय मूल्य जनित कथा को मध्ययुगीन संदर्भ में दिखाया है और बाताया है कि दुनिया जिस चीज पर रीझती है उसके निर्माता किस-किस कारुणिक त्रासदी के शिकार होते रहे हैं। अपने यथार्थवादी ढाँचे में यह नाटक, हानूश जैसे चरित्र की सृष्टि के कारण, महत्त्वपूर्ण है, जिसमें जय-पराजय, आशा-निराशा और क्रूर नियति के प्रति गहरा आक्रोश है। कात्या और हानूश का पादरी भाई अपने चरित्र में गहरे अर्थों के व्यंजक हैं।

'कबिरा खड़ा बजार में' नाटक भी मध्ययुगीन भारतीय इतिहास की पीठिका पर निर्मित है, जिसमें कबीर जैसा संत, विचारक और क्रांतिकारी पैदा हुआ। नाटक अपने कलेवर में आक्रोश का भाव छुपाए हुए है जिसकी पंक्ति-पंक्ति अनाचार को ललकारती है। पर काल्पनिकता के अत्यधिक दबाव ने नाटक की संरचना ढीली कर दी है और वह कसावट नहीं आ पाई है जो 'हानूश' में है।

प्रकाशित नाटकों की तीसरी कड़ी है 'माधवी'। महाभारत की कथा पर आधारित यह नाटक यह दिखाता है कि वरदान कैसे अभिशाप बन जाता है और करुणा की जगह क्रूरता कैसे जीवन को दबोच लेती है। ययाति की पुत्री माधवी को यह वरदान मिला है कि उसका पुत्र चक्रवर्ती होगा। विवाह और फिर पुत्र होने के बाद उसे कौमार्य का वरदान भी है जो उसके द्वंद्वों और रिसने-पिसने का कारण है। निसंदेह 'माधवी' में भीष्म के प्रयोग ने बड़े पैमाने पर लोगों का ध्यान खींचा था। इन नए मूल्यबोध के फलस्वरूप भीष्म ने आधुनिक युग की वैज्ञानिक सुविधाओं को घातक स्थितियों के रूप में देखा था जिसके एक किनारे व्यवस्था का क्रूर रूप है तो दूसरी तरफ अंतर्राष्ट्रीय उपभोक्तावादी शक्तियाँ हैं। ऋषि और देवताओं के परोक्ष-प्रत्यक्ष चरित्र, संवाद और स्वगत आज की भारतीय नारी का चित्र देते हैं। 'माधवी' वरदान के वश में है—जीवन नियति के हाथों खेलने को बाध्य है—चाहे उसका आजीवन कौमार्य रहने का वरदान हो या पुत्र के चक्रवर्ती बनने का। उसे क्या मिलता है अंततः! नाटक अपने प्रभावशाली प्रयोग के बावजूद बिखरा हुआ है। दृश्य और संदर्भ में वैविध्य नहीं है। एक ही दृश्य के बार-बार आने से एकरसता पैदा होती है लेकिन नाटक है—यथार्थवादी ढाँचे में ढीला होने पर भी विस्फोटक!

नवप्रकाशित नाटक 'मुआवज़े' पहले के तीनों नाटकों से भिन्न, आधुनिक परिप्रेक्ष्य का नाटक। पहले के नाटक मध्ययुगीन कथाओं और मिथकीय आवरण में लेखकीय मंतव्य लेकर चले हैं लेकिन मुआवज़े नाटक की कथाभूमि बिल्कुल हमारी, आपकी यानी सबकी भूमि है। सांप्रदायिक दंगों की भूमि, जहाँ मरने का कोई समय नियत नहीं है। व्यक्ति कभी भी मर सकता है—उसके जीवन की कोई गारंटी नहीं है। आर्थिक बदहाल लोग, जिन्हें कोई काम नहीं मिलता। जिनकी जिंदगी भूख से बिलबिलाने या फिर तड़प कर मर जाने के लिए है—वे चाहते हैं कि दंगा हो और मर जाएँ। इसलिए मरने पर उनके परिवार वालों को मुआवजा मिलेगा। मुआवजा के रूप में मरने वालों की जवान कल्पनाओं की साकार छवि। जीते जी कुछ नहीं कर पाए तो क्या गम, दंगे में मर कर कुछ तो कर जाएँ। हम जानते हैं कि दंगों की राजनीति किस तरह होती है। उसके पीछे कैसी-कैसी घिनौनी घटनाएँ घटती हैं। मौत, लाभ के अवसर, धन की उगाही, जय-जयकार, जनता के प्रति सहानुभूति क्या कुछ नहीं होता है दंगों में। फिर भी लोग अनजान फँसते क्यों चले जाते हैं? यह प्रश्न कई स्तरों पर हमारा पीछा करता है।

भीष्म साहनी का यह नाटक (जिसे वह प्रहसन कहते हैं) इस स्तर पर बहुत सफाई से सारी स्थितियों का खुलासा नहीं करता जिसकी बुनियाद पर दंगे होते हैं। इसका खास कारण यही है कि नाटककार के जेहन में सिर्फ मुआवजे की बात है जिसे वह मनुष्यता के मरने और वैचारिक दुर्भिक्षता के रूप में दिखाना चाहते हैं। इस लिहाज से नाटक को पढ़ने से (मंचन की बात नहीं करता) यह बराबर महसूस होता है कि लेखक ने प्रायोजित तरीके से दंगे को उसकी पृष्ठभूमि के तहत दिखाने की चेष्टी की है—और यही कारण है कि नाटक कहीं-कहीं सतही हास्य के हवाले हो गया लगता है। इस कैद का सहारा लेकर लेखक अगर प्रहसन कहने की छूट लेना चाहता है तो बात दीगर है। पर इस बात में शायद ही संदेह हो कि भीष्मजी का यह नाटक अपनी संपूर्णता में नाटक और उसमें भी गंभीर पूर्णांकी नाटक की संरचना पर निर्मित होने की कोशिश में है।

पहले हम इस नाटक में प्रस्तुत चित्रों की प्रशंसा कर चुके हैं पर इस बात की तारीफ करना उचित नहीं जान पड़ता कि भीष्म की यह प्रस्तुति यथार्थ से संवाद करके नहीं हुई बल्कि सोच और विचार की उन सरणियों पर हुई है जहाँ एक सीमा तक यथार्थ का वीभत्स रूप सामने आता है।

नाटक पढ़ने पर यह सवाल भी बार-बार उठता है कि क्या भारत में कोई ऐसी भी जगह है जहाँ लोग दंगे का इंतजार करते हैं और मर जाना चाहते हैं ताकि उनके परिवार वालों को मुआवजा मिल सके? पुलिस प्रशासन, राजनेता और गाँव कस्बे के दबंग प्रभावशाली लोगों की राजनीति समझ में आ सकती है। यह भी समझ में आ सकती है कि कल तक गुंडा रहा जग्गा अचानक राजनेता हो सकता है और पुलिस उसे गिरफ्तार करने की जगह उसकी सुरक्षा के लिए तैनात हो सकती है। ऐसा क्यों है?

शायद इस प्रश्न का जवाब भीष्म साहनी के यहाँ नहीं है। किसी भी जीवित देश में शायद ही कभी ऐसी स्थिति पैदा हो, भारत में भी नहीं। पर क्यों? जवाब तो यही है न, कि लेखक ने समस्या की भयावहता दिखाकर यह सिद्ध करने की कोशिश की है कि आए दिन दंगों और निरंतर बदहाल होती जिंदगी के कराण लोगों में जीने की ललक नहीं रह गई है और वे मरकर भी आश्रितों के लिए कुछ कर जाना चाहते हैं।

'मुआवजे' बारह दृश्यों का नाटक है जिसका प्रत्येक दृश्य नाटक की कथा को बांधता है। पहला दृश्य कमिश्नर के दफ्तर का है जहाँ अर्दली और कांस्टेबल भी दिखाई पड़ते हैं। इस दफ्तर में दंगे के बाद की कार्रवाई पर इंतजामात का काम होता है। दंगे होते ही क्या-क्या करना होगा—इसका गणित यहीं बैठता है। दूसरा दृश्य मिनिस्टर और उनके पी. ए. सक्सेना के संवाद का है जहाँ मालूम होता है कि नौकरशाह किस तरह मंत्रियों को घुमाते हैं और उनकी कमअक्ली देश के लिए कितनी महँगी पड़ती है। तीसरा दृश्य दंगे की ताक में बैठे सेठ की कलई खोलता है जो झोंपड़ी वालों को बेदखल कर सरकारी जमीन हड़पने

की तैयारी कर रहा है। चौथा दृश्य दुकानदार और सुथरा के संवाद पर आधारित है जिसमें बाजार का हालचाल मालूम होता है और बाद की योजनाएँ भी।

पाँचवें दृश्य में दुकानदार जग्गा और गुमाश्ता के संवाद में हथियारों की खरीद फरोख्त का जायजा लिया जाता है और दंगे की राजनीति का भी। छठे दृश्य में संपन्न नागरिकों की बैठक का खुलासा होता है जिन्हें दंगे होने की उम्मीद में लाभ ही लाभ नजर आता है। सातवाँ दृश्य झोंपड़ी वाले गरीबों पर केंद्रित है जो नारकीय जीवन जीने को अभिशप्त हैं तथा मनौती माँगते हैं कि दंगा हो ताकि मुआवजा मिले और जिससे कुछ जीने की उम्मीद बन सके। आठवाँ दृश्य कमिश्नर और सफेदपोश नागरिकों के संवाद पर आधारित है। दंगा रुके कि हो, हो तो फिर क्या हो? अजीब अजीब सवालों का यह दृश्य। नवें दृश्य में दंगे होने की उम्मीद और नागरिकों के मरने के भय से आतंकित होने की तस्वीर मिलती है। और आखिरी तीनों दृश्य क्रमशः गुमाश्ता और जग्गा के संवाद, दीनू और शांति में दंगे का भय, थाने में रुपयों की चोरी, जग्गा नामक कथित बदमाश का अचानक राजनीतिज्ञ बन जाना तथा अंत में मुआवजे की हकीकत वर्णित है जो थाना लूटकर जग्गा और गुमाश्ता में बाँटा जाता है।

नाटक सामयिक है और उसके चरित्र भी प्रासंगिक हैं पर जिस तरह नाटक की कथा भागती है उससे वह सपाट हो गया लगता है। नाटक में ऐसे स्थल न के बराबर हैं जहां विविध अर्थस्तरों के खुलने की संभावना बने। कथा में गति तो है और हर दृश्य आपस में इस तरह गुँथे हुए हैं कि उन्हें सहजता से समझा जा सकता है, पर नाटक में जो जरूरी कसाव होना चाहिए, वह यहाँ नहीं दिखता। दृश्य भी इतने छोटे-छोटे हैं कि उन्हें मंचित करना थोड़ा कठिन है। नाटक में भाषा भी बहुत हरकत वाली नहीं है। उसमें सीधा-सहज संवाद है तथा आम बोलचाल के लहजे इस्तेमाल में लाए गए हैं। हमारा मानना यह नहीं है कि यह भाषा बुरी है पर यह कहना जरूरी जान पड़ता है कि कहानी और उपन्यास की भाषा से नाटक की भाषा में अधिक तीक्ष्णता की जरूरत पड़ती है।

पूरे नाटक में कोई ऐसा चरित्र नहीं बन पाया जिसकी स्मृति हमारे मन में बन जाए। कमिश्नर, मंत्री, जग्गा, दीनू, शांति या गुमाश्ता। सबके सब चरित्र सपाट अपनी स्थिति के प्रति बेफिक्र, संवेदना-शून्य और लगभग गए बीते हैं। यह हमारे माहौल और समाज का यथार्थ है। कोई नहीं है ऐसा जागरूक कि जिससे हम उम्मीद कर सकें। पर यह अपेक्षा भीष्म साहनी जैसे प्रबुद्ध रचनाकार से तो की ही जा सकती है कि वे चरित्रों के जीवन को दर्शानेवाली विविध अर्थस्तरों की भाषा दे सकें। उनमें स्थितियों को जज़्ब करके कार्य की प्रक्रिया का खुलासा कर सकें। नाटक को उसकी संरचना में चुनौती न मानने के कारण ही केवल कुछ ही दृश्य संवेदित कर पाते हैं। दृश्य सात से नौ तक ऐसे ही भावपूर्ण चित्र हैं जिन्हें पढ़कर पाठक बेचैनी महसूस कर सकता है। बुजुर्ग अपनी बेटी शांति की शादी दीनू से सिर्फ इसीलिए करता है कि दंगा होने पर दीनू मारा जाएगा और मुआवज़े में मिले पैसों से वह सुखी हो जाएगी।

इस तरह के कशमकश में नाटक हलचल खड़ी करता है... पात्रों मन:स्थितियों, संघर्षों, द्वंद्वों और वेदनाओं को स्वर देने, चित्र देने या फिर प्रश्न खड़ा करने की कोशिश जहाँ कहीं भी है, नाटक बेहतर हो गया है।

लेकिन सारी निर्मिति के बावजूद संरचनात्मक बिखराव और भाषा, शिल्प तथा नाटकीय विस्फोट के पर्याप्त न होने के कारण यह नाटक भी पहले के नाटकों से (कबिरा खड़ा बजार में, माधवी) कोई खास आगे बढ़ता नहीं दिखता। 'हानूश' तो अपने ढंग का अलग ही नाटक है जो अपनी संरचनात्मक बनावट में भी इससे बेहतर है। हालाँकि संवादों की सपाटता वहाँ भी है। पहले के नाटकों में भीष्म ने 'मूल्यों के आदर्श' को दिखाया था—यहाँ मूल्यहीन समाज व्यवस्था की नियति को दिखाया है। प्रश्न वहाँ भी थे—यहाँ भी हैं। पर प्रश्नों के अर्थ आज हम समझ नहीं पा रहे हैं। जब तक अर्थ नहीं समझेंगे, उत्तर क्या देंगे। कुछ संवेद्य प्रसंगों के तहत संवादों को देखना चाहिए। दृश्य सात में जीवन और सुथरा के बीच का संवाद—

जीवन—पिछले दंगों में चोट तो मुझे भी आई थी।

सुथरा—हर दंगे का रजिस्टर अलग खुलता है। अब आगे की सोचो।

(कुछ देर तक सभी चाय की चुस्कियाँ लेते रहते हैं)

पर जब भी दंगा भड़क उठे तो तुम सीधे अस्पताल पहुँच जाना, कहना अब चोट लगी है। दंगों के दौरान अगर गहरी चोटें लगी हों तो मुआवजा भी मिलता है, और अगर आदमी मर जाए तो उसके घर वालों को दस हजार रुपए मिलते हैं।

मंगलू—यह हमें पहले क्यों नहीं बताया?

चौधरी—कितने रुपये?

सुथरा—दस हजार! पर चंडीगढ़ में मरो तो पंद्रह हजार मिलता है, दिल्ली में मरो तो दस हजार।

दृश्य नौ का यह संवाद भी द्रष्टव्य है, जो चौधरी और बुजुर्ग-3 के बीच हुआ है—

बुजुर्ग-3—तुम सबने मिलकर मेरे साथ धोखा किया है। मित्रद्रोह किया है।

चौधरी—क्यों, क्या बात है बुजुर्गवार?

बुजुर्ग-3—वह मेरे घर बैठा कुप्पा होता जा रहा है। वह कब मरेगा और कब मुझे मुआवजा मिलेगा? हरामी मुझ पर हुक्म चलाता है, मुझसे काम करवाता है—ताऊ, जरा पानी पिला दे, ताऊ जरा चाय ला दे। इस तरह तो मैं अपने ही आप अगले जहान में पहुँच जाऊँगा।

ये कुछ ऐसे प्रसंग हैं जिनमें संगंफित भावचित्रों से पाठक संवेदित होता है और गहरी बेचैनी महसूस करता है। इन संवादों में कहीं-कहीं व्यंग्य और कटाक्ष की गहरी व्यंजना भी है जो हमें तिलमिलाती है। लेकिन मुझे ऐसा लगता है कि यह प्रहसन नहीं है। नाटककार

ने इसकी रचना ऐसी भावभूमि पर की है जहाँ राजनीति और जीवन-व्यवहार की अन्योन्याश्रयी विडंबनाएँ साक्षात हो उठती हैं। यह अलग बात है कि इसका निर्वाह समूचे नाटक में नहीं हुआ है और जिसके कारण सामान्य चित्रों को लेखक ने प्रहसन होने की उद्घोषणा कर दी है। प्रश्न उठता है कि क्या नाटककार ने वर्तमान सामाजिक व्यवस्था पर सार्थक टिप्पणी की है। जवाब खोजने कहीं दूर जाने की जरूरत नहीं है। राजनीति में अवसरवाद और जीवन की सारी उम्मीदों के थक जाने की परिणति का मारा आदमी इस नाटक के केंद्र में है। मुआवजा देकर क्या हम मूल्य बनाने या नैतिक संस्कृति की स्थापना करते हैं? क्या हम यही मूल्य मान कर चल रहे हैं कि दंगे हों और हम मुआवजे की राजनीति करके चुप्पी साध लें? या कि हम मनुष्यों में जीवन के प्रति उत्कट राग का बोध पैदा करें और जड़ व्यवस्था के विरुद्ध एक स्वर से उठ खड़े हों। प्रश्न जटिल है। सवाल लोगों के आए दिन मरने का नहीं है, बल्कि है, हमारे होने के अहसास के मरने का।

'मुआवजे' एक सीमा तक यह ध्वनित करने में सफल माना जा सकता है, पर उसमें दोष फिर भी रह जाता है जिसका निराकरण शिल्प और भाषा की कमजोरी के कारण और गहरी व्यवजंनात्मकता के अभाव के कारण संभव नहीं हो पाता।

नाटक मंचन के बाद अपनी बहुत सारी संभावनाएँ खोलता है लेकिन 'मुआवजे' की पहली प्रस्तुति से अब तक की प्रस्तुतियों तक को देखने के बाद यही लगता है कि 'मुआवजे' भी 'शतुरमुर्ग', 'अब्दुल्ला दीवाना', 'लोटन', 'रसगंधर्व', 'मरजीवा' की तरह ही तमाम स्तरों पर सफल होने के बावजूद हिन्दी नाटकों की श्रृंखला में इसलिए उपलब्ध्‍ि नहीं माना जा सकता कि उसमें सूक्ष्म क्रिया-व्यापार की वह संघटना नहीं मिलती जो 'आधे अधूरे', 'आषाढ़ का एक दिन' या 'अंधायुग' में मिलती है। फर्क बहुत थोड़ा है, पर इसी फर्क ने हिन्दी रंगमंच को स्तरीय नाटकों की मुहैया में बाधा खड़ी की है। भीष्म साहनी ने अपने रचनात्मक दायित्व को कहानी और उपन्यास में बखूबी निभाया है। लेकिन नाटक में उन्हें वह जगत इसलिए हासिल नहीं है क्योंकि वे नाटक को कथात्मक विन्यास से बाहर नहीं ला पाते।

विविध

साहित्य के समाजशास्त्र की सार्थकता

इस बात पर अब विवाद नहीं है कि साहित्य के समाजशास्त्रीय चिन्तन की शुरुआत पश्चिम में हुई। कुछ भारतीय आलोचकों की यह धारणा है कि प्लैटो और अरस्तू से भी इसके संकेत पाए जाते हैं। इतना ही हो तो बात समझ में आती है, पर वे कुछ और डुबकी लगाकर यह भी घोषणा किए देते हैं कि भारत में समाजशास्त्रीय चिन्तन का आरम्भ प्रख्यात वैयाकरण पाणिनी से ही होता है। कहना न होगा कि यह धारणा सिर्फ़ मजाक का विषय हो सकती है, पर्यवेक्षण या अनुशीलन का नहीं। अभी जब साहित्य के समाजशास्त्रीय अनुशीलन का विधिवत् और विनियोजित क्रम पश्चिम में भी शुरू नहीं हुआ, इस तरह की आधारहीन धारणाओं पर हँसी आती है।

बहरहाल पूर्व के चिन्तनों में से कुछ सूत्र पाने का मोह संवरण कर हम उस बुनियाद तक चलने की कोशिश कर रहे हैं, जहाँ से साहित्य की समाजशास्त्रीय दृष्टि का संकेत मिलता है। अठारहवीं शती के प्रथम चरण में इटली के दार्शनिक इतिहासकार विको ने अपने ग्रंथ 'नवीन विज्ञान' (1725) में भौतिक परिवेश और इतिहास तथा साहित्य के सम्बन्ध सूत्र की विशद व्याख्या की। उनके मत से समाज ईश्वर की नहीं वरन् प्राय: मानव की ही सृष्टि है, इसलिए उसकी संस्थाओं और कलाओं का विश्लेषण भौतिक परिवेश के आधार पर किया जा सकता है। इस धारणा के आधार पर उन्होंने होमर के 'इलियड' तथा 'ओडिसी' का विशद विवेचन किया। इसमें वे बताते हैं कि उनकी पहली रचना में ट्राय के युद्ध का और एक ऐसे युग का वर्णन है जब तरुण यूनान आत्म-गर्व, आक्रोश तथा प्रतिशोध की उदात्त भावनाओं से उद्वेलित था। विको इससे यह आशय निकालते हैं कि उसकी रचना उत्तर-पूर्व यूनान में हुई थी। दूसरी रचना के बारे में उनकी राय है कि चूँकि इसमें दक्षिण-पूर्व प्रदेश के यूलिसिस का यशोगान है, जिसके शासन काल तक चिन्तन और विवेक का विकास हो चुका था, जिसके कारण राष्ट्रीय आवेग बहुत हद तक शान्त हो गया था—दक्षिण-पूर्व की लिखी थी।

विको के इस 'यांत्रिक भौतिकवाद' का प्रभाव इतना बढ़ा कि साहित्य के मूल्यांकन में भौगोलिक तत्वों को महत्त्व दिया जाने लगा। अठारहवीं शती के ही अंतिम दौर में जर्मन दार्शनिक हर्डर तथा फ्रांसीसी लेखिका मादाम स्तेल के विचार सामने आते हैं। हर्डर ने लिखा है कि साहित्य का उद्भव विशेष भौगोलिक एवं सामाजिक परिवेश में होता है, अतएव साहित्य का इतिहास मूलत: भौतिक-सामाजिक इतिहास से भिन्न होता है। लेकिन किसी सचेत धारणा का सूत्रपात उनसे न हो सका।

वस्तुत: जिसे हम साहित्य का समाजशास्त्रीय चिन्तन कहते हैं, उसका सर्वप्रथम व्यवस्थित सूत्रपात मादाम स्तेल ने अपनी पुस्तक 'साहित्य के विषय' में किया है। इस पुस्तक में उन्होंने 'सामाजिक संस्थाओं से साहित्य के सम्बन्ध' पर विचार किया है। मादाम क्रान्तिकारी महिला थीं। वे नेपोलियन की शासन व्यवस्था और बर्बरता के विरुद्ध संघर्ष कर रही थीं, जिसके कारण उन्हें फ्रांस से भागकर जर्मनी में शरण लेनी पड़ी। उनकी पुस्तक में कला, साहित्य से सम्बद्ध समकालीन जर्मन चिन्तन का गंभीर अनुशीलन है। इस पुस्तक में पहली बार उन्होंने साहित्य के भौतिक आधार, सामाजिक अस्तित्व और सामाजिक संस्थाओं से उसकी क्रिया-प्रतिक्रिया पर गंभीरता से विचार किया है। इसी कारण कुछ लोग उन्हें ही साहित्य के समाजशास्त्र का जनक मानते हैं। उन्होंने लिखा है—'मेरा मकसद साहित्य पर धर्म, रीति-रिवाज और कानून के प्रभाव का आकलन करना है, क्योंकि अब तक साहित्य की प्रकृति के निर्माण में योगदान करने वाले सामाजिक तथा राजनीतिक प्रभावों का विवेचन प्राय: नहीं हुआ है।'

यहाँ ध्यान देने की बात है कि साहित्य की प्रकृति के निर्माण में सहायक सामाजिक तथा राजनीतिक प्रभावों का विवेचन ही वह पक्ष है जिसमें समाजशास्त्रीय चिन्तन का मूल छिपा हुआ है। इस तर्क को सामने रखकर उन्होंने उपन्यासों के विकास पर महत्त्वपूर्ण राय दी। कुछ वर्ष बाद फ्रांसीसी इतिहासकार तेन ने साहित्य के समाजशास्त्रीय चिन्तन की परम्परा को, जो मादाम स्तेल से और उनके कुछ पूर्व के विचारकों के माध्यम से बन रही थी, को एक व्यवस्था देकर आगे बढ़ाया। मादाम स्तेल ने साहित्य के स्वरूप और शैली पर भौगोलिक परिवेश आदि के प्रभाव को जिस ढंग से विवेचित किया है, इपॉलित अडोल्फ तेन पर उसका काफी प्रभाव पड़ा है। लेकिन यह प्रभाव केवल सूत्र के स्तर पर है, मूल निष्कर्ष या व्याख्या के स्तर पर नहीं। तेन की ऐतिहासिक समीक्षा के तीन आधार सूत्र हैं—प्रजाति, क्षण और परिवेश। इसकी विस्तृत व्याख्या उनकी पुस्तक 'अंग्रेजी साहित्य का इतिहास' में मिलती है। इसके अतिरिक्त कुछ दूसरी पुस्तकों—'कला का दर्शन', 'इटली की यात्रा' आदि में भी उनके कला तथा साहित्य चिन्तन के सूत्र देखे जा सकते हैं। तेन के चिन्तन का सूत्र दर्पणवादी है। अर्थात उनकी धारणाओं के आधार पर यह निष्कर्ष निकलता है कि साहित्य समाज का दर्पण है। उनके अनुसार प्रजाति का अर्थ है—राष्ट्रीय चरित्र, क्षण का सामायिक युग तथा परिवेश का आशय भौगलिक भौतिक पर्यावरण से है, जिसमें जलवायु और सामाजिक स्थिति आदि का अध्ययन शामिल है। तेन ने विज्ञान के प्रभाव को आग्रह पूर्वक स्वीकारा है, इसी कारण कुछ लोग या वे स्वयं ही अपने को नियतिवादी मानते हैं। उनकी इस धारणा पर विस्तृत व्याख्या न करके समाजशास्त्रीय स्वरूप की मुख्य प्रवृत्तियों की चर्चा करें। ये हैं—साहित्य के भौतिक मूलाधार की खोज, लेखक के महत्त्व का विश्लेषण, साहित्य में समाज के प्रतिबिंबन की व्याख्या तथा साहित्य का पाठक से संबंध।

तेन की इस व्यवस्थित परम्परा को कई लोगों ने आगे बढ़ाया, जिसमें लियो लावेंथल,

लूसिएं गोल्डमान तथा रेमण्ड विलियम्स का नाम आदर के साथ लिया जाता है। ज्ञातव्य है कि फैंकफर्ट स्कूल के समाजशास्त्रीय चिंतकों ने ही साहित्य के समाजशास्त्र की दिशा में उल्लेखनीय कार्य किए। इसी स्कूल से संबंधित थे—लियो लावेंथल, जिन्होंने आलोचनात्मक समाजशास्त्र पर काफी गंभीरता से काम किया। दास्तोएवस्की पर काम करते हुए उनकी दृष्टि में निखार आया। लावेंथल का मानना है कि किसी भी व्यावहारिक साहित्य का उद्देश्य या यूं कहें कि किसी भी व्यावहारिक समाजशास्त्र का उद्देश्य अनिवार्यत: उस 'अर्थ के मर्म' की पहचान होना चाहिए, जो विभिन्न साहित्यिक रचनाओं के केन्द्र में विद्यमान रहता है। यह 'अर्थ' उन विषयों के विविध पक्षों को अभिव्यक्त करता है जो सामाजिक वर्गों, व्यवसाय, प्रेम, धर्म, प्रकृति और कला के समान विविधतापूर्ण होते हैं। लावेंथल के लेखन का लक्ष्य है—'साहित्य की समाजिकता का विश्लेषण'।

गोल्डमान कृति की विश्वदृष्टि और वर्ग की विश्वदृष्टि की संरचनाओं के बीच समानधार्मिता की खोज करते हैं। इसके लिए उन्होंने जिस पद्धति का विकास किया है, वह है—उत्पत्तिमूलक संरचनावादी पद्धति। विश्वदृष्टि की धारणा उनके समाजशास्त्रीय चिंतन का आधार है। उनके अनुसार एक वर्ग या समूह की सुसंगत दृष्टि ही विश्वदृष्टि है। जैसा कि संभव है, विचारों में एकता प्राय: नहीं होती, इसलिए विश्वदृष्टि भी व्यक्ति के विचारों का वास्तविक रूप नहीं होती। रेमंड विलियम्स ने साहित्य के समाजशास्त्र पर काफी लिखा है। उनके लेखन में समाज से संस्कृति के जीवन्त और सर्जनात्मक सम्बन्ध की व्याख्या में सहायक बुनियादी धारणा है—'अनुभूति की संरचना'। यहाँ यह ध्यान देने की जरूरत है कि गोल्डमान के यहाँ जो महत्त्व 'विश्वदृष्टि' का है, लावेंथल के यहाँ 'अर्थ के मर्म' का है, वही रेमण्ड विलियम्स के यहाँ 'अनुभूति की संरचना' का है। उनके यहाँ 'अनुभूति की संरचना' का आशय उन तत्वों से है जो कला के केन्द्र में रहकर उनका निर्धारण करते हैं।

इतने विसतर से साहित्य की समाजशास्त्रीय परम्परा का परिचय देने के बाद मुझे नहीं लगता कि साहित्य के समाजशास्त्र और दूसरे समाजशास्त्रों में अन्तर स्पष्ट करना यहाँ आवश्यक है। ज्ञातव्य है कि साहित्य का समाजशास्त्र कला के समाजशास्त्र के एक अनुभाग के रूप में निकला है और आज वह एक स्वतंत्र साहित्य विधा के रूप में विकसनशील है। उसने साहित्य की सामाजिकता के लिए कई दृष्टियों और पद्धतियों का विकास किया है। अब उसे किसी दूसरे समाजशास्त्र की आवश्यकता नहीं रही।

इसी प्रकार साहित्य और समाज के संबंध को विकसित करने वाली भी अनेक दृष्टियाँ प्रचलित हैं। कुछ समाजशास्त्री, समाज और साहित्य को एक दूसरे का पूरक मानकर चलते हैं। इनके मतानुसार साहित्य से समाज को ठीक तरह से समझा जा सकता है। साहित्य और समाज के अन्त:सम्बन्धों की व्याख्या करने के लिए साहित्य के समाजशास्त्र में दो तरह की धाराएँ प्रचलित हैं—मीमांसावादी-धारा तथा अनुभववादी-धारा। मीमांसावादी-धारा में कृति विवेचन के केन्द्र में रहती है। इसकी विवेचना के तीन पक्ष हैं—कृति की व्याख्या, कृति में

विचारधारा की पहचान तथा विचारधारा में सौन्दर्यबोधीय रूप का विवेचन। इस धारा में विशिष्ट कृतियों को ही महत्व दिया जाता है। इसलिए इसमें समकालीन साहित्य की उपेक्षा होती है। उनके यहाँ सतही साहित्य पर विचार करने की परम्परा नहीं है। वे सिर्फ मूल्य चेतना पर बल देते हैं। इसके विपरीत अनुभववादी-धारा में कृतियों की रचना के पूर्व की स्थितियों का अनुशीलन किया जाता है। उनके यहाँ मूल्य चेतना की चिन्ता नहीं होती, इसलिए सतही साहित्य पर भी विचार हो जाता है। यहाँ आगे बढ़ने से पहले हम इस भ्रम का निवारण कर देना चाहते हैं कि साहित्य का समाजशास्त्रीय चिन्तन वस्तुत: मार्क्सवादी आलोचना का ही एक रूप है। यहाँ पर ध्यान देने की जरूरत है कि मार्क्सवादी साहित्यालोचना साहित्य के समाजशास्त्र में सहायक सिद्ध होती रही है तो सिर्फ एक वैज्ञानिक सोच और पद्धति के आधार पर। मार्क्सवाद एक व्यवस्थित विचारधारा है जिसके मूल में कला और साहित्य को समझने की अपनी ऐतिहासिक दृष्टि है। लेकिन साहित्य का समाजशास्त्र एक स्वतंत्र साहित्य विधा और स्वयं में एक वैज्ञानिक प्रणाली है। जेने उल्फ मार्क्सवादी सौन्दर्यशास्त्र को कला का समाजशास्त्र कहते हैं। कुछ लोगों ने मार्क्सवादी आलोचना और समाजशास्त्र में संवाद स्थापित करने की कोशिश की, जिनमें मैक्सवेवर, ग्राम्शी, बुखारिन आदि के नाम लिए जा सकते हैं। कोशिशें अब भी जारी हैं, जारी रहनी चाहिए।

अब आज के समय में साहित्य के समाजशास्त्र की सार्थकता पर गौर करें। इस पक्ष पर हम विस्तार से कह आए हैं, सिर्फ उन्हें नियोजित और करना शेष है। साहित्य सदैव समय, समाज और परिस्थिति के तनावों में रचा जाता रहा है। इसमें राजनीतिक परिदृश्य का भी कम प्रभाव नहीं पड़ता, लेकिन साहित्य की रचना-प्रक्रिया में आज जितनी जटिलता आ गई है, वैसा पहले कभी नहीं हुआ। इसका कारण सिर्फ यही है कि आज का साहित्य ख्याली दुनिया और प्रेम के मारों का साहित्य न होकर जनता के दुख-दर्द का साहित्य है। ऐसी स्थिति में हर तरह की स्थिति का दबाव और प्रभाव साहित्य पर पड़ना स्वाभाविक है। इसमें वह आर्थिक व्यवस्था, राजनीतिक माहौल, सामाजिक स्थितियों तथा साहित्यिक-सांस्कृतिक संस्थाओं के दबावों को झेलता है। इसमें सत्ता भक्त और विरोधी दोनों खेमों के लेखक शामिल हैं। समाजशास्त्र लेखक की स्थिति के आलोक में उसकी रचनागत जटिलता को स्पष्ट करके एक बड़ा काम कर सकता है।

आज का साहित्य इतना जटिल होता जा रहा है अथवा यूँ कहें कि उसमें समाजनिरपेक्षता की मात्रा इतनी अधिक हो गई है, कि पाठक उससे लगातार दूर होता जा रहा है। साहित्य के समाजशास्त्र के माध्यम से इस स्थिति पर काबू पाया जा सकता है। इसके साथ ही पाठकों तथा लेखकों के बीच सम्वाद स्थापित कराने और एक दूसरे में रुचि पैदा कराने की दिशा में भी महत्त्वपूर्ण काम हो सकता है। आज हमारे यहाँ ऐसी आलोचना का प्रचलन हो गया है जिससे न तो कृति की ठीक-ठाक समीक्षा हो पाती है और न कृति में सामाजिकता की पहचान, और अगर कृति की गंभीर समीक्षा का प्रयास होता भी है तो वह इतनी दुरूह होती

है कि सामान्य पाठक उसकी सीमा में भी नहीं पहुँच पाता। साहित्य का समाजशास्त्र साहित्यिक आलोचना, कृति में सामाजिकता की पहचान और लेखकों में अनुभूत यथार्थ की उस कड़ी का आरम्भ कर सकता है जिससे एक नई समझ का माहौल बन सके।

साहित्य का समाजशास्त्र कृति की सामाजिक अस्मिता की खोज करता है। कृति की सामाजिक अस्मिता रचना के सन्दर्भ और उसकी हैसियत से बनती है। ज़ाहिर है कि साहित्य का समाजशास्त्र किसी कृति के निर्माण की पूरी प्रक्रिया का अध्ययन करता है। इस प्रक्रिया में सामाजिक-सांस्कृतिक संस्थाएँ, परिवेश, मुद्रण प्रकाशन-व्यवस्था, सत्ता और वे तमाम चीजें शामिल होती हैं, जो किसी न किसी रूप में लेखक तथा उसकी चेतना को प्रभावित करती हैं। इसका अध्ययन-विश्लेषण केवल साहित्य के समाजशास्त्र द्वारा ही संभव है।

साहित्य का समाजशास्त्र किसी आग्रह को लेकर नहीं चलता वरन् वह उदार होकर हर तरह की कृति की व्याख्या करता है, विश्लेषण करता है। उसकी कोशिश होती है कि जहाँ तक संभव हो अध्ययन की दृष्टि रचना-प्रक्रिया के हर पहलू तक जाये। जैसा कि स्पष्ट है—साहित्य का समाजशास्त्र साहित्य-प्रक्रिया के तीनों पक्षों—लेखक, पाठक और रचना का विश्लेषण करता है। वह इनके संबंधों की खोज करता है। परस्पर एकता और इनके बीच के अंतर्विरोधों को पकड़ता है और इस आधार पर वह अपना निष्कर्ष देता है, जिससे एक ऐतिहासिक समझ बनती है।

अब थोड़ी सी चर्चा उन आलोचनाओं की हो जाये जो साहित्य के समाजशास्त्र पर की जाती हैं। कुछ आलोचकों की राय में यह एक साजिश की उपज है। इसके विरोध का कारण यह है कि साहित्य का समाजशास्त्र तमाम पुरानी पड़ गई मान्यताओं और विभिन्न दृष्टियों से संघर्ष करता हुआ आगे बढ़ा है। इस विरोध में दम नहीं है। ऐसा नहीं माना जा सकता। अब जैसे अनुभववादी समाजशास्त्र को लें, जो साहित्य के रूप, अर्थ और प्रयोजन को सीमित कर देता है। लेकिन एक ही धारा की कमजोरी को किस हद तक समूचे साहित्य के समाजशास्त्र पर लागू किया जा सकता है, इसका निर्धारण प्रतिवादियों ने नहीं किया।

इसका प्रबल विरोध रूपवादियों की ओर से भी हुआ है। यहाँ यह ध्यान देना आवश्यक है कि रूपवादियों की दृष्टि में भाषिक संरचना, शिल्प कौशल तथा शाब्दिक व्यंजना का ही साहित्य में महत्त्व होता है, जबकि साहित्य का समाजशास्त्र साहित्य को समाज से जोड़कर उसके महत्त्व का निर्धारण करता है। हालाँकि अगर रूपवाद को पूर्णतया खारिज कर दिया जाता है तो भी साहित्य के मौलिक अनुशासन का उल्लंघन होता है। इसका ध्यान साहित्य का समाजशास्त्र नहीं रखता। इसके विरोध में कुछ और तर्क दिए जाते हैं, मसलन लेखक की वर्गीय स्थिति, आर्थिक सामाजिक समस्याओं के प्रति उसके रुख, विचारधारा आदि के सम्बन्ध में तथ्यों को जुटा लेना तो आसान है, पर कृति में उसके फलितार्थों का विवेचन मुश्किल है। वैसे भी यह बात खटकती है कि वर्गीय स्थिति से किसी लेखक की रचनाओं को समझा जा सकता है। ऐसा सारे कालखण्डों के लेखकों के साथ संभव नहीं है, क्योंकि

अधिकांश लेखक जीवन के दोहरे स्तर पर रचनाओं को रखते हैं, फिर इस बात पर भी ध्यान देना आवश्यक है कि रचना की सफलता पाठकों की पसन्द और स्वीकृति पर ही निर्भर करती है। बहुत से ऐसे साहित्यकार हुए हैं, जिनके जीते जी उनकी रचनाओं को पूछा तक नहीं गया और मरने के बाद पाठकों की कतार लग गई। इसके विरोधियों में एफ. आर. लीविस, टी. एस. इलियट आदि रहे हैं। विस्तार होने की आशंका से हम इसे यहीं छोड़ रहे हैं और एक आवश्यक प्रश्न की ओर लौट रहे हैं।

'ब्रिटिश जनरल ऑफ सोशियालॉजी' के 1971 के अंक में एलेन सेगल ने यह प्रश्न उठाया है कि क्या साहित्य का समाजशास्त्र संभव है? अगर संभव है तो सामाजिक कृति को समझने में इसका वह कौन सा विशिष्ट योगदान होगा जो साहित्य का आलोचक नहीं दे सकता।

इस गंभीर प्रश्न पर विचार करने से पूर्व साहित्य के समाजशास्त्र की धारणाओं और प्रमुख पक्षों पर ध्यान देना आवश्यक है, लेकिन चूँकि हमने इसकी पूरी जानकारी दे दी है, इसलिए इस प्रश्न की कुछ गहराई तक ही चलें। आलोचना के अपने प्रतिमान हैं, अपनी सीमाएँ हैं, चाहे वह कोई भी आलोचना-पद्धति क्यों न हो, साहित्य और समाज के अन्तः सम्बन्धों की व्याख्या उस रूप में नहीं कर सकती, जिस रूप में साहित्य का समाजशास्त्र कर सकता है। फिर वह रचना-प्रक्रिया के तीनों कारकों—लेखक, कृति और पाठक के अन्तः सम्बन्धों, अनुशासन, समानताओं, विषमताओं सहित ऐतिहासिक भौतिक कारकों का भी विश्लेषण प्रस्तुत करता है, जो आलोचना नहीं कर सकती। फिर कुछ आलोचना पद्धतियों में तो कृति को स्वायत्त घोषित कर समाज के सन्दर्भों से काटकर देखने की परिपाटी है। अतः इस प्रश्न का निर्विवाद उत्तर यही है कि आलोचना कृति की व्याख्या कर कथ्य तो घोषित कर सकती है पर व्यापक सामाजिकता की खोज साहित्य के समाजशास्त्र से ही संभव है। जब हम साहित्य को एक सामाजिक सत्ता के रूप में देखेंगे, हमें इसकी समीक्षा के लिए एक ऐसे अनुशासन की आवश्यकता होगी जो साहित्य तथा समाज के अन्तः सम्बन्धों का सही विवेचन कर सके। और उसके लिए साहित्य का समाजशास्त्र ही एकमात्र विकल्प है।

अब, अन्तिम प्रश्न यह उठाया जाता है कि साहित्य का समाजशास्त्र कृति की अन्तर्वस्तु एवं विचारों के अध्ययन में तो सक्षम है, पर वह इसके सौन्दर्यशास्त्रीय तथा कलात्मक मूल्यों की विवेचना नहीं कर पाता। स्वयं गोल्डमान ने भी इस प्रश्न से टकराने का प्रयत्न किया है। वे मानते हैं कि साहित्य के समाजशास्त्र के सौन्दर्यशास्त्र की अपनी सीमाएँ हैं, जो धीरे-धीरे रास्ते पर आएँगी। हर ज्ञान निकाय के समान साहित्य के समाजशास्त्र की भी अपनी सीमाएँ हैं। इसमें अभी कई खतरे भी हैं लेकिन यह मानते हुए कि इसका पर्याप्त विकास हो जाने पर खामियाँ दूर होंगी, यह निष्कर्ष निकाला जा सकता है कि इसकी सार्थकता है और एक ऐसे समय में जब रचना-प्रक्रिया लगातार जटिल होती जा रही है, साहित्य के समाजशास्त्र की सार्थकता निर्विवाद रूप से पुष्ट हो रही है।

स्वाधीनता आंदोलन और हिन्दी साहित्य

भारतीय स्वाधीनता आंदोलन में हिन्दी की केंद्रीय भूमिका रही है। बड़े-बड़े कवियों, कथाकारों से लेकर हिन्दी क्षेत्र की बोलियों के लोक गायकों तक यह परंपरा फैली हुई है। सबने क्रांति की पुरजोर वकालत की और भारतीय स्वाधीनता की प्राप्ति में अपना अमूल्य योगदान दिया। यह योगदान प्रथम स्वाधीनता संघर्ष 1857 से लेकर 1947 तक नब्बे वर्षों के लंबे काल खंड में फैला है। क्रांतिकारियों के संघर्ष का एक-एक शब्द भारतीय हिन्दी साहित्य में देखा जा सकता है।

ज्ञातव्य है कि व्यापार की इच्छा से आई ईस्ट इंडिया कंपनी ने छल और प्रपंच करके भारत को अपने प्रभुत्व में ले लिया। प्रभुत्व में लेने के बाद उसने भारतीयों पर बर्बरतापूर्ण अत्याचार करने शुरू कर दिए। भारत की जनता इन बर्बरतापूर्ण अत्याचारों से त्रस्त अवश्य थी पर हार नहीं मानी थी। वह इस ताक में थी कि कब क्रांति का अवसर आता है। इस काल में ऐसे अनेक अवसर आए जिनका उपयोग करते हुए भारतीय चाहें वे जिस जाति, भाषा, संस्कृति या प्रदेश के रहे, अपना खून बहाया और सशस्त्र संघर्ष करके शहीद भी हुए। ब्रिटिश शासकों ने भारतीय जनता की पुश्तैनी और परंपरा से चले आ रहे स्वामित्व को समाप्त कर दिया और जमींदारी व्यवस्था स्थापित करके यह स्वामित्व जमींदारों के हवाले कर दिया।

ब्रिटिश सरकार का आरंभिक दौर ही भारतीयों में असंतोष का बीज बोया था। वह अब विद्रोह के रूप में अंकुरित हो रहा था। इसी अंकुर के परिणामस्वरूप देश के विभिन्न भागों में क्रांति होने लगी। लोग जाग उठे। कहीं-कहीं तो स्थानीय आधार पर सशस्त्र विद्रोह भी देखे गए। यह ब्रिटिश राज की नींव पड़ने के समय से लेकर एक सदी तक चलता रहा। 1857 के सिपाही विद्रोह को (जिसे प्रथम भारतीय स्वाधीनता संघर्ष कहा जाता है) अंग्रेजों ने 'गदर' कहा और पूरी ताकत से कुचलने का प्रयास किया। भारतीय रियासतों के धोखेबाज राजाओं, जमींदारों ने इसे सफल नहीं होने दिया पर विद्रोह को पूरी तरह खत्म नहीं किया जा सका। यही विद्रोह की शुरुआत आगे भीषण क्रांति बनकर उभरी जिससे अंग्रेजी सरकार की चूलें हिल गईं और लंदन भागने के अलावा उसके पास कोई चारा नहीं रह गया। 1857 से 1885 तक कोई बड़ी घटना नहीं घटी। 1885 में 'भारतीय राष्ट्रीय कांग्रेस' की स्थापना ए. ओ. ह्यूम ने की। कांग्रेस ने अपनी स्थापना से आगे दो दशकों तक भारतीयों में शिक्षा, संस्कार और चेतना का प्रसार किया और उन्हें आजादी के लिए प्रेरित किया।

उन्नीसवीं सदी में राजाराम मोहन राय, स्वामी दयानंद सरस्वती, स्वामी विवेकानंद,

महर्षि अरविंद आदि नेताओं का पदार्पण हुआ जिन्होंने भारतीय समाज की कुरीतियों पर हमला कर भारतीयों को अपने अधिकारों के लिए सजग किया और सामाजिक संघर्ष की भूमि तैयार की। देश-प्रेम और देश की पराधीनता के प्रति विद्रोह की ज्वाला भड़काकर हमारे मनीषियों ने भारतीय स्वाधीनता का आधार मजबूत किया। इस व्यापक सुधारवादी आंदोलन में समाचार पत्रों की भूमिका बहुत महत्त्वपूर्ण रही। और उसने क्रांति की दिशा में जनता को उत्प्रेरित किया। इन पत्रों में, बंगाल का अमृत बाजार पत्रिका, इंडिया मिरर, संजीवनी और बंगाली, मद्रास का हिंदू, स्वदेश मित्रन, आंध्र प्रकाश और केरल पत्रिका, बंबई का मराठा केसरी, इंदु, प्रकाशक व सुधारक (उ. प्र.) तत्कालीन संयुक्त प्रांत का एडवोकेट, हिंदुस्तानी और आज़ाद, पंजाब का ट्रिब्यून, अखबारे आम और कोहेनूर प्रसिद्ध हैं।

भारत के स्वाधीनता आंदोलन में 1900 से 1920 तक की अवधि भी कम महत्त्वपूर्ण नहीं है। यही समय था जब कांग्रेस के नेता स्वराज की माँग करने लगे। इसी काल में बहिष्कार और विभिन्न स्वदेशी आंदोलन भी चले। कांग्रेस का गरम और नरम दल में बँटना इसी अवधि में हुआ तथा गांधी जी के नेतृत्व में आजादी की भावना गाँव-गाँव तक फैली और लोगों ने उसे सक्रिय सहयोग देना शुरू कर दिया। फलत: अंग्रेजी सरकार ने राष्ट्रीय आंदोलन को खत्म करने की साजिश की। सांप्रदायिकता के षड्यंत्र से लार्ड कर्जन ने बंगाल का दो भागों में बँटवारा करा दिया।

इस बीच अरविंद और दूसरे भारतीय विचारकों ने जनता को सोए रहने पर ललकारा और उन्हें हथियार उठाने को प्रेरित किया। पत्र-पत्रिकाओं ने इसमें विशेष भूमिका निभाई और जनता को जगाने तथा अंग्रेजी सरकार के प्रति घृणा पैदा करने में अमूल्य योगदान दिया। तब तक विश्वयुद्ध आ गया। कांग्रेस ने अंग्रेजी सरकार को इस युद्ध में मदद दी। 1916 में कांग्रेस और मुस्लिम लीग में समझौता हुआ। अब अंग्रेजी सरकार ने क्रांतिकारियों के संघर्षों को नाकाम बनाने के लिए सेडिशन कमेटी का गठन किया। इसी समिति ने सरकार को 'रौलेट एक्ट' बनाने की सलाह दी जिसके कारण सरकार को व्यापक अधिकार मिल गए।

भारतीय स्वाधीनता संघर्ष में प्रवासी भारतीयों के क्रांतिकारी आंदोलन की बड़ी भूमिका है क्योंकि इसने स्वदेशी भारतीयों को लड़ने की प्रेरणा दी और बाहर अंग्रेजों की नीति को बेनकाब किया। 1900 से 1920 की अवधि में सरकार की दमनात्मक कार्रवाइयों से तंग आकर भारतीय क्रांतिकारियों ने विदेशों में शरण ली और वहीं से आंदोलन प्रारंभ किया। वहाँ उन्हें विदेशी ताकतों से भी मदद मिली। श्याम जी कृष्ण वर्मा ने तो लंदन में 'होमरूल सोसायटी' और 'इंडिया हाउस' की स्थापना भी की। विनायक दामोदर सावरकर ने 1857 की क्रांति पर किताब लिखी जिससे भारतीयों को प्रेरणा मिली।

कनाडा और अमरीका में रह रहे भातीयों ने क्रांति की ठोस जमीन ही बना डाली। पोर्टलैंड में 'पैसिफिक हिन्दी एसोसिएशन' बनाई गई। अमरीका के भारतीयों ने 'हिन्दुस्तान गदर पार्टी' बनाई। इसमें मजदूर, अधिकारी तथा भूतपूर्व सैनिक शामिल थे। इस पार्टी ने सशस्त्र क्रांति

करने की योजना बनाई पर असफल हो गई। इसका दुष्परिणाम यह हुआ कि 500 गदर सदस्यों को काले पानी की सजा हो गई।

भारतीय क्रांतिकारियों ने कनाडा, अमरीका आदि जगहों से सर्कुलर ए आजादी, फ्री हिन्दुस्तान, स्वदेश सेवक, परदेशी, खालसा, आर्यन, संसार आदि पत्र-पत्रिकाएँ प्रकाशित कीं। 'गदर' नामक पत्र हिन्दी साहित्य उर्दू गुजराती आदि भाषाओं में निकलता था। उसने कहा—'तलवार उठाओ, ब्रिटिश शासकों की हत्या करो।' इसी तरह थाईलैंड, इराक, अफगानिस्तान आदि देशों में काम हुए। क्रांतिकारियों ने पश्चिम एशिया में तैनात भारतीय सैनिकों के बीच पर्चे बाँटे। सूफी अंबा प्रसाद की पुस्तक 'बागी मसीहा' तथा 'आबे हयात' की प्रतियाँ सरकार ने जब्त कीं। 'गालिबनामा' से तो सबकी नींद ही उड़ गई। भारतीय स्वाधीनता आंदोलन में प्रवासी भारतीयों की भूमिका बड़ी महत्त्वपूर्ण है। विदेशों में रह रहे भारतीय क्रांतिकारियों में : भाई भगवान सिंह, रामचंद्र पेशावरी, करतार सिंह सराबा मुख्य कवि थे। इनकी क्रांतिकारी कविताओं ने युवकों को राष्ट्रहित में कुर्बानी के लिए प्रेरित किया। भगतसिंह पर इनका गहरा प्रभाव पड़ा। उधर सोवियत समाजवादी क्रांति के फलस्वरूप सोवियत संघ में जारशाही शासन का अंत हो गया और वहाँ समाजवादी सरकार की स्थापना हुई। यह बहुत बड़ी घटना थी। इस घटना का व्यापक प्रभाव पूरी दुनिया पर पड़ा और भारत पर भी। भारतीयों ने इस क्रांति से प्रेरणा लेकर अपने स्वाधीनता संघर्षों को और उग्र कर दिया। उनका मनोबल दृढ़ हो गया। सोवियत संघ ने भारत सहित दूसरे पराधीन देशों के स्वाधानता संघर्षों का समर्थन देकर इस दिशा में उल्लेखनीय काम किया। वहीं राजा महेंद्र प्रताप के नेतृत्व में भारतीय क्रांतिकारी लेनिन से मिले। तब भारतीय क्रांतिकारियों ने ताशकंद सहित दूसरे शहरों में अपना संगठन बनाया और पत्र निकाले।

इसका साफ प्रभाव भारतीय क्रांति पर पड़ा। लोगों में क्रांति का एक लक्ष्य बन गया—समाजवादी सरकार की स्थापना और समाजवादी समाज का निर्माण। हिन्दी के कवियों पर इसका स्पष्ट प्रभाव देखा जा सकता है। मैथिलीशरण गुप्त, सुमित्रानंदन पंत, निराला, दिनकर, शिवमंगल सिंह सुमन, नरेंद्र शर्मा, नागार्जुन और शैलेंद्र आदि पर यह प्रभाव बखूबी देखा जा सकता है। गद्यकारों में प्रेमचंद, प्रसाद, उग्र, राहुल, यशपाल, मन्मथनाथ गुप्त आदि ने इस क्रांति का स्वागत किया तथा उसके अनुरूप समाज निर्माण के सपने बुने। आलोचना भी इससे अछूती नहीं रही। नंददुलारे वाजपेयी, रामविलास शर्मा, शिवदान सिंह चौहान और रांगेय राघव की आलोचना में उसका प्रभाव देखा जा सकता है।

चौरी चौरा में सत्याग्रहियों द्वारा थाना जलाने और पुलिस कर्मियों की हत्या के बाद गांधी ने असहयोग आंदोलन वापस ले लिया तब क्रांतिकारी निराश हुए। उत्तर भारत में क्रांतिकारियों ने 'हिंदुस्तान रिपब्लिकन एसोसिएशन' बनाया। और आजादी मिलने तक संघर्ष करने की शपथ ली। इन्हीं क्रांतिकारियों ने काकोरी ट्रेन की लूट, साँडर्स की हत्या, असेंबली बम कांड और चटगांव में छापामार युद्ध की भी कार्रवाइयाँ कीं। उधर द्वितीय विश्व युद्ध में मित्र राष्ट्रों

की पराजय से ब्रिटेन की सरकार खुद त्रस्त थी। भारतीय सैनिक जगह-जगह विद्रोह करने लगे। भारतीय नौसैनिक 1946 में विद्रोह कर दिए। भारत छोड़ो आंदोलन ने अंग्रेजी शासन का मनोबल तोड़ दिया। आर्थिक तंगी और जर्जर हुई व्यवस्था तथा सैनिकों के असहयोग के कारण अंग्रेजी सरकार के पास भारत को आजाद करने के सिवा कोई चारा नहीं बचा। हिन्दी साहित्य में स्वाधीनता आंदोलन की अभिव्यक्ति भी यहीं से शुरू होती है।

किसी भी देश की हलचलों और घटनाओं का प्रभाव वहाँ की भाषा और साहित्य पर पड़ता है। भारत में तो पराधीनता के विरुद्ध संघर्ष चल ही रहा था तो यह तो और स्वाभाविक था। हिन्दी साहित्य के आधुनिक काल से इसके प्रभाव स्पष्टतया परिलक्षित होते हैं। ज्ञातव्य है कि आधुनिक काल का पहला युग भारतेन्दु युग (1857-1900) था। कहना न होगा कि 1857 की क्रांति भारतीय स्वाधीनता संघर्ष की बुनियाद थी और उसकी बीज के वनिस्पत बाद में लगातार संघर्षों के रास्ते बन गए। भारतेन्दु युग के समाजिक जीवन और उसके अनुरूप साहित्य की भी प्रवृत्ति (जो मुख्य रही) देश भक्ति और स्वाधीनता ही रहा। इस युग के साहित्यकार उन भारतीयों से भी चिढ़ते थे जो अंग्रेजों की जी-हजूरी करते थे। उनकी रचनाओं में व्यंग्य और कटाक्ष की जो तीखी धार मिलती है, वह इसी कारण मिलती है। इस युग के रचनाकार थे—भारतेन्दु हरिश्चंद्र। उनकी लगभग सारी कृतियों में कटाक्ष है और भारतीय जनता के हाहाकार की अभिव्यक्ति है। 'भारत दुर्दशा' नामक रूपक तो जैसे भारत की तमाम स्थितियों का दस्तावेज ही है। नीलदेवी, विषस्य विषमौषधम, दिल्ली दरबार दर्पण, अंधेर नगरी आदि नाटकों के माध्यम से उन्होंने सोते हुए भारतीयों को जगाया। 'कवि वचन सुधा' के माध्यम से भी उन्होंने जनता को अपने अधिकारों के लिए लड़ने की प्रेरणा दी और अंग्रेजी व्यवस्था को बेपर्द किया। स्वदेशी का आह्वान उनकी मुख्य प्रवृत्ति थी। भाषा के बारे में तो उनकी ये पंक्तियाँ सबकी जुबान पर हैं—

> निज भाषा उन्नति अहै सब उन्नति को मूल।
> बिन निज भाषा ज्ञान के मिटत न हिय को सूल।

भारतेन्दु के निबंधों और अनुवादों में भी यह प्रवृत्ति दिखाई देती है। भारतेन्दु के बाद बालकृष्ण भट्ट भी प्रखर साहित्यकार थे। उनकी भाषा में व्यंग्य और विचार की जो रोचकता मिलती है वह अन्यत्र दुर्लभ है। उनकी रचनाओं में देशभक्ति और अंग्रेज सरकार की भर्त्सना दिखाई देती है। 'हिन्दी प्रदीप' नामक पत्र के माध्यम से पत्रकारिता को जो दिशा उन्होंने दी वह आज तक प्रसिद्ध है। बदरी नारायण चौधरी 'प्रेमघन' भी बड़े जुझारू रचनाकार थे। उनके व्यंग्य और जोशोखरोश की भाषा में देशभक्ति कूट-कूटकर भरी थी। इसी तरह इस युग के गद्य साहित्यकारों—प्रताप नारायण मिश्र, राधाचरण गोस्वामी, किशोरी लाल गोस्वामी, राधाकृष्ण दास, माधव शुक्ल आदि ने अपने-अपने लेखन के माध्यम से स्वाधीनता आंदोलन को गति दी और जन-चेतना को जगाया। प्रेमघन ने 'भारत सौभाग्य', भारतेन्दू ने 'भारत दुर्दशा', राधाचरण गोस्वामी ने 'यमलोक की यात्रा', राधाकृष्ण दास ने 'निसहाय हिन्दू' आदि के माध्यम से यह पुनीत कार्य किया।

द्विवेदी युग (1901-1920) आधुनिक काल का दूसरा चरण था। यह चरण भारतीय स्वाधीनता संघर्ष में अत्यंत महत्त्वपूर्ण था। आचार्य महावीर प्रसाद द्विवेदी ने 'सरस्वती' पत्रिका के माध्यम से अपनी बात लोगों तक पहुँचायी। 'मर्यादा' और 'कर्मयोगी' ने भी राष्ट्रीय गरिमा के अनुरूप काम किया। ठाकुर सूर्यकुमार वर्मा की कृति 'महारानी लक्ष्मीबाई (1909) इस पराधीन काल की महत्त्वपूर्ण कृति थी। उसमें उन्होंने भारतीयों से आजादी पाने के लिए संघर्ष करने का संदेश दिया है। 'शोषित तर्पण' उपन्यास इस दृष्टि से उल्लेख्य है। इस युग में कृतिकारों से अधिक पत्र-पत्रिकाओं ने आजादी के संघर्ष को अभिव्यक्ति दी। इनमें 'सरस्वती' के अलावा 'प्रभा', 'स्वराज', 'हिंद केसरी' देश सेवक' मुख्य हैं। आचार्य महावीर प्रसाद द्विवेदी की पुस्तक 'संपत्ति शास्त्र' भी राष्ट्रीय जागरण में मुख्य भागीदार रही।

छायावाद युग (1920-1936) में गांधी जी का प्रभाव व्यापक हो गया। विभिन्न राजनीतिक घटनाओं ने हर स्तर पर इस साहित्य को प्रभावित किया। प्रेमचंद का उदय इसी युग में होता है। 'सेवा सदन' से 'रंगूभूमि' और 'कर्मभूमि' तक में गांधी की नीति और भारत की तत्कालीन स्थितियाँ देखी जा सकती हैं। और तो और उपन्यासों में चरित्रों तक की सृष्टि राजनैतिक घटनाओं और पात्रों से हुई। 'रंगभूमि' का सूरदास गांधी का और विनय नेहरू का प्रतिबिंब है। 'कर्मभूमि' का अमरकांत तो कांग्रेस का प्रवक्ता ही है। कहानियों में 'शतरंज के खिलाड़ी' और 'राजभक्त' सहित बहुत सी कहानियों में तत्कालीन संघर्ष और स्थितियों की झलक देखी जा सकती है। उसी प्रकार ऋषभचरण जैन का उपन्यास 'गदर' भी उल्लेखनीय है जो 1857 की क्रांति पर आधारित होकर जनता को जगाने का काम करता है।

लाडली प्रसाद श्रीवास्तव के नाटक 'झाँसी की रानी', मंगला प्रसाद विश्वकर्मा की एकांकी 'शेरसिंह, सेठ गोविंद दास के 'सिद्धांत स्वातंत्र्य' उग्र की कहानी, 'देशभक्त' शचीन्द्र नाथ सन्याल की आत्मकथा, 'बंदीजन'', दुर्गाप्रसाद खत्री का 'रक्त मंडल', 'सफेद शैतान', निराला का 'चतुरी चमार', 'देवी', 'श्यामा', उपन्यास—'कुलीभाट', 'काले कारनामें', 'निरूपमा', जयशंकर प्रसाद के नाटक 'स्कंदगुप्त', 'ध्रुवस्वामिनी', 'चंद्रगुप्त' और उपन्यास 'तितली' में भारतीयों की दुर्दशा, स्वाधीनता संघर्ष की अभिव्यक्ति तथा समाजिक जड़ताओं पर प्रहार देखा जा सकता है।

अन्य साहित्यकारों में जैनेंद्र, यशपाल, मन्मथनाथ गुप्त, अज्ञेय, राहुल सांकृत्यायन, व्यथित हृदय, बनारसीदास चतुर्वेदी आदि लेखकों की बड़ी लंबी सूची मिल जाएगी, जिन्होंने अपनी गद्य रचनाओं में भारतीय स्वतंत्रता संघर्ष को अभिव्यक्ति दी और वक्त के तकाजे को कहा।

हिन्दी कविता में भी भारतीय जनता की राष्ट्रीयता और स्वतंत्रता की प्रवृत्तियों तथा उसकी आर्थिक सामाजिक स्वायत्तता की कामना बड़े ही स्पष्ट और प्रखर रूप में व्यक्त हुई है। इन कवियों ने स्वाधीनता आंदोलन में शामिल क्रांतिकारियों की मुक्त कंठ से प्रशंसा की

है तथा उन्हें और संघर्ष करने की प्रेरणा दी है। हिन्दी कविता में ब्रिटिश शासन के विरोध की परंपरा तो भूषण में भी मिलती है, पर 1857 की क्रांति से ही इसका सीधा संबंध दिखाई पड़ता है। 1857 की क्रांति में सिपाहियों के लिए अभियान गीत ही था—

हम हैं इसके मालिक
हिंदुस्तान हमारा।

1857 में क्रांति के समय ही समकवि ने 'कुँवर विलास', होफाराय ने 'कुँवर पचासा', शिवराय ने 'अमर सिंह', हरफूल सिंह ने 'लक्ष्मी बाई' लिखकर इन क्रांतिवीरों की प्रशंसा की है। भारतेन्दु युग में राजभक्ति तथा देशभक्ति साथ-साथ चलते हैं। राजभक्ति भय और पीड़ा से बचे रहने का एक आधार थी। इस काल में कविता के माध्यम से कवियों ने मातृ सपूतों को जगाया, अंग्रेजी सरकार के प्रति घृणा भरी और लोगों की अंध आस्थाओं को तोड़ने का काम किया। कल्याणसिंह कूलड़ा की 'झांसी की रईसों', ननकद सिंह का 'जगनामा' भारतेन्दु की 'भारत भिक्षा', 'विजयिनी विजय वैजंती', 'विजय वल्लरी', प्रेमघन की 'मन की मौज', 'मान सोपान', प्रताप नारायण मिश्र की 'लोकोक्ति शतक' आदि रचनाओं ने जनता को जगाया और अंग्रेजी सत्ता से लड़ने की प्रेरणा दी। भारतेन्दु ने लिखा है—

आवहू, सब मिली रोवहूं भारत भाई,
भारत दुर्दशा देखी न जाई।

द्विवेदी युग में राष्ट्रीय चेतना के साथ-साथ सुधार की प्रवृत्ति अधिक रही है। जनता को राजनीतिक रूप से जगाने और राष्ट्रीय संघर्ष में भागीदार बनाने की दिशा में भी इस युग में कम महत्त्वपूर्ण काम नहीं हुआ। इस युग में माखनलाल चतुर्वेदी, महावीर प्रसाद द्विवेदी, मैथिलीशरण गुप्त, रामनरेश त्रिपाठी, रूपनारायण पांडेय आदि ने भारतीयता के गीत गाए और राष्ट्रीयता के स्वर अलापे। गंगाप्रसाद शुक्ल 'सनेही' जनता से सशस्त्र संघर्ष का आह्वान करते हुए कहते हैं—

लेकर कर्म कृपाण, ज्ञान की शान चढ़ाओ।
बल-विद्या विज्ञान झिलिम डर पर झलकाओ।

और—

स्वाभिमान के साथ समर में सम्मुख आओ।
चलो बला की चाल कला कौशल दिखलाओ।

इस काल की महत्त्वपूर्ण देशभक्ति की कृतियों में माखनलाल की 'पुष्प की अभिलाषा' 'कैदी और कोकिला', मैथिलीशरण गुप्त की 'भारत-भारती', 'मातृभूमि', रामनरेश त्रिपाठी की 'वह देश कौन सा है' प्रमुख हैं। 'भारत भारती' में गुप्त जी कहते हैं—

अब तो उठो हे बंधुओं।
निज देश की जय बोल दो।

जिसको न निज गौरव तथा निज देश का अभिमान है।
वह नर नहीं नर पशु निरा है और मृतक समान है।

इसके अतिरिक्त सोहन लाल द्विवेदी, दिनकर, बच्चन, जगन्नाथ प्रसाद 'मिलिंद' आदि ने भी इस दिशा में उल्लेखनीय भूमिका निभाई। छायावाद युग में जनता की गरीबी और बदहाली को ब्रिटिश सत्ता की देन मानकर उनकी निंदा की गई है। इस युग में अतीत का गौरव गान भी है और गांधी के प्रभाव पर चरित्रों की सृष्टि भी। यह युग कई स्तरों पर स्वाधीनता संघर्ष को बल देता है और कविताओं में युग की व्यथा को व्यक्त करता है। इस युग के कवियों की सूची बहुत लंबी है पर मुख्य हैं—प्रसाद, पंत, निराला, सोहनलाल द्विवेदी, नरेंद्र शर्मा, रामचरित उपाध्याय, दिनकर, गोपालशरण सिंह, बच्चन, जानकीवल्लभ शास्त्री आदि। मुख्य कृतियाँ हैं—'साकेत', 'कामायनी', 'कुरुक्षेत्र', 'तुलसीदास', 'राम की शक्तिपूजा', 'ग्राम्या' आदि।

इस युग में भारतीय अतीत के गौरव गान से लेकर गांधी के सत्याग्रह के प्रभाव पर तथा क्रांतिधर्मी कविताएँ रची गई हैं। प्रसाद ने लिखा—

अरुण यह मधुमय देश हमारा
× × ×
हिमाद्रि तुंग श्रृंग से
प्रबुद्ध शुद्ध भारती।
स्वयं प्रभा समुज्जवला
स्वतंत्रता पुकारती।

दिनकर ने गाया—

मेरे नगपति मेरे विशाल
साकार दिव्य गौरव विराट्
पौरुष के पुंजीभूत ज्वाल
मेरे भारत के दिव्य भाल।

सोहनलाल द्विवेदी ने लिखा—

महा प्रलय होने दे निष्ठुर।
कर विनाश की तैयारी।
सर्वनाश हो पराधीनता
यों ही भारत की सारी।

निराला ने 'जागो फिर एक बार' की गर्जना की। इसी युग में 1857 की क्रांति की गूँज सुनाई देती है। और आह्वान गीतों की टेक भी।

प्रगतिशील हिन्दी कविता के युग में द्वितीय विश्वयुद्ध की विभीषिका की अनुगूँज के

साथ-साथ समाजवादी समाज और राष्ट्रीयता पर कविताएँ हुईं। इसमें कवियों ने भारत की दुर्दशा पर व्यंग्य किए और समतावादी व्यवस्था लाने का आह्वान किया। इन कवियों में त्रिलोचन, शमशेर बहादुर सिंह, नागार्जुन, नरेंद्र शर्मा, शिवमंगल सिंह सुमन आदि उल्लेखनीय हैं। इस प्रकार हम देखते हैं कि हिन्दी गद्य तथा पद्य साहित्य में स्वाधीनता की क्रांतिकारी अभिव्यक्ति हुई है।

इस दौर में प्रतिबंधित हिन्दी जन साहित्य के क्रांतिकारी कवियों में गंगाराम सिंह, मोहर चंद मस्त, आर. एन. शर्मा, हुलास वर्मा, प्रहलाद पांडेय, गोविंदराम गुप्त, रामविलास अवस्थी आदि की भूमिका भी बहुत महत्त्वपूर्ण हैं। इसके अतिरिक्त लोक काव्य में मुक्ति संघर्ष की अभिव्यक्ति हिन्दी प्रदेश में लोक भाषाओं के लोकगीतों में भी देखी जा सकती है, जिनकी भूमिका स्वाधीनता आंदोलन में अहम रही है। अवधी, भोजपुरी, राजस्थानी, गुजराती, मैथिली, मगही आदि लोक भाषाओं के गीत अपने समय में बड़े लोकप्रिय और उत्प्रेरक थे। आशय यही है कि हिन्दी साहित्य में स्वाधीनता आंदोलन अपनी संपूर्णता में अभिव्यक्ति पाया है।

युवा लेखन और वर्तमान चुनौतियाँ

चेस्माव मिवोश का कथन है—'किसी कमरे में जहाँ सभी लोग सर्व सम्मति से चुप रहने का षड्यन्त्र किए बैठे हों, सत्य का एक शब्द पिस्तौल दगने जैसी आवाज़ करता है।' इस सत्य का 'एक शब्द' साहित्य ही है। साहित्य उस हर तरह की चुप्पी को तोड़ता है जो रचनात्मकता के विरोध में खड़ी होती है। लेकिन जब हमारा ध्यान युवा लेखन पर केन्द्रित होता है तो महसूस होता है कि हम कहीं सर्व सम्मति से चुप रहने के षड्यन्त्र में तो शामिल नहीं हो गए हैं। यह आशंका निराधार नहीं है। इसके मूल में जो प्रश्न हैं, अगर बारी-बारी से हम उनकी विवेचना करने का प्रयत्न करें तो पाएँगे कि यह प्रश्न एक तरफ़ तो युवा लेखन के लिए आसान द्वार बनकर सतही रचनाओं की ओर प्रेरित कर रहा है तो दूसरी ओर रचना-कर्म के लिए भयावह चुनौती बन गया है। यह देखना दिलचस्प है कि युवा लेखकों के पास सुसंगत दृष्टि का अभाव है। उनके पास इतिहास की परख तो है ही नहीं, पंरपरा के प्रति रागात्मकता भी नहीं है। एक ज़माने में यही वह वर्ग था जिसकी लेखनी से साहित्य में रचनात्मक क्रांति आयी थी। परंपरा से चली आ रही कुंठित मानसिकता को तोड़कर इस वर्ग ने नयी रचनाधर्मिता का प्रसार किया था।

अगर यह स्वीकार करने में संकोच हो रहा हो तो 'तार सप्तक' के प्रारंभिक प्रकाशन की ओर देखा जा सकता है। कहना न होगा कि हिन्दी के युवा लेखन का यह पहला व्यवस्थित और ऐतिहासिक प्रयत्न था जिसमें मुक्तिबोध, नेमिचंद्र जैन, भारतभूषण अग्रवाल, प्रभाकर माचवे, गिरिजाकुमार माथुर, रामविलास शर्मा और स्वयं अज्ञेय ने अपनी महती रचनात्मक उत्कृष्टता दिखाई थी। यह वह समय था जब युवा रचनाकारों ने समय और समाज को गहराई से महसूस किया था और जीवन यथार्थ की बारीक पर्यवेक्षणा की थी। इसी सुचिंतित समझ का परिणाम था कि साहित्य के प्राचीन बोध और उसकी कुंठित रचनाशीलता रचना-प्रक्रिया से बाहर हो गये। नये समय में भाषा से लेकर जीवन की लगातार बदलती स्थितियों तक से रचनाकारों ने तादात्म्य बिठाया और सही मायनों में प्रयोग की परंपरा का प्रारंभ हुआ। आप अज्ञेय से लेकर मुक्तिबोध तक को देख जाइए—उनकी कविताओं से लेकर वक्तव्यों तक में नवीनता की तलाश मिलेगी। यह नवीनता केवल प्रवृत्ति तक सीमित नहीं थी बल्कि जीवन की जटिलता, उसके तनाव, समय की निरंतरता और व्यापक सामाजिक बदलावों का प्रतिनिधित्व करती थी। इसीलिए उनके यहाँ आपको नये-नये बिंब, प्रतीक, नयी भावभूमि, नए शिल्प और इतिहास में वर्तमान को तलाशने की तत्परता मिलेगी। लेकिन आज का युवा

लेखक क्यों इन अपेक्षाओं पर खरा नहीं उतरता? यह वह बुनियादी प्रश्न है जिसकी समीक्षा के बाद युवा लेखन की वर्तमान चुनौतियाँ तो सामने आएँगी ही, युवा लेखन की सीमाएँ भी स्पष्ट होंगी।

युवा लेखकों के सामने सबसे बड़ी समस्या है—दृष्टिहीनता की। उनके पास कोई सुसंगत दृष्टि या सोच नहीं है। एक तरफ़ तो वह कथित प्रगतिशीलता को दलीय प्रतिबद्धता मानकर जी रहा है तो दूसरी ओर एक ऐसा वर्ग भी है जिसके आगे किसी भी वैचारिकता का दबाव नहीं है। इस स्तर पर वह अप्रतिबद्ध ही नहीं ग़ैरज़रूरी रचनाशीलता का शिकार हो गया है। इतिहास से सर्वथा अपरिचय की प्रवृत्ति उसकी दूसरी बड़ी बीमारी है। कहना न होगा कि रचना इतिहास से व्यापक नहीं बनती तो सार्थक जरूर बनती है। अतीत की नितांत उपेक्षा का ही परिणाम है कि हमारे सामाजिक जीवन में मूल्यहीनता अपने चरम पर पहुँच चुकी है। 'वाद विवाद संवाद' में डॉ. नामवर सिंह ने लिखा है—'अपने इतिहास से बाहर रहने के कारण ही कुछ युवा लेखकों में इतिहास से एकदम बाहर जाने की आकांक्षा दिखाई देती है। संपूर्ण परंपरा को नकार देने के मूल में यही आकांक्षा है। उधर भविष्य का दरवाजा पहले से बंद है। इसलिए इतिहास से बाहर जाने की चेष्टा अदबदाकर उन्हें 'आदिमपन' में ला छोड़ती है। जब इतिहास एक व्यर्थ का भार है और सभ्यता एक अभिशाप, तो आदिम अवस्था ही काम्य बची रहती है। इस आदिम मनोदशा में सारा संसार जंगल दिखाई देता है। और सारे आदमी पशु। कवि का मन 'चिड़िया का व्याकरण' सीखने को बेचैन हो उठता है। इसी मनोदशा का एक अर्थ है—जड़ों की खोज।' 'जड़ों की खोज' नाम से लगातार जपे जा रहे मुहावरे और इतिहास के प्रति नकारवादी रुख पर नामवर सिंह की यह कटुक्ति न केवल युवा लेखकों की सतही समझ को कोसती है बल्कि उसके ग़ैर जिम्मेदाराना रचना-कर्म को घातक भी मानती है। इतिहास को जब व्यर्थ का भार माना जायेगा तो आदिम अवस्था की काम्यता ही बचेगी। लेकिन आज के इस नितांत यन्त्र युग में क्या इसे प्रसंगानुकूल मानने का भ्रम पाला जा सकता है। 'जड़ों की खोज' अगर लोकधर्मी चेतना के स्तर पर हो, जातीय गौरव और विवेक के प्रति हो और सबसे अलग जीवन-मूल्यों की वैज्ञानिकता पर हो तो यह बड़ी बात है। किंतु यदि वह सबको नकार कर 'चिड़िया का व्याकरण' सीखने की ओर उन्मुख हो तो यह दुर्भाग्यपूर्ण ही नहीं विवेकशून्यता की स्थिति का परिचायक है।

येट्स ने कहा था—'सपनों में ही हमारी जिम्मेवारियाँ शुरु होती हैं।' लेकिन यहाँ तो रचना में भी जिम्मेवारी का अहसास नहीं है। सातवें दशक में हिन्दी का जो युवा लेखन उभरा था वह मनुष्य की स्वतन्त्रता और उसकी जटिल जीवन स्थितियों को स्वर देने की कोशिश थी। लेकिन दुर्भाग्य से आज वह स्वर न केवल गायब हो गया है वरन् रचना में संवेदनाहीन अनुभूतियों की भरमार हो गई है। अध्ययन और साधना का अभाव युवा लेखन की तीसरी बड़ी कठिनाई है। यह लगातार कहा जाता रहा है कि आज का लेखक अध्ययन की दृष्टि से न्यून है। परिश्रम से तो उसे परहेज ही है। फिर इस जटिल जावन स्थितियों को वह कैसे

रूपायित कर पायेगा। संचार माध्यमों की मार जो अलग से है, वह तो है ही, प्रकाशन माध्यमों के जरिए आए दिन पाठकों को जो मसाले दिए जाते रहे हैं; उनसे भी रचनाकारों के लिए चुनौती खड़ी हुई है। तात्पर्य यह कि आज का रचनाकार सृष्टि के सबसे कठिन दौर से गुज़र रहा है जिसके लिए लगातार बेहतर देने की कोशिश की जरूरत है। नहीं तो साहित्य से समाज को जुड़े रहने में भी कठिनाई खड़ी हो सकती है। साहित्य को संवेदना के स्तर पर कलात्मक निर्मिति मानते हुए जब रेने वेलेक और ऑस्टिन वारेन यह कहते हैं कि साहित्य आनंददायी गंभीरता है और वह रचना के माध्यम से सौंदर्यात्मक उच्चता का पाठ पढ़ाता है तो प्रकारांतर से वे यह कह रहे होते हैं कि साहित्य में अनुभूति और अभिव्यक्ति की परीक्षा होती है। साहित्य संवेदना की गहराई में उतरकर कला की अन्यतम निर्मिति होने के कारण ही हमें आनंदित करने के साथ-साथ सुचिंतित जीवन दृष्टि देता है। किंतु हमारे युवा-लेखक अनुभूति और अभिव्यक्ति दोनों ही स्तरों पर चुकते नज़र आ रहे हैं। 'हिंदी साहित्य एक आधुनिक परिदृश्य' में अज्ञेय ने कहा था—'अनुभव की अद्वितीयता और अर्थ की साधारणता—प्रतिभा के ये दो इष्ट हैं। या कहा जाय कि इन दो ध्येयों का योग ही उसका इष्ट है। जिस प्रक्रिया से वह योग सिद्ध होता है, वही रचना प्रक्रिया है। और सब प्रक्रियाएँ यन्त्र की हैं और उनके प्रति अधिक सजगता भी उनकी यांत्रिकता को कम नहीं करती, हमारी यांत्रिकता को भले ही बढ़ा दे।' लेकिन दुर्भाग्य से हमारे युवा लेखक अनुभव की आवृत्ति और अर्थ की अनर्थता को अपनी कृत्रिम प्रतिभा का इष्ट मान बैठे हैं तो इसमें अपराध किसका है!

साहित्य न तो राजनीति का विकल्प होता है न समाजशास्त्र का। उसका तो अपना एक सार्वभौम लक्ष्य और अपनी न्याय प्रणाली होती है। लेकिन युवा लेखक क्या यह समझने की चेष्टा करता हुआ प्रतीत होता है? वह तो यह मानकर चलता है कि उसका साहित्य पल-प्रतिपल या तो विकल्प है, नहीं तो उच्छ्वासजन्य प्रलाप है। यही कारण है कि आज के युवा लेखन में तात्कालिकता का इतना दबाव है कि कल उसके लिए पहचान का ख़तरा पैदा हो सकता है। यह देखकर तो और भी आश्चर्य होता है कि सारी विकृतियों को युवा लेखक अपनी खासियत समझने का भ्रम पालने लगता है। 'साहित्य अकादेमी' के साहित्योत्सव-93 से यह उम्मीद बनी थी कि 'भारतीय युवा लेखन' पर केंद्रित इस अखिल भारतीय समारोह में कुछ सार्थक संवाद की स्थिति बनेगी। लेकिन इस कथित साहित्यिक आयोजन में हिन्दी सहित प्रत्येक भारतीय भाषा का प्रतिनिधि युवा लेखक परंपरा के प्रति नकारवादी रुख अख्तियार करते हुए अपनी जिस सतही रचनात्मकता को महिमामंडित करता रहा, उससे उसकी कम, भाषा की गंभीर साहित्यिकता और संवेदनात्मक पैनापन की लाचारी प्रकट हुई। कुछ युवा आलोचकों ने युवा लेखन में आए गतिरोध को रेखांकित करने की कोशिश की पर नये मुहावरे और जीवन-स्थितियों की जटिलता से सर्वथा परिचित ही नहीं भोक्ता माननेवाले युवा लेखक कहीं से भी चिंतित नहीं दीखे। इस भयावह संक्रमणशीलता में सिर्फ़ एक-दो लोगों की चिंताओं ने ध्यानाकृष्ट किया और भविष्य में बेहतर होने की उम्मीदें

जगायीं। छाया, आभास और प्रभाव की परिधि को तो बहुत पीछे छोड़ा जा चुका है। आज तो बिंब, शब्द, पंक्तियाँ और भाव ज्यों के त्यों उतारे जा रहे हैं। ऐसे में अगर साहित्य में 'रचनाकार की अनुपस्थिति' का बोध हो रहा हो तो इसमें आश्चर्य की कोई बात नहीं है।

परंपरा और लोक जीवन से विमुख होकर सृजनात्मकता को किनारे कर आज का युवा लेखक इस कदर उदासीन हो गया है कि वह सिर्फ 'लिखने के लिए लिखने' को अपना मूल मान चुका है। ऐसे में अगर जीवन-सत्य का हमें आभास तक नहीं होता तो इसमें ग़लती नहीं है। 'मेटाफ़र' में जे. एम. मूरी ने कहा था—'साहित्य में हम सत्य पाते हैं क्योंकि साहित्य सत्य का इतिहास होता है।' युवा लेखक इस साहित्यिक सूत्र से सर्वथा दूर है। युवा लेखन की वर्तमान चुनौतियाँ प्राथमिक तौर पर यही हैं। इन्हें दूर किए बगैर किसी सार्थक उम्मीद की संभावना नहीं बनेगी। साहित्य अपनी निर्मिति में मनुष्य का हर संभव कार्य करता है। यह संभव कार्य उसके प्रकृतिगत विस्तार से सम्पन्न होता है। कहना न होगा कि इसी प्रकृतिगत विस्तार के कारण साहित्य सार्वदेशिक से सार्वकालिक हो जाता है। इतने वर्षों बाद भी अगर तुलसी, सूर, कबीर हमें प्रासंगिक लगते हैं तो उसका कारण यही है। आधुनिक युग में निराला, अज्ञेय, मुक्तिबोध इसी तरह के रचनाकार हैं। भारतेन्दु से लेकर प्रेमचंद तक के कथा साहित्य में भी यही बात दिखाई देती है।

रचना प्रक्रिया और अनुभूति से अलग आज के युग में युवा लेखन के सामने और भी बहुत सारी चुनौतियाँ मुँह बाए खड़ी हैं। सांप्रदायिकता, अजनबीयत, मानवीय संबंधों की कृत्रिमता, अपसंस्कृति का दबाव, भयावह बेकारी, पारिवारिक विघटन जैसी अनेक समस्याओं ने युवा लेखन को घेर रखा है। इन्हें रूपायित करने और सही मायने में मनुष्यता को प्रतिष्ठित करने के लिए रचनाकार को समर्पित भाव से लगने की ज़रूरत है। इसके लिए भाषा और शिल्प में प्रयोग की तो आवश्यकता है ही, नये जीवन संदर्भों की जटिलता को वैज्ञानिक दृष्टि से समझने और देखने की आवश्यकता है। रचना करने की बेचैनी से ज्यादा बेचैनी रचना की रक्षा की होनी चाहिए। बेहतर जीवन-मूल्यों की स्थापना से मानव समाज में बेहतरी तो आएगी ही, बेहतर मनुष्य बनाने में भी मदद मिलेगी। युवा लेखन का यह दौर तब रेखांकित हो सकेगा जब अपने समसामयिक सवालों से दो चार होने की कोशिश के साथ परंपरा और आधुनिकता की संगति बैठेगी। युवा लेखक पर हर युग में बड़ी ज़िम्मेवारी आती है। यह जिम्मेवारी तब और बढ़ जाती है जब परंपरा से चली आ रही प्रवृत्तियाँ अपनी अर्थवत्ता खो बैठती हैं। आज का समय ऐसा ही समय है। इस संक्रांतिकालीन वातावरण में नये लेखक को बड़े-बड़े दायित्वों से सामना करना है। कथा और कविता सहित साहित्य का पूरा परिदृश्य आज जिस धुँधलके में फँसा पड़ा है उसमें युवा लेखक को एक ऐतिहासिक भूमिका निभानी है। क्या यह संभव है? क्या ऐसा हो पायेगा? अज्ञेय ने कहा था—

'कहीं बड़े गहरे में सभी स्वैर हैं नियम सभी सर्जन
केवल, आँचल पसारकर लेना।'

और—

'ऊपर ही ऊपर जो हवा ने गाया,
देवदारु ने दुहराया,
जो हिमचोटियों पर झलका,
जो साँझ के आकाश में छलका—
वह किसने पाया,
जिसने आयत्त करने की आकांक्षा
का हाथ बढ़ाया।'

[आँगन के पार द्वार]

किताब के बहाने बहस

हम एक व्यापक संस्कृति में जीते हैं जिसमें हमारा भौतिक और मानसिक कार्य व्यापार चलता है। संस्कृति के इस बृहद्तर पर्यावरण में साहित्य, कला सहित वे सभी अनुशासन आते हैं जिनसे हम प्रत्यक्ष या परोक्ष रूप से नियंत्रित/प्रभावित होते हैं। लेकिन इस बात पर आश्चर्य होता है कि तमाम समस्याओं पर लगातार बहस करने वाले लोग भी इस समस्या से बेहद बेखबर नज़र आते हैं कि संस्कृति निरंतर बदशक्ल रूप धारण करती जा रही है और सांस्कृतिक अनुशासनों में भारतीय संस्कार कम होता जा रहा है। संस्कृति हमारे होने का अगर उत्स है तो विविध कलारूप उसके आयाम। नाटक और रंगमंच, इसी तरह संस्कृति के अनिवार्य रूप हैं जिसके माध्यम से हम जीवन-यथार्थ से बावस्वता होते हैं और दुनिया को खुली आँखों से देख पाने तथा अपने कर्तव्यों-अधिकारों के प्रति सचेत होने की सीख लेते हैं।

पर क्या हमारी संस्कृति अपने मूल रूप में स्वतंत्र और अपने चिंतन की संस्कृति रह गई है या कि उदार बनते-बनते वह आत्मघाती होने की सूरत पा रही है? संचार साधनों के बेइंतहा फैलाव ने संस्कृति को सीमित किया है या विस्तृत। नाटक की सार्थकता, भाषा, पद्धतियाँ और रंगमंच के बुनियादी सवाल क्या हैं? इन तमाम प्रश्नों पर अपने ढंग से विचार करने और खोजने का कार्य किया है—नेमिचन्द्र जैन ने अपनी नवीनतम पुस्तक—'दृश्य-अदृश्य' में। जानकार जानते हैं कि नेमिजी ने गत 40 वर्षों से नाट्यालोचना, संस्कृति के परिदृश्यों और रंगमंचीय उपादानों पर गंभीर चिन्तन किया है और लिखा है। ये क्षेत्र कई स्तरों पर उनसे प्रभावित रहे हैं तथा ज्वलंत मुद्दों पर कई बार उनके मशविरे ने सार्थक भूमिका निभाई है। इसलिए जब इस कठिन सांस्कृतिक वातावरण पर उनके विचार आते हैं तो कहीं गहरे हम अपने को स्वयं से संवाद करते पाते हैं। प्रश्न ज्वलन्त....समर्थक तर्क और तब अपना मंतव्य। आप बेशक असमहत होइये पर रुकिये.....सोचिए.... झल्लाइये....सच जानकार परेशान होइये.... बाद में आप कुछ और जानना चाहेंगे। नेमिजी कहेंगे कि सोचो... मथो।

पहले 'क्या सचमुच हिन्दी क्षेत्र एक सांस्कृतिक उपनिवेश है?' नेमिजी का मानना है कि ऐसा है। कारण बहुत साफ है—हिन्दी रंगमंच में शामिल रहकर लाभ लेना, धन और यश पाना तथा हिन्दी को ही हिकारत की नज़र से देखना हिन्दीतर लोगों का काम है। हम तमिल, तेलुगु, कन्नड़ के नाटक लेंगे, मंचन करेंगे। अपनी जड़ से जो कटते हैं वो तो अलग हैं पर निमंत्रण से लेकर इश्तहार तक अंग्रेजी के गुलाम हैं। अब ऐसी स्थिति को सांस्कृतिक

उपनिवेश न कहें तो क्या कहें। यह है आशय नेमि जी के विचार का। प्रश्न उठ सकता है कि इसे उपनिवेश क्यों माना जाय। भाषाएँ तो सभी भारतीय हैं और नाटकों की मूल चेतना भी तो भारतीयतता की बुनियाद पर है। फिर इस आपत्ति का औचित्य?

नेमिजी का कथन है—'इस बात को कुछ तथाकथित प्रबुद्ध लोग भले ही भाषाई संकीर्णता बताकर उड़ा देना चाहें, मगर यह निश्चित है कि हिन्दी के मौलिक नाटक साहित्य के उभार के बिना, हिन्दी क्षेत्र की अपनी सांस्कृतिक चेतना, जीवन पद्धतियों और सामाजिक रूपांतरण के लिए होने वाले तीखे संघर्ष के विशिष्ट रूपों की विश्वसनीय अभिव्यक्ति के बिना, रंगमंच अपने दर्शक-समुदाय की बुनियादी और अपरिहार्य ज़रूरत नहीं बन सकता।' (पृ. 11)

तब क्या यह साफ नहीं हो गया कि हिन्दी क्षेत्र किस तरह सांस्कृतिक उपनिवेश है और इस स्थिति को काबू में लाने के लिए क्या किया जाना चाहिये। नेमिजी की चिन्ता के मूल में यह प्रश्न बराबर उसी गहराई से उठता रहा है कि आखिर क्यों और किसलिए ऐसा हुआ तथा हो रहा है? हम क्यों अपनी पहचान को विलुप्त होने देने को आमादा हैं जबकि सच्चाई ये है कि हम न भाषाई असुरक्षा में जी रहे हैं और न दूसरी भारतीय भाषाओं से सांस्कृतिक तौर पर निर्धन हैं?

नेमिजी उत्तर देते हैं कि इसका खास कारण है, हमारी सांस्कृतिक चेतना का अपनी जड़ों से रिश्ता न होना। क्या सचमुच ऐसा है, प्रश्न उठ सकता है। पर जब आप गंभीरता से कलारूपों के विविध परिदृश्यों पर नज़र डालेंगे तो पायेंगे कि नृत्य हो या संगीत, सबके उत्कर्ष का केन्द्र कभी हिन्दी क्षेत्र ही रहा है। पर आज उसका अवशेष ही हमारे बीच है। तमाम बड़े घराने दूसरे भाषाई प्रदेशों के गौरव बन गये। इसके कारण ये रहे हैं कि हमने इन्हें बाद में अहमियत देना बंद कर दिया और उन्हें बाहर जाने को मजबूर कर दिया। ठीक यही हाल हिन्दी रंगमंच का भी है। अपनी उदारता के कारण हम दूसरी भाषाओं के नाटक को रंगमंच के लिए विकास का केन्द्र मुहैया करते गये और अपने रंगमंच को कभी जनता की जरूरत बनने ही नहीं दिये। हम पर गैर हिन्दी नाटककारों ने हुकूमत किया—निर्देशकों ने किया। पारसी कम्पनियों ने हमें जी भर कर डुबोया। हम प्रसन्न होकर डूबते गये। आशय यह कि हमने अपने को उदार बनाकर अपनी ज़मीन को गिरवी रख दिया। औपनिवेशिक मानसिकता भी कई रूपों में प्रकट हुई और उसने हमारी पहचान को धीरे-धीरे समाप्त करना शुरू किया। नाटकों की प्रस्तुति हिन्दी में हो या उर्दू में, कार्ड और स्मारिकाएँ अंग्रेजी में छपती हैं। अगर किसी विदेशी या हिन्दीतर नाटकों का अनुवाद होता है तो उसका शीर्षक मूल ही दिया जाता है। यही नहीं संस्थाओं के नाम तक आपको अंग्रेजी के मिलेंगे। इस क्रम में नेमिजी ने नाटकों, संस्थाओं और व्यक्तियों के कई नाम सोदाहरण प्रस्तुत किये हैं जिससे हिन्दी क्षेत्र की सांस्कृतिक औपनिवेशिकता की बात प्रामाणिक तौर पर सामने आती है तथा औपनिवेशक मानसिकता के घिनौने रूप पर से परदा उठता है। प्रश्न उठ सकता है कि नेमिजी ने वर्षों से

चली आ रही इस समस्या पर प्रतिवाद क्यों नहीं किया। इस प्रश्न का सीधा सा उत्तर यही होगा कि नेमिजी ने जहाँ तक संभव हो पाया है, इन समस्याओं पर प्रतिवाद किया है। मंचों और पत्र-पत्रिकाओं पर लगातार बोले और लिखे गये विचार इसके प्रमाण हैं—'विवेच्य पुस्तक' भी उसी का हिस्सा है।

सत्ता और संस्कृति के संबंध को लेकर दशकों से घमासान छिड़ा हुआ है। कोई सत्ता को संस्कृति विरोधी कहता है तो कोई संस्कृति को सत्ता विरोधी। उलट-पुलट कर बात एक ही है जिसका आशय यही है कि संस्कृति और सत्ता में किसी तरह कोई संबंध नहीं होना चाहिए। आप सोचिये कि क्या यह सही धारणा है? नेमिजी ने इस पर अपनी विश्लेषणात्मक राय दी है। अव्वल तो यह कि वे सत्ता को आँख मूँदकर संस्कृति विरोधी मानने के पक्ष में नहीं हैं और दूसरे ये कि वे संस्कृति को हर स्तर पर सत्ता विरोध के रूप में दिखाना उचित नहीं समझते। सवाल वाजिब है पर जवाब भी गलत नहीं है। अपने विश्लेषण में नेमिजी ने यह बताने की चेष्टा की है कि हमारी सामाजिक-राजनीतिक व्यवस्था ही ऐसी रही है, जहाँ आम-आदमी का संपर्क नदारद रहा है। कभी-कभी जब युद्ध आदि का अवसर आता रहा है तब हमारी जनता सत्ता और देश के अस्तित्व आदि को लेकर चिन्तित होती रही है। पर सदियों की गुलामी के बाद लंबे स्वाधीनता संघर्ष और उसके परिणामस्वरूप मिली आजादी ने हमारे चिंतन को गहरे प्रभावित किया। हमने सरकार बनाई और देश में प्रजातंत्र की स्थापना की। सरकार चूँकि हमारी थी इसलिए उसकी कुछ अपेक्षाएँ हमसे हुईं और हमारी कुछ अपेक्षाएँ उससे हुईं। इसी समीकरण में संस्कृति की स्थिति भी बदली। पहले चूँकि सत्ता से हमारा कोई रिश्ता न था इसलिए संस्कृति का विरोधी स्वरूप होना संभव था पर हालात के बदलाव के कारण इस दिशा में भी परिवर्तन हुआ और संस्कृति में सत्ता के प्रति वही उग्र रवैया नहीं रह गया जो पहले था। लेकिन हम इस बदलाव को क्यों मानें? मानें या न मानें इससे सच का क्या जाता है, पर थोड़ा-बहुत विचार तो करना चाहिए हमें! नेमिजी ने अत्यंत संक्षेप में यह बताने का प्रयत्न किया है कि इस विरोध की ग्रन्थि की कौन-कौन सी मुद्राएँ रही हैं और उनका स्वरूप क्या रहा है। सारी बहस का आशय यही है कि हम अपने चिंतन में पूर्वग्रह न पालें और स्वयं को इतनी छूट दे सकें अवश्य, कि सही बात को सही कहने की ताकत पैदा हो सके। अगर नहीं, तो किस मुँह से हम एक वैचारिक प्रतिबद्धता को जीते हुए दूसरी वैचारिक प्रतिबद्धता की निन्दा करते हैं। क्या सिर्फ इसलिए कि हमारे सरोकार ज्यादा प्रगतिशील हैं और दूसरों के कुछ कम। संस्कृति और साहित्य का काम इस सोच से नहीं चला करता। नेमिजी के शब्दों में 'दरअसल अगर संस्कृति का सत्ता का पिछलगुआ बनना घात है, तो उतना ही आत्मघाती है उसे किसी राजनैतिक पार्टी, कार्यक्रम या विचारधारा का पिछलगुआ बनाना। यह एक विडंबना ही है कि अपने आपको वैज्ञानिक चिंतन के हामी मानने वाले भी इस तरह के ढोंगी दोमुँहें आचरण तथा वैचारिक खोखलेपन से अपने आपको मुक्त नहीं कर पाते।' (पृ. 29)

नेमिजी के इस कथन का आशय यही है कि हम सिर्फ विरोध के लिए विरोध करने की प्रवृत्ति से बचें तथा बेहतर सांस्कृतिक वातावरण के निर्माण में योग दें। बेहतर चाहे सत्ता से हो या किसी संगठन की ओर से, हममें उसका साथ देने का हौसला होना चाहिए। आरोप लगाया जा सकता है कि नेमिजी के उक्त विचार चूँकि वैयक्तिक हैं इसलिए ये निजी खीझ का परिणाम हैं, पर तटस्थ होकर सोचने पर बात समझ में आ सकती है। लेकिन यह निसंदेह कहा जा सकता है कि लेखक को इस पर और विस्तार से अपनी बात कहनी चाहिए थी।

नये संचार साधनों के बेपनाह फैलाव और संस्कृति के भविष्य को लेकर नेमिजी की चिंता वाजिब है। देश के प्रत्येक विचारवान बुद्धिजीवी इस बात पर सोच-सोच कर हैरान हो रहे हैं कि संचार साधनों के प्रसार और उनके माध्यम से जनता के बीच परोसे जा रहे घटिया और आयातित सांस्कृतिक मसालों के आगे उनकी मूल्यवादी संस्कृति का क्या हश्र होगा? यह स्थिति सचमुच घातक और तकलीफदेह है। इस अफ़रातफरी में हम अपने को बचा सकें तो कैसे! प्रश्न लगातार घूमता है। इन संचार साधनों ने लिखित साहित्य पर हमला किया। इसने रंगमंच के लिए कई तरह की दिक्कतें पैदा कीं। इसने हमारे विचार को कैद कर लिया। इससे पहले छापाखानों के आगमन से हमारी वाचिक और स्मृति की परंपरा नष्ट हो गई थी। प्रश्न ये नहीं है कि इनका आना या फैलना रोका जाय। प्रश्न ये है कि हम इनके बरक्स अपने में लगातार सुधार लायें। इनका सामना करें और ऐसा करें कि लोगों की रुचि हमारे लिखित साहित्य में और सांस्कृतिक धरोहर में भी बनी रहे तथा लादे जा रहे अपज्ञान में से भी वे दुनिया को जानने समझने के लिए कुछ ग्रहण कर सकें। संचार माध्यमों के प्रचार को रोक कर भी हम भला नहीं करेंगे क्योंकि तब हम दुनिया की बिरादरी में पिछड़ जायेंगे। पर क्या हमने कुछ सोचा, कुछ किया?

जवाब तो यही होगा न, कि हमने इस अंधी दौड़ में खुद को शामिल कर लिया है और आने वाले खतरों से मुँह मोड़ लिया है। नेमिजी ने लिखा है—'अभी तक इन परिवर्तनों और संभावनाओं के बारे में हमारा रवैया बड़ा सतही और मौकापरस्ती का है। हम उनकी सभी तथा अधिकांश संभावनाओं का ठीक-ठाक और ठोस विश्लेषण और परीक्षण करके कोई दीर्घकालीन या कि अल्पकालीन तैयारी करने की बजाय कोई-न-कोई तात्कालिक कदम उठाते हैं। इसीलिए हम जहाँ नई-से-नई प्राविधिकी को खूबसूरत अजूबे की तरह पाने को ललक उठते हैं, वहीं क्षेत्रीय स्थानीय अथवा छोटे से छोटे समुदाय की अधिकाधिक उग्र होती जाने वाली स्वायत्तता की माँग को कुचलने, नकारने या फिर टालते रहने का रास्ता अख्तियार करते हैं। जाहिर है, इससे कोई समस्या सुलझती नहीं, और हम लगातार एक संकट के बाद दूसरे संकट में गिरफ्तार होने, छटपटाने और किसी तरह घायल होकर निकल पाने की अंतहीन प्रक्रिया से गुजरते रहते हैं।' (पृ. 39)

विचार और विश्लेषण करने के बाद हम पायेंगे कि लेखक के विचार कितने सटीक और प्रेरक हैं। यह वास्तविकता है कि अगर हमने अपने को समय रहते सचेत नहीं किया

से कटने की कोशिश न करें। इस क्रम में उन्होंने अपने द्वारा देखे गए दो मंचनों—'एम. बटरफ्लाई' और 'ड्राइविंग मिस डेजी' का उल्लेख करके बताया है कि उन दोनों में से किसी में भी नयी अन्तर्दृष्टि, सूक्ष्म संवेदना आदि नहीं थी। पर दोनों के आलेख में व्यावसायिक सफलता के जरूरी तत्त्वों का समावेश था। क्या इस अनुभव से हिन्दी के नाटककार यह सीख नहीं ले सकते कि अभिव्यक्ति के बेहतर प्रयत्नों में व्यावसायिक ज़रूरतों को समो सकें जिससे आए दिन का रोना किनारे हो कि हमारे नाटक मंचीय ज़रूरतों और दर्शकों की रुचि के अनुकूल नहीं होते। आखिर में लेखक ने नाट्यालोचन को विस्तृत परिप्रेक्ष्य देने की बात की है जिससे नाटक और रंगमंच के सभी हलकों पर न्यायपूर्ण तरीके से विचार हो सके।

इस प्रकार विवेच्य पुस्तक में ऐसे बहुत सारे अनछुए मसले बहुत बेबाकी से उठाए गये हैं जिन पर शायद कम लिखा—विचारा गया है। केवल यह बात बराबर खटकती है कि कई उत्तेजक और गंभीर मसलों पर नेमिजी ने अत्यंत संक्षिप्त चर्चा की है और उसे बीच में ही छोड़ दिया है। चूँकि यह पुस्तक उनके द्वारा 15-20 वर्ष में लिखे गये अखबारों-पत्रिकाओं की टिप्पणियों का संकलन है, इसलिए यह प्रश्न उठना स्वाभाविक है। पर नेमिजी से यह अपेक्षा ज़रूर होगी कि वे कुछ ज़रूरी सवालों पर अलग से और विस्तारपूर्वक लिखें। पुस्तक अपनी उपयोगिता में सार्थक है और लेखक का प्रत्येक निर्णय तर्कों पर आधारित है। भाषा बातचीत की है जिसे पढ़ते हुए पाठक संवाद करने का अनुभव करता है।